Helmut Domke

Westfalen

und

Land an der Ruhr

FEUER

ERDE

ROTE ROSE

Prestel-Verlag München

ISBN 3-7913-0259-0
4. Auflage 1978
Passavia Druckerei GmbH Passau

Inhalt

DIE STIMME

Es WAR noch finster, als ich im Grenzwinkel von Zwillbrock, knappe zwei Fußstunden westlich Vreden, eintraf. Um des Tages Geburt beizuwohnen, nütze ich zum Wandern gern die Stunden der Dunkelheit.

Das Land ist sehr einsam. Dank eines dringlich gegebenen Rates, schon bei den ersten Häusern des Zollpostens nach links abzubiegen, fand ich mich besser zurecht als erwartet. Zwischen Ungefährem ertastete der Fuß einen breiten Sandstreif. Nichts regte sich, nichts ließ sich hören. Einmal glaubte ich die Kontur eines umgestürzten Bootes zu sehen; wirklich zauberte das Strählchen der Taschenlampe einen Nachen vor Busch und Dunkelheit. Also mußte unweit ein Wasser, konnte nahe das Moor sein. Aber der Weg, hüfthoch ins Gelände geschnitten, schloff unermüdlich über Radspur und Sand; den Eindruck rauschenden Heidekrautes imaginierte der strolchende Wind. Alles war wie gewiesen und doch wieder nicht. Die Dinge hatten ihr Fremdes. Zu Häupten stand mondlos der Sternengarten, aus dem eben ein Licht ins Unergründliche stürzte, und hinter dem Buschwerk zur Seite – zwei, drei Schritt oder zwanzig? – mußte eine andere Unergründlichkeit lauern. Obschon es April war und reifte, beschloß der nachdenklichere Teil meines Wesens eine Rast, wozu sich eine Sandbucht empfahl, die das Lämpchen erkundet hatte.

Vreden, im Abend gestreift, war unversehens voll schmerzlichen Hinweises gewesen; es sollte auf dem alten Friedhof die Gruft einer bildschönen, blutjung gestorbenen Vorfahrin geben, deren elektrisierendes Lächeln ich von vergilbten Fotografien her kannte. Im Vorbeiwandern überkam es mich, diese telepathische Macht auf die Probe zu stellen. Doch fand ich das Grab nicht.

Vom nahen Güterbahnhof dröhnte das Anprallen rangierender Waggons, von der Straße her huschte ein Licht über die Klagesteine, und meine Hand tastete vergeblich die Inschriften ab. Ich fühlte mich plötzlich sehr enttäuscht, sehr allein. Die ganze Stadt schien mir leergestorben; nur in der alten Stiftskirche woben Stimmen wie Bienengesumm. Nonnen, hinter milchig erleuchteter Scheibe ungewiß zu erkennen, hockten in einem Raum hinter der Kirchenrückwand zum Abendgebet beisammen. Ich empfand mich abermals ausgeschlossen, doch erkannte ich nun das Planvolle darin. Ob ich wollte, ob nicht, das Land meiner Kindheit, in das ich zurückgekehrt war, zwang mich in seine Ordnung, wies mir den gebührenden Platz an. In Westfalen hängt um alles eine gewisse Einsamkeit.

Nun aber lag ich im Heidekraut, unter dunklem, an den Rändern schon ausblassendem Himmel; einer der Augenblicke kam auf mich zu, die uns für vieles entschädigen. Ein eigentümliches Rauschen, ein sich unablässig verstärkender Ton riß mich aus Halbschlaf und Wachträumen, bis ich aufsprang und ihm entgegenlief - den dämmernden Sandweg entlang, an Stangenholz vorüber, wo es neben dünnem Geäst zu blänkern und der Grund zu schwanken begann. Grünblasiger Schlamm lauerte zwischen Binsenschöpfen. Schließlich gab sich der Blick auf ein endloses Gemenge von Wassern, Nebeln und Land frei. Gleich einer tönenden Glocke hing ein wild hinausgesungenes, alles beherrschendes Kreischen über der unbetretbaren Zone, deren kaum kenntliche Konturen von einer wabernden Bewegung erfüllt schienen, einer unerklärlichen Unruhe, über die erst die wachsende Helligkeit genauere Auskunft gab. Jederorts regte, allüberall bewegte sich nistendes, aufflatterndes Wassergeflügel, Lachmöwen vor allem, die ihren Namen von lacus, See oder Lache, herleiten. Jeder Platz der schwanken Inselstreifchen war besetzt. Gleich winzigen Punkten hingen zahllose Stare im niedergebogenen Gezweig zarter Birkensträucher, die auf kaum geborenen Landstreifen Fuß gefaßt hatten. Unterdessen ruderten Enten, Bläßhühner und andere Geschöpfe, aber wieder auch Möwen und abermals Möwen über die weißen Wasserflächen. So weit das Auge reichte, dehnte sich Moor. Noch versanken die Horizonte im Dämmern, doch hüpfte, flatterte, sprang es bereits überall, um dem Morgen den Salut zu entbieten. Es war eine Urlandschaft erster Schöpfungstage, übersät mit Getier, das der sich klärenden Frühe und des wiederkehrenden Lichtes nicht anders Herr zu werden vermochte, als daß es seinen Jubel hinausschrie. Schon schnitten scharf sichelnde Möwenflügel kühne Kurven in das wachsende Licht, anderwärts erhoben sich Wolken von Staren, dehnten sich, glitten wie von unsichtbarer Faust über den Himmel geschoben wieder zusammen und fielen erneut ein, indessen der Tag unaufhaltsam stieg und sich mit der Röte des erwachenden Sonnenlichts färbte, um in mystischer Verzückung das Fest der Schöpfung zu feiern.

Das Größte, Elementarste dieser Stunde aber blieb doch das besessene Schreien, mit dem immer größere Scharen von Möwen in den Himmel stiegen, kreisend und schwebend, steigend und fallend, während sich immer neue Wolken von Staren erhoben, breit auseinanderschwärmten und sich wieder zusammenballten, oder Enten gleich Geschossen durch die Lichtflut sausten. Nicht Nahrungssuche, Hader und Streit bewegte diese aberzehntausend Tiere, sondern Jubel ohne Grenzen und Maß. Wie sollte das zwitschernde Aufbrausen der Stare anders zu deuten sein? Wie, daß sich nun hier und dort Schwärme von Lachmöwen erhoben, um in Mannshöhe über den

Nistplätzen einen Rundtanz zu fliegen, dicht an dicht, und zwar so, daß das umherwirbelnde Karussell aus Vogelleibern hüben finster und drüben licht erschien, je nachdem die dunkle Unter- oder die hellere Oberseite der Flügel dem Auge zugekehrt war? Es waren langandauernde Flugtänze, befeuert von jenen besessenen Schreien, neben denen nichts anderes mehr existierte.

Es sei eingestanden, daß ich, weder in Wirklichkeit noch in der Phantasie bis zu dieser Stunde etwas Vergleichbares erschaut hatte. Vor dieser Szene, welche mir die Natur als Entlohnung für meine erschöpfende, die Sinne mit Erschauern füllende Nachtwanderung schenkte, war mein Dasein samt seinen törichten Bedrängnissen gleichgültig geworden, es war unwesentlich geworden vor dem Jubel der Kreatur, die ihre gezirkelten Flugbahnen der Freude in den Himmel hineinschnitt oder ihre Flugtänze feierte, während in der auskühlenden Stunde des ersten Frühlichtes allerorts Nebel aus den Wassern dampften, um die Binsenschöpfe der Inselchen mit Schleiern der Unbestimmtheit zu verhüllen, bis am Ende nur noch das Schreien, Tanzen und jagende Eilen der Vögel Wirklichkeit besaß. Ich war ausgezehrt, geschmolzen, aufgehoben und fühlte mich zugleich von einem Feuer der Begeisterung und des Hingerissenseins durchglüht. Übrigens: das Wort Begeisterung ist falsch, weil es Ekstase andeutet. In mir war nichts von Außersichsein, wie sehr mich das panische Entzücken auch durchdrang, vielmehr blieb ich nüchtern und klar; indem ich fühlte, dachte ich zugleich. Hatte ich anderwärts aus Lebensbedrängnis nach Tröstungen gesucht, mußte ich nun eingestehen, daß mein Hoffen und Glauben zu klein gewesen war, zu niedrig für die Erhabenheit der Schöpfung, daß zu beidem Elementarkräfte nötig sind, die uns aus den Verstrickungen der Sentiments und innerer Beschwer reißen und mit der Einsicht Kraft und Überschwang der Seele von uns fordern.

Lobet Gott, wenn euch solche Stunden begegnen! Sie ändern das Leben, roden die Behaglichkeit skeptischen Hindämmerns aus und machen sichtbar, daß im Kern aller Dinge die Inständigkeit und die Begeisterung wohnt.

Lobet Gott, wenn er euch solche Stunden am Herzen der freien, nicht domestizierten Natur schenkt! Hat man sie an sich erfahren, erkennt man, daß die Erde nicht von Problemen beherrscht wird, sondern von einer glühenden, elementaren Gewißheit. – Es ging mir an diesem Morgen auf, daß das Glücksschreien der Vögel eine Antwort auf das Geschenk des Lebens bedeutete, geboren aus der nicht zu beschwichtigenden Empfindung, dem Ereignis, zu leben, da zu sein, geboren zu sein, müsse mit der ganzen Existenz geantwortet werden.

Stimmen der Inständigkeit, der Begeisterung, mit ferner Trauer gemischt! – Stimmen allenthalben in diesem Land. Hallendes Rufen der Frauen, die zur Stunde der Dämmerung Ausschau nach ihren Kindern halten. Langgezogenes Pfeifen der Lokomotiven im Herbstabend. Sausen der Telefondrähte an den Landstraßen. Rumoren, Klagen, Heulen des Windes in den Winkeln der Dachböden. Brüllen der Kühe, die im Frühjahr zum ersten Mal auf der Weide nächtigen. Bellen der Hunde von Hof zu Hof. Aber auch das geruhsame Schnaufen des Viehs in den Ställen, das Fiepen der Mäuse, das Rascheln im Kraut, das Rinnen des Sandes, das Knacken im Holzwerk.

»Hört ihr es?« sagte mein Großvater, als wir noch Kinder waren – ein königlicher Mann, der den biblischen Namen David trug, wie man es an der Grenze hielt. »Hört ihr es?«

Wir hörten! Wir waren ein stimmenbegabtes Geschlecht.

Wie andere Gesichte hatten, vermochten wir durch die Dinge hindurch zu hören. Wir vernahmen, was wir grade wollten – das Gewesene, Gegenwärtige, Künftige. Unsere Phantasie machte wenig Umstände. »Wenn ihr nur etwas hört!« sagte mein Großvater, auch darin ein großzügiger Mann.

Jahre später vernahm ich die Stimme wieder. Jahrzehnte später, tief, tief im Süden. Wir hausten in einer kleinen Hütte inmitten weiter Verlassenheit und lauschten auf das Atmen des Landes. Von fern donnerte das Meer in unseren Schlaf. Es war die Zeit, in der mich die Einsicht überkam, ich müßte Bücher schreiben, in denen das Vergangene und das Kommende zusammenströmte, Bücher ohne die unaufrichtige Dramaturgie einer Handlung, ohne zurechtgezimmerte Schicksale und törichte Konflikte, Bücher über die Erde.

Inmitten eines gläsernen Tages hob die Stimme an. Ich verwartete den Nachmittag, den Abend, die halbe Nacht, bis ich verstand, daß etwas Neues auf mich zukam und was jetzt zu tun war. Es haftete dieser Stimme nichts Schwärmerisches, Verschwommenes oder Sentimentales an, vielmehr etwas Klares, Gebietendes. Als meine Uhr einhalb vier in der Frühe zeigte, stahl ich mich aus dem Bett, schrieb im Wohnraum einen Zettel, der zu erklären suchte, was nicht zu erklären war, und ging mit geschultertem Bündel davon, um die elektrische Bahn nach Arles zu erreichen.

Das Meer donnerte längs der flachen Küstenstraße; manchmal hieb aus der tobenden Finsternis ein weit ausholender, salziger Peitschenschlag der Brandung nach mir, während ich ging und ging. Die Bahn rollte eben heran, eine eifrige Harfenspielerin, die im Düster des Vormorgens blaue Blitze aus ihren Drähten zupfte, bis ihre Räder in Schwung gekommen waren und über die

Erde hinsangen, die ich verließ – die Ebenen, Teiche und Landbrücken, die weißen Wildpferde, rosenfarbenen Flamingos und schwarzen Stiere, die braune Steppe und den gläsernen Frühlingshimmel, der auf den Mistral wartete. Später stieg ich um und fuhr weiter, einen Tag und eine Nacht. Als der Morgen dämmerte, rollte der Zug durch Halden und Werksgelände, in denen hier und da ein glühender Funkenregen stob. Es dröhnte, fauchte und flammte vor den Fenstern, während sich eine seidige Frühe über die Schwaden hob und im opalisierenden Licht gleich Galatea aus einem Meer von Nebeldunst stieg, traumhaft und zart, ein hochzeitlicher, junger Tag, der sich aus der Umarmung des Dunkels löste.

Der Zug hielt, und die Leute drängten sich aus den klappenden Abteiltüren dem Treppenschacht der Unterführung entgegen. Die Stadt spülte die Menschenwege zu einem zäh fließenden breiten Band zusammen. Ich war dem entronnen gewesen, hatte Jahr um Jahr allein in den Wind der Berge, der Wälder und fremden Länder gesungen, nun aber schwieg ich mit den anderen, beugte den Kopf wie sie und vernahm die Stimme. Sie erschien nun breitbrüstig angestimmt und voller Triumph. Es war die Stimme der Vergangenheit und des Sterbenden – die Stimme des Lebens und der Lebenden, die Stimme der Einsamkeit und des mächtigen Himmels, die Stimme dieses Landes. Und während ich so in die Stadt meiner Kindheit ging, in der mich niemand erwartete, und in der ich nur noch ein altes, von Fremden bewohntes Haus und einige Gräber besuchen konnte, tönte die Stimme fort und ich war einsam und glücklich. In den Tautropfen brach sich das junge Licht des hier nie ganz reinen, immer mit den Spuren der Fron und des Schwadens untermischten Frühlings, aber eines Frühlings voll Zärtlichkeit und voll der flaumleichten Töne der Vögel. Als die Stadt zu Ende war, kamen Vororte; auf die Vororte folgten die Felder. Überall umgrünten sich die Büsche und stieg der Duft des frühen Tages. Es kam nun das Bauernland, eingebettet und versteckt in endlose Gehege und weite Wälder. Ich wußte Schlösser darin und herrliche Weite und Einsamkeit der Höfe, deren Bäume sich jetzt mit schüchternen grünlichen Knospen schmückten, wußte die Schönheit verschwiegener Weiher und blühender Apfelgärten. Und ich beschloß fortzugehen, weiter zu laufen, immer weiter, bis ich alles in diesem Lande erneut erfahren hatte, seine Bitternis und seine Süße, seine Fron und seine Qual, seine Gewalt, seine Größe und seine Stille, die mächtigen, endlosen Städte, die zu ihm gehören, und die Herrlichkeit der Kirchen. Die Berge und die Ebenen, die Wasser und die Straßen der Menschen, die Gesichter und die Hände, Getier und hauchzartes, schweigendes Leben der Pflanzen – allem wollte ich wieder begegnen, und ich schritt weiter und weiter und die Stimme sang in mir fort.

Erstes Buch

DUNKLER WALD UND ROTE ROSE

oder

LIPPE UND SAUERLAND

Du bist erstaunt, daß ich nach Westfalen gehe? Es ist wahr, was ich auch davon berichten werde, dürfte eifrige Kritiker finden: dem einen male ich zu schön, dem andern zu trist, der dritte, vierte und fünfte bemängeln, daß ich ausgerechnet ihr Schilda überging. Wir kennen das. Aber sonst? Vergiß nicht, daß dieses schwerblütige Land die Heimat des Geheimnisvollen und der Winde ist. Übrigens, es liebt auch die Abenteuer; du wirst überrascht sein. Ich aber werde die weite Erde und den weiten Himmel, die Größe der Schöpfung und gigantisches Menschenwerk um mich haben; ich werde überall ins Elementare zurücktauchen. Es ist das, was meine Natur von Zeit zu Zeit braucht, damit ich mich auf der Erde heimisch und den Himmel über mir offen fühle.

BEGEGNUNGEN

Es wurde ein seltsames Jahr, ganz aus der Art.

Jeden Morgen stieg die Sonne glutrot, eine strenge Königin. Ungewohnte Trockenheit lag wie ein Bann über den Feldern. Doch in den Nächten war es noch kühl; Flüsse, Bäche, Rinnsale hauchten Rauchschleier in das erwachende Licht. Oft hielten sich die Morgennebel dieser letzten Maitage bis in den frühen Vormittag, eine wabernde, milchige Schicht, in die ich beim Wandern hineintauchte, manchmal bis zu den Knien, manchmal bis zum Leibe; einmal war ich nur noch Kopf – ein Haupt, das über eine Ebene von Watte schwebte.

Ich vermag nicht ohne Begeisterung von diesem Jahr zu sprechen, in dem ich alles durch die Schleier der Frühe erblickte.

Es gab viele Mulden und Senken, Gruben und Tälchen, Gründe und Niederungen, und in jeder von ihnen sammelte sich Dunst. Der Wind schwieg. Die Landstraßen waren Reihen getupfter Baumkugeln oder dünner Besen, die in einem Beet von Watte staken. Kam eine Fabrik, hob sich der riesige Pfahl des Schornsteins aus einem See von Watte und bleckte eine Zunge von Watte aus seinem Mund. Der Nebeldunst in Gräben und Bachläufen lag wie ein Netz auf dem Land, darüber lauerte zornrot die Sonnenspinne.

Es war stets noch sehr früh, wenn ich umherzog. Darüber vergaß ich zumeist die Unruhe, die mich trieb – Unruhe ohne besonderen Anlaß, Unruhe an sich. So oft ich saß, stand, blieb, sang das Lied der Unruhe in mir, und ich war nur zufrieden, wenn ich ging und ging, die Frühlerche stieg, und im Sonnendunst über dem Nebelschleier der Kiebitz schrie.

Meine Geschichte beginnt mit diesem Frühnebel, der

alles verwandelte, bis es aus der Zeit gefallen schien. Ich hielt mich damals im Osten des Landes auf. Es fanden sich hier Städte, Berge, ein Strom, was man wollte. Genug für jemand, der eine Leere in sich auszufüllen begehrte. Doch nein, es gab da noch etwas anderes – ich war, blieb allein. Einmal kam ich im Morgendämmern von Eisbergen über die Weser und lief weit hinaus bis in die Mitte des flachen Grundes. Im Rücken, fast nach Westen, sah ich die Porta Westfalica gleich einer mächtigen Kerbung im Gebirge; auch der Sockel des Denkmals auf dem halben Berghang ließ sich erkennen. Nach Osten, jenseits der Weser, hob sich Rinteln gegen den Horizont, und im Süden zog sich die Schwelle des Berglandes mit Kirchen, Häusern und Adelssitzen hin. Schloß Varenholz lag dort, dazu mir lauter wohlbekannte Orte mit Bluteswärme und Kneipengesprächen. Keinen davon suchte ich auf, sondern blieb allein in der Gesellschaft eines schweigsamen Requisits dieses Ackergrundes, das unwirklich aus dem Dunst ragte, eines Pferdekarrens, der auf dem Felde verblieben war und an seiner Legende der Einsamkeit spann. Warum verweilte ich, hockte ich mich auf die Gabeldeichsel inmitten der tellerflachen Ebene, die kniehoch von Nebel überzogen war? Ich wußte es nicht. Bei Schlüsselburg, bei Petershagen stand ich am Strom, der unsichtbar unter dem Dunst wegfloß; ich stand bei Bünde auf einer Eisenbahnbrücke, bei Lübbecke auf einem Hügel, und auch hier atmete ich die Nebel ein – ob des Darbens, das sie bedeuteten, Nebel gelinder Traurigkeit. Sie stiegen aus dem Schoß der Erde, und ich erkannte, daß sie allem eine Glorfiole verliehen, einen Hauch schmerzvoller Begeisterung, wie man sie empfindet, wenn man in den Kirchen schwertönig von Jesu Wunden und Jesu Blut singt; ich lernte eine geheime Rune im Antlitz Westfalens verstehen, eine verborgene Quelle sehen, aus der sich die Hingabe der Menschen nährt, wenn sie beten, singen, lobpreisen oder auch arbeiten; jene Macht, aus Leiden, Verlassenheit und Inbrunst gemischt, welche das hallende Rufen der Stimmen, das Umherstrolchen des Windes in ein suchendes Klagen verwandelt, das niemand losläßt, der es von Kindesbeinen an kennt.

Ich war wie besessen von der Frühe des Morgens. Büßte ich nicht etwas ein, wenn ich später, vielleicht erst gegen Mittag wanderte? Gut, ich bin auch in dieser Stunde umhergezogen, durch Wälder, über Straßen, vor allem durch Städte. Mittags am Bielefelder Bahnhof – Wagen aus Chrom und Glas glitten dahin. Mittags in der Hökkerstraße zu Herford, in der grau und blind des großen Daniel Pöppelmann Geburtshaus steht – in dünnen Strähnen rannen Menschenfäden aus Kaufhäusern, Geschäften, Büros durch die Passage einer Imbißstube mit ihren verschmierten Glasplatten zu. Mittags in Minden – vor dem Dom stauten sich Omnibusse und Autos. Alles wie überall.

Zugegeben, ich habe diese Mittage der öden Baulükken und hastenden Menschen nur flüchtig gesehen, aber mich rührte kein Zauber an, der mich hätte verweilen lassen. Es waren verwechselbare Stunden. Jeder beliebige Ort vermochte sie genauso zu liefern. Aber die Morgen! Da kam ich über die Höhe nach Herford hinab und wußte sofort, was zu tun war; selbst die Münsterkirche ließ ich, ging geradewegs auf die Johanniskirche zu, deren Glasfenster mir unbekannte Verheißung bedeuteten. Noch fühle ich metallene Kühle in meiner Hand, höre ich, wie der einer kaum erwachten Küstersfrau abgejagte Schlüssel im Schlosse rumorte, ehe die Tür sich öffnete. Teppichhaft, in dunkelndes Rot, glimmendes Orange und kühlendes Blau getaucht, wallten die drei farbigen Fensterbahnen hinab, die ich suchte, unterbrochen mit Darstellungen vom Leben und Sterben Christi. Welcher Zauber, der die Verkündigung, die kleine Geburtsszene durchwebte, mit wie wenig Gesten war der Darstellung genügt! Den Gekreuzigten umstanden allein Maria und Johannes. So oft es anging, waren die Bilder auf einer Dreiheit der Figuren aufgebaut. Was mich bewegte, durchdrang und beglückte, war indessen das Leuchten der Glasbilder. Jenes Leuchten, das draußen zwischen Bäumen und Bergen hing, stellte sich auch im Kirchenraum ein, ein Lichtecho gleichsam, aber vielfältig erhöht und zu klarem Glanze gefiltert; des Morgens verklärende Hoheit im Innern der Kirche.

Oder in Minden, in das ich lange, lange durch eine Allee hineinlief, eine zum Glück in der Frühe noch wenig benutzte Straße, bis sich endlich das Westwerk des Domes zeigte, das gleich denen von Freckenhorst oder Corvey in mächtigem Schwung emporstößt. Um diese steinerne Stirn zog der Hauch spröder Kühle; drinnen aber tauchte das dämmernde Licht der Glasmalereien den Chor in magische Tiefe.

Daß ich vor allem Kirchen sah? Da erkennt man unverstellt, was die Menschen in diesem Land empfinden, leiden, hoffen und glauben, und das ist es doch, was sie ausmacht – empfinden, leiden, hoffen, glauben.

Oder in Enger. Sie haben dort einen Heros, eine Gestalt, die in den Verschollenheiten früher Jahrhunderte angesiedelt ist, Widukind, Herzog der Sachsen, dessen Namen man so oft mißbraucht hat, daß sich kaum noch erkennen läßt, wer er war. Auf kleinem Hügel hebt sich die Stiftskirche St. Dionysius, darin er begraben liegt. Die Tumba, die seinen Leichnam birgt, stammt aus späteren Zeiten, aber der Grabstein darauf, der ihn in liegender

Pose darstellt, ist nur dreihundert Jahre nach seinem Abscheiden entstanden. Natürlich sagt das Bildnis nichts davon, wie der Herzog wirklich ausgesehen, sondern wie man ihn damals aufgefaßt hat, schlank, ebenmäßig, mit erhobener Rechten und einem Zepter in seiner Linken, vor allem nicht groß! Doch darauf kam es mir zur Stunde nicht an. Ich versuchte im Dämmer des Chorraumes Zwiesprache mit ihm zu halten, der sein Leben im verzweifelten Widerstand gegen Karl den Großen verbraucht hatte. Zieht man die Quersumme, was waren denn dieses Daseins Gewichte? Das Durchhalten oder der endliche Verzicht, als er sich zu denkwürdiger Begegnung in Attigny mit dem Frankenkaiser traf, sich ihm unterwarf und den alten Göttern abschwor? Einen greisen, müden, weisen, sehr weisen Mann glaubte ich vor mir zu sehen, um den die Härte seines vergangenen Lebens wie etwas Graues, Mageres, Ungesagtes hing. Bittere Einsicht. Verzicht. Opferung. Am Ende die Hingabe.

Eines anderen Morgens aber trieb es mich einfach weiter; ich hockte bei einem Bauernwagen mit auf, von dem mir eine Einladung zugeflogen war. So kam ich auf Bielefeld zu. Der Trecker sang tuckernd sein Lied, und die Sonne breitete Teppiche von Glanz vor uns aus. Bielefeld also. Überhaucht vom Schimmer der Frühe. Aber nicht auch Pforte geheimer Trauer? Oder war das nur eine Chimäre, die meine Einbildungskraft mir vorspiegelte?

Ich stand auf der Sparrenburg. Das Zyklopengemäuer gefiel sich in seiner Ruhe. Auf fernen Hügeln lag Leuchten. Sonntagsgeläute flügelte heran. Einmal rauschten Kastanien und Blutahorn auf. Sonst Friede. Die Stadt im Grunde sah frisch gewaschen, sauber gebürstet aus. Ein Wohnviertel nach Brackwede zu wiegte sich lustvoll in seinem Bergtälchen. – Des Leidens Spur?

MINDEN
UND DIE PORTA WESTFALICA

Kolorierter Kupferstich 1797
von W. Strack
Landesmuseum Münster

Vielleicht, daß ich mich an die Vergangenheiten zu halten hatte. Zwischen den Fugen der Jahrhunderte klebt doch der Schmerz wie geronnenes Blut. Aber es schien alles abgeräumt. Nur im Chor der Marienkirche fand sich noch einiges – gotische Steinstatuetten, sich höfisch wendend und drehend, mit Gold- und Silberbronze überstrichen und um des Meißels edlen Schnitt gebracht. Oder ein Altarbild, auf dem die Natur mit Baumknubben und Blattwerk über die feierliche Leere der goldenen Hintergründe hereinbrach. Oder des Grafen Otto III. von Ravensberg Grabtumba, ganz im höfischen Geist des frühen 14. Jahrhunderts gebildet – ein Familienstein, darauf er mit seiner Gattin gebettet liegt, den Sohn zwischen seiner Frau und sich. Zarte Anmut war über das Bildwerk gegossen. Schönheit des Todes, des Vergehens Schönheit. Aber Schmerz, Leiden, Trauer?

Doch dann sah ich wirklich und in vielfältiger Gestalt, was ich bislang nur als untergründiges Strömen empfunden hatte – in den Kreuzigungsgruppen, die hierzuland an den Wegen stehen, in den Kirchengesängen und hallenden Litaneien, oder im sensitiven Antlitz blasser Frauen, im bohrenden, schreckhaften Blick grübelnder Männer, die des Übersinnlichen ansichtig geworden waren – ich erblickte es, als wäre es dinglich geworden, verdichtet zu greifbaren Gestalten des Elends – in Bethel, der Heimstatt der Epileptiker. Tief rührte es mich an, dieses Lebenswerk eines der erstaunlichsten Menschen des 19. Jahrhunderts zu sehen, des Pastors Friedrich von Bodelschwingh, 1831 geboren auf Haus Mark nahe Tecklenburg, Sohn eines preußischen Ministers, Spielgefährte eines späteren Königs, der alle Gedanken an Karriere und Ruhm in den Wind schlug, um nichts zu sein als ein Vater der Verkommenen und der Elenden. Aus diesem Geist schuf er ein Liebeswerk ohnegleichen.

Ich bin straßauf, straßab durch diese seltsame Stadt gewandert, in der die Häuser Tiberias, Saron, Nazareth, Gilgal, Ephrata heißen – Handwerksbetriebe, Brockensammlung, Postamt, was solch ein Gemeinwesen eben braucht, in dem Menschen leben. Sogar ein Kino, das Asapheum, war da, in dem es den ›Förster vom Silberwald‹ zu sehen gab. Das ›elende Bethel‹ der schweren Fälle erblickte ich nicht. Aber auch dies genügte mir – die gedunsene Gesichtshaut, die allzu bereiten Antworten, die starren Blicke des Verstumpfens, die verräterische Lücke in den oberen Schneidezähnen der Kranken, die wie ein Stigma der Epilepsie wirkt. Das Elend schien freilich den Betroffenen weniger fühlbar. Da hockten Weiber mit starren Zügen in den Küchen wie Hühner auf ihrer Stange; die Finger mit dem Schälmesser glitten in gespenstischer Eile um die Kartoffeln. Eine Frau hielt immer im Schälen ein, lachte fern und tippte sich mit ausgestrecktem Zeigefinger auf die geschlossenen Lippen. Anderwärts sah ich ein junges Mädchen, das geistig im Kindesalter verblieben war, der Sprache kaum mächtig; gleichwohl begehrte die Person immer zu singen, »Guguh« stieß sie lallend aus, wozu sie mit den Armen schlug, wie ein Hühnchen flügelt. Der Mund mit den ausgebrochenen Zähnen war zu einem entzückten Lächeln verzogen. Alles bebte vor Entzücken an ihr, einfach, weil Menschen, wildfremde Menschen für Augenblicke im Zimmer weilten. Wirklich sang sie auch, etwas wie »Was Gott tut, das ist wohlgetan«, wobei eine verhutzelte Kranke, eine Greisin von knapp zwanzig Jahren, die auf einem Plüschsofa hockte, mit sonorer Altstimme einfiel. Es war ein gespenstischer Anblick, der mich ob der gräßlich entstellten Kinderunschuld, mit der die Kranken ihr Liedchen vortrugen, in Verlegenheit setzte. Ich floh, aber die Bilder wanderten mit.

Es hat einige Zeit gebraucht, bis ich den Anblick von Bethel verwand. Währenddessen zog ich in den Bädern umher, schaute in Oeynhausen zu, wie sanftes Sonnenlicht durch die Linden der Herforder Straße auf friedliche alte Damen und Herren hernieder filterte, sah in Salzuflen die Menschen an den Salinen in Gesprächen herumstehen.

In Meinberg war es dann, südöstlich Detmold, dem kleinsten unter den Bädern. Eine lange, schwere und schwüle Nacht hindurch rauschte Gewitterregen hernieder. Der Morgen erstand in Hoheit und Kühle. Im Kurgarten paradierten die Stuhlreihen klamm und bespritzt vor dem leeren Musikpavillon. Kein Laut, kein Hauch; der Friede war vollkommen, und miteins – an welchem Beispiel entzündet? – verstand ich, was ich bislang vergeblich zu erkennen versucht hatte, begriff ich, daß des Daseins Beglückung und Süße in diesem Lande auf dunklem Grunde wuchsen, daß die Blüten verletzlicher, die Empfindungen manchmal tiefer, aber die Lippen zugleich verschwiegener waren.

ROTE ROSE

Im Lippischen Land, das eine Rose im Wappen führt, gerät man von einem Entzücken ins andere.

Natürlich ist es dazu nötig, sich der Ratschläge von Fremdenverkehrsunternehmungen zu enthalten, die dem Besucher ihre Sehenswürdigkeiten aufschwätzen wollen.

In Lemgo beispielsweise ist man mit selbstanklägerischer Geschäftigkeit bemüht, daß ein jeder von den trüben Zeiten der Hexenverfolgung Notiz nehme. Was sollen uns die schwärzlichen Folterwerkzeuge? Das hat unser Jahrhundert doch viel besser gemacht!

Aber eines muß wahr sein. Der Mann, welcher der

eifrigste Hexenjäger war – ein im 17. Jahrhundert residierender Bürgermeister mit Namen, nomen est omen, Cothmann –, hat das schönste Haus in der Stadt gebaut. Das will viel sagen. Flacherker zu beiden Seiten des Portales, auf dem Adam und Eva sich sehen lassen, ein hoher, viermal unterteilter Giebel . . .; aber Ähnliches sieht man hier allenthalben! Ich schlenderte abends mit Muße straßauf und straßab, wieder und wieder – Fachwerkhäuser, eines am anderen, eines noch üppiger als das andere geschnitzt.

Mir freilich schien die Rückseite dieser Schönheitengalerie, die zur Nicolaikirche hinausgeht, das Anziehendste; da sieht man sie eng an eng stehend, überhängend, aus nichts als Fensterchen zusammengebaut, die zur Brauttür der Kirche hinüberlugen. Wie könnten sie anders? Das ist doch etwas gewesen, was die Weiber, die hier gewohnt, jedesmal von neuem anging. Hoch darüber hält die Kirche ihre Türme hinaus, einen zugespitzt, den anderen mit einer Haube bedeckt. Am liebsten blieb mir jedoch der Marktplatz. Ein so wohl proportioniertes Geviert – wann sieht man das in Deutschland einmal? An der Ecke steht das Prunkstück von Lemgo, die Renaissance-Apotheke von 1612. Wie man die Lust früherer Epochen spürt, solch ein Haus mit Schmuckwerk, mit Ornamentchen, Müsterchen, Säulchen zu überziehen, wie sich eine Frau mit Geschmeide behängt. Natürlich, die Bildnisse berühmter Ärzte an der Brüstung des Obergeschosses! Da muß man fortwährend den Hut ziehen: Guten Abend, Herr Galenus, guten Morgen, Herr Hippokrates. Manche kennt man nicht mit Namen. Man muß sie erst buchstabieren und hebt erstaunt die Augenbrauen: von des Niles Ufern sind Sie also, und wie fühlen Sie sich hier? – Es sind die Auguren der Arzneikunst des Mittelalters.

Lemgo ist die große Ouverture des Lippischen Landes, das aus lauter Kostbarkeiten besteht. Blomberg, Horn, Varenholz, Sternberg, Örtchen und Schlösser ... Manchmal ist diese Ouverture größer als die Aufführung selbst. Kommt nicht Engelbert Kämpfer aus dieser Stadt – hier geboren, hierhin zurückgekehrt, hier 1716 fünfundsechzigjährig gestorben, der erste Forschungsreisende Deutschlands, dessen Leben ihn über Moskau, Baku und Persien nach Schiras und Bender-Abbas verschlug, wo er lange krank lag, endlich nach Indien, Java und Japan?

Die Welt kennt nur seine berühmten ›Amoenitates exoticae‹. Die Hauptsumme seiner Handschriften ist bis heute unediert, lagert kaum gelesen im Britischen Museum zu London. Gibt es überhaupt etwas, das Kämpfer auf seinen Forschungsreisen nicht studiert hätte? ... Auch in ihren Memoiren ist die Stadt Lemgo eine große Ouverture. Das Hauptstück freilich heißt Detmold.

Da ich mir aus dergleichen nichts mache, hatten mir die Nachtgläser, aus welchen Napoleon getrunken, im Detmolder Schloß wenig zu sagen.

Auf meine despektierliche Frage, ob sich denn selbst ein Kaiser den Luxus geleistet habe, ein monogrammiertes Geschirr nach flüchtigem Gebrauch allemal stehen zu lassen, schwieg der Führer ein wenig betroffen. Dann aber versicherte er sehr von oben herab, der Gute, gewiß sei das so, denn das verrate das eingravierte Monogramm doch. Nun ja. Auch aus Bandels – des kolossalischen Hermannsdenkmales Meister – Alabasterporträts Leopold II. von Lippe und seiner Gattin Emilie machte ich mir nicht viel. Sie schienen mir puppenhaft geraten und besaßen aufgeschwemmte Gesichter; wären die Dargestellten bürgerlichen Standes gewesen, ich hätte gesagt, sie seien zu fett. Und sonst? Krimskrams gab es in dem schönen, alten Detmolder Schloß genug. Ein Spinett, das Napoleon der Fürstin Pauline geschenkt, ein Kaffeegeschirr, von Kaiserin Josephine an dieselbe – lauter Souvenirs! Was tun schon die Namen, die sich daran geknüpft, wenn die Gegenstände keine Bedeutung in sich tragen?

Aber was ich mir eingestehen mußte: dieses Schloß war behaglich, nicht zu groß, nicht zu klein; es blieb überschaubar mit seinem schönen Binnenhof und den Ausblicken nach draußen ins Grüne. Unter den Porträts tat es mir die Fürstin Pauline besonders an, jene, der Napoleon so freundlich gedacht hatte. Es erschien mir – wenn das überhaupt noch der Rechtfertigung bedarf – nur natürlich, daß sie, die während zweier Jahrzehnte für ihre beiden Kinder Vormundschaft und Regentschaft führte, sich Anfang vorigen Jahrhunderts zum Rheinbund schlug. Ihr sachliches Tatsachengesicht tat mir wohl. Nichts Schwärmerisches war an dieser geborenen Prinzessin von Anhalt, die bis 1820 die lippische Regierung geführt hat.

Das Schloß, inmitten der Stadt gelegen und mit Wassergräben, Mauern, Park und Durchgängen versehen, ist zugleich das Herz der Stadt. Es besitzt, und das paßt nicht übel, berühmte holländische Gobelins, auf denen das Leben Alexanders des Großen verherrlicht wird. Solche kleineren, gemütlichen Schlösser müssen ihre Renommierstücke haben. Aber natürlich bleibt es am schönsten, einfach hineinzugehen und sich den Bau deutlich zu machen, die um den Hof gelagerten Wohntrakte, vor allem den Hof selbst, der ganz einfach, ganz schlicht ist, und doch voller Maß, voller Harmonie. Aber auch dies war noch Ouverture!

Mir wurde in Detmold ein Glück zuteil. Um einige Auskünfte zu erhalten, hatte ich mich an den Inhaber eines für die Stadt wichtigen Buchgeschäftes gewandt. Ein Herr von manchen Meriten, Kenntnissen, Interessen – er war sehr in Eile. Aber er war, wie das wohl auch zu ihm paßte, zugleich ein wendiger Mann von Emphase und Bereitschaft, der sich meiner sofort annahm. Ganz im Vorübergehen warfen wir einen Blick in die Adolfstraße, ein schmales Gäßchen, das ich am Abend zuvor schon erkundet hatte, umlagert von vorwärts geneigten, brustkranken Fachwerkhäuschen. Da die Fenster meist offen standen, bekam man es mit der Angst, die krumme Häuserzeile möchte ihr Gleichgewicht verlieren. In einem Zimmer band sich ein junges Mädchen das Haar auf, eine Haarklammer zwischen den Lippen, was die Person nicht hinderte, ein Liedchen zu trällern. Es ist mir im Gedächtnis geblieben, weil sie sich in dem zierlichen Häuschen halb aus dem Fenster lehnen mußte, um sich im Spiegel nicht zu nahe zu sehen. Wirklich nahm es sich aus, als seien die Häuschen für Pygmäen geschaffen; übrigens auch, als müßten sie einander stützen, so fest lehnte sich eines gegen das andere. Dabei waren sie blitzsauber, freundlich anzusehen, ein köstliches altes Quartier, in dem die Menschen so dicht an dicht und gemütlich zusammenhausten wie die Uferschwalben.

Den gleichen Abend hatte ich noch etwas anderes erblickt: ein eiliges Wasser, das mir Herr Schnelle jetzt als den Mühlbach benannte, und ein geruhsameres, aber kaum weniger zielstrebiges Wasser, das unvermittelt und ohne Geländer neben dem Weg des Wallgrabens herlief, sozusagen auf gleicher Höhe mit dem Fußsteig, säuberlich eingefaßt und ganz klar. Es füllte sein Bett so hoch an, daß die kleinen Brückchen eben noch darüber hinweggingen. Dies war nun, wie mir erklärt wurde, jener

berühmte Kanal, den einer der lippischen Regenten des Absolutismus, Friedrich Adolf von Lippe und seine nicht minder prachtliebende Gemahlin Amalia, eine geborene Gräfin von Solms, seit 1701 hatten anlegen lassen, um per Schiff oder besser per Nachen zu ihrer Residenz Friedrichsthal fahren zu können, deren Lustschloß ›Favorite‹ später nach dem Vornamen der Erbauer die zungenbrecherische Bezeichnung ›Friedamadolfsburg‹ erhielt. Aber es war Unglück im Spiel. Bei einer großen höfischen Lustbarkeit brannte die Herrlichkeit 1709 nieder, und da der lippische Graf damals noch nicht über vermögende Hofjuden verfügte, wie später sein Sohn Simon Heinrich Adolf, der seinen israelitischen Finanzier ob ewiger Geldverlegenheit einfach fünf Jahre gefangensetzte, um ihm sein Vermögen entziehen zu können, worauf der Geprellte wieder in Gnaden aufgenommen ward und weiter borgen durfte, – weil der lippische Graf Friedrich Adolf noch nicht auf eine solche Einnahmequelle verfallen war, blieb die Lustanlage zerstört liegen. Aber der Kanal, auf dem sich die Gondeln gleichsam durch die Jahrhunderte hatten wiegen sollen, strömt heute noch. Die ganze vergessene und elende Geschichte der Geld- und Fürstenmiseren aus absolutistischen Zeiten ist nur seinetwegen interessant.

... Am Abend vorher war es also gewesen. Die Laternen brannten und warfen ihr Licht auf den ›Wallgraben‹. Ich stand auf einem der Brückchen und schaute ins Wasser, das dunkel unter mir wegtrieb. Es herbstete schon; da wird man nachdenklich, wenn man unterwegs ist. In den Häuschen brannten die Lampen. Ich erinnere mich des Geruches von welkem Laub noch genau. Es war der Augenblick, in dem ich mir meine Liebe zu Detmold eingestand. Zugegeben, einer plötzlichen Liebe voller Karenz. Hinter mir gingen junge Leute vorüber, zwei junge Männer mit Futteralen für Instrumente und ein schmalgesichtiges junges Mädchen mit einer Ponyfrisur, einen Geigenkasten unter dem Arm. Auch die musische Atmosphäre beglückte mich hier.

Vor allem hatte es mir das Wasser angetan. Ich stand am Mühlgraben, wo er aufgestaut ist, um mit Rauschen hinabzustürzen. Im Schein der Laternen schwammen zwei verspätete Gänse umher. Ich stand später auf einem Brückchen. Die Welt war verzaubert. Ich ging über den Markt, vorbei an der Erlöserkirche, entlang der Hochstraße und steuerte schon wieder auf ein Wasser zu. Es war, als ziehe mich etwas Undinenhaftes an dieser Stadt in seinen Bann.

GRABBE
ODER DAS UNHEIL DES DASEINS

Im Detmolder Schloßteich träumte das Wasser undurchsichtig und trüb; Blätter schwammen darauf, ein Hauch Moderluft wehte, der mir wie das, was die Dichter des Sturmes und Dranges Grabesluft nannten, erschien. Doch dachte ich kaum an Friedhofsgerüche dabei, vielmehr an eine Art Hausgeruch, der das Entrückte, gleichgültig ob Mensch oder Ding, immer umzieht. Ich dachte an das Hingesunkene und Gewesene dieser Stadt, vor allem natürlich an ihre Menschen. An Johannes Brahms, der Detmold streifte, und Lortzing, der lange verweilte. Gut, an Freiligrath auch, diesen Allzuberühmten des Vormärz, von dem so wenig geblieben ist – er kam hier zur Welt. Besonders aber an einen, dessen ich immer gedenke, wenn der Name Detmold genannt wird, so daß ich manchmal glaube, seinem Nachruhm eigne die Eigenschaft, in anderen Menschen wie eine Wunde, ein Schmerz zu wohnen. In Studienzeiten waren seine Dichtungen mir viel gewesen. Jetzt spürte ich das Geheimnisvolle, das man Begegnung nennt, greifbar nahe. Sein Antlitz tauchte vor mir herauf, die zu früh vom Haar entblößte, merkwürdig hochgewölbte Stirn, die eher kleine Nase, der sensitive, sehr feine Mund und die freundlichen Augen, nicht zu vergessen die schmale, fast zarte Statur, und wie stets schien es mir, dieser Mensch hätte einen guten Kameralienassessor abgegeben. Doch einen tragischen Dichter, in manchem vergleichbar mit Kleist? – Allein, dies war er, Christian Dietrich Grabbe, am 11. Dezember 1801 in Detmold geboren und dortselbst am 12. September 1836 zur Ruhe gekommen.

Ich weigere mich, in den Chor der Entrüsteten einzustimmen, der Dichter habe getrunken. Ach, die Ahnungslosen, was wissen sie schon! Daß einer ausgebrannt dasaß und das Rinnen der Stunden nicht mehr ertrug, weil der Kopf erschöpft, die Sinne taub geworden waren und Verzweiflung wuchs – wie sollten sie's auch verstehen, die in jedem Menschen nur ein Stück fleischerne Langeweile erblicken?

Es ist wichtig, von den Zeugnissen seines Lebens und Sterbens nichts auszulassen, um Grabbe ein wenig näherzukommen. Da ist das Geburtshaus, wo sich an der Dielentür noch immer der kindliche Namenszug findet, den der Knabe einst in dunklem Verewigungsdrang eingekerbt hat. Eine Stiege hoch liegt die Elternwohnung, in der heute ein ehrbarer Schneider haust; Schneiders Eheweib kochte im schrägen Küchlein grade das Pflaumenmus ein; das Haus roch herrlich danach! Abermals höher der weite Dachboden, noch aus den breiten, schweren Dielen gefügt, wie man sie früher brauchte. Ein Paradies zum Spielen! – Nein, nicht das, kein Paradies. Die ehemalige Bestimmung liegt vom Parterre bis zum Dachfirst wie ein Schatten über dem Bauwerk, wenn auch der

Name Zuchthaus, den es einst von Amts wegen trug, heute einen anderen, allzu makaberen Klang besitzt. Stockhaus, das ließe sich sagen. Natürlich ist nicht mehr zu erkennen, wo einmal die Männer, die Weiber hockten, die hier ihre Strafe verbüßten, nicht mehr, wo sie geprügelt wurden. In den Introduktionen zu Grabbes Leben und Schreiben steht hinreichend zu lesen davon. Aber die Wohnung, die Vater Grabbe mit seiner Familie behauste, ist ziemlich die gleiche geblieben. Darin gibt es ein Zimmer, das unter allen Hinweisen vielleicht den tiefsten Einblick in des Dichters Jugend gewährt. Heute näht der Schneidermeister in diesem Gemach angesichts friedlicher Bäume seine Röcke und Hosen. Vor rund hundertfünfzig Jahren, als der sehr pflichtgetreue Vater Grabbe strengen Auges sein Haus kommandierte und die gütige Mutter dem zarten Knaben ein Lächeln zuwarf, wenn er sie ängstlich ansah – damals blickte man aus diesem Fenster in zwei Welten, von denen jede für Grabbe, den jungen, Schicksal bedeutet hat. Sie gleichen aufs Haar den Divergenzen, dem tiefen Zwiespalt in seinem Wesen.

Vor diesem Fenster liegt nämlich, schön und schweigsam, gleich jenseits des schmalen Schloßteichs, der Schloßpark, in dem die Fürstin Pauline ihre Gartenfeste gab oder erlauchte Gäste zwischen Cour und Bankett lustwandelten; alles nur einen Steinwurf weit von dem Fenster der Grabbes entfernt. Da sah der Kleine das Vorbild zu seinen späteren Personenregistern, eine glänzende Welt, deren sich seine Dichtung, ehrgeizig und zu Übertreibungen geneigt, aber auch subtil und mit unerbittlichem Blick für das Wesentliche begnadet, bemächtigen sollte.

Denn das kann niemand bestreiten, dieses Kind, das im ersten Stockwerk des Stockhauses aufwuchs, barst insgeheim von Ehrgeiz. Man glaubt es zu sehen, wie des

Jungen bewegliche, feingliedrige Hand mit den etwas abgebissenen und nicht ganz sauberen Nägeln sich auf die Fensterbank stützte, bis die Knöchel weiß waren, wenn er hinüber starrte. Es roch ein wenig nach altem Staub und Kühle, wie immer an Fensterscheiben. Dies der eine Blick.

Um den andern zu haben, brauchte er nicht einmal den Kopf zu wenden. Dort, links unten, war sie, die Welt der Tiefe. Man gewahrt die schweren Fundamente der Mauer noch heute, die einmal das Bagno, den Arbeits- und Erholungsplatz der Gefangenen, umzog.

Nicht, daß ich besonderes Mitleid mit jenen empfände, die dort, sei es gleichgültig, sei es in dumpfem Brüten gesessen oder rastlos im Kreise umhergegangen. Es werden zumeist Gauner, Kittchenbrüder und Straßenweiber, rohe Naturen, gewesen sein. Schon möglich, daß ihr Anblick für den Knaben verfänglich war. Möglich auch, daß ein gieriges Wort, eine Zote, die von den Männern zu den Weibern hinüberflog, den jungen Menschen erreichte. Ist nicht die Obszönität in Grabbes dramatischem Erstling, die Rahel Varnhagen van Ense so sehr entsetzte, Beleg genug? – Möglich. Vielleicht. Dennoch kam, was ihn zutiefst betraf, aus einer ganz anderen Region. Eines Tages, als er schon wußte, daß schwerlich ein Weg von den Gefangenen im Bagno zu den Kavalieren im Schloßpark führte, muß es ihm aufgegangen sein, ihm, dem Sohn des Zuchtmeisters werde der Anstieg kaum leichter fallen. Gewiß auch, läßt sich am Ende denken, daß nun ein heißer Wille in dem reizbaren Kinde aufquoll, dennoch die Brücke nach drüben zu finden.

Er hat es erreicht, und er hat es nicht erreicht, wie man es nimmt. Die Fürsten und ihre Damen sind vergangen, und niemand interessiert sich für ihr abgegriffenes Gottesgnadentum von einst. Seine Kritiker sind vergangen und seine Frau, die ihm das Leben schwer machte, ist vergangen. Er aber ist geblieben.

Draußen, im Garten vor der Stadt, jenseits der Mauer des alten Friedhofes, auf dem er für die Ewigkeit ruht, hat er im Gartenhaus sein erstes Stück geschrieben, den ›Herzog von Gothland‹. Die nächsten Dichtungen folgten sich rasch. Als zwei Bände seiner Dramatik, eingeschlossen ›Scherz, Satire, Ironie und tiefere Bedeutung‹ und der Aufsatz über die ›Shakespearomanie‹ erschienen waren – er zählte damals ganze sechsundzwanzig Jahre –, stand er im Blickpunkt des literarischen Interesses in einem Deutschland, dessen großer Alter Mann, Goethe, noch lebte. Natürlich hatte Grabbe auch Eingang in die Detmolder Gesellschaft gefunden. Als Jurist galt er was. Er konnte sich auf dem Parkett bewegen, man riß sich um ihn.

Es ist dann sehr anders gekommen, als der Anfang und die glücklichen Jahre von 1827–30 verhießen, in denen ›Don Juan und Faust‹ und ›Napoleon oder die hundert Tage‹ entstanden. 1829 hielt Christian Dietrich, beruflich wie künstlerisch arriviert, um die Tochter seines inzwischen verstorbenen Gönners, des Archivrates Clostermeier, an. Der Mutter Clostermeier blieb der noch lebende Zuchtmeister Grabbe, zu allem Überfluß niedrigster Herkunft, ein triftiger Grund zur Verzögerung. Man hätte im Stockhaus, nicht auszudenken, Gegenvisite machen müssen. Erst 1833, nach dem Tode seines Vaters, erhielt Grabbe den schwiegermütterlichen Consens, die um zehn Jahre ältere Louise Christiane zu heiraten. Sie war jetzt über Vierzig. Wer weiß, welche Ideen von Dankbarkeit gegen den Vater Clostermeier, von Ritterlichkeit gegen die Tochter oder verschwärmter Zuneigung in Grabbe umgingen? Oder gedachte er, mit dieser Heirat seine Herkunft bürgerlich zu rehabilitieren? Die beiden, heißt es, hatten geistig Gemeinsamkeiten. Aber welches Frauenzimmer zwischen Fünfzehn und Fünfzig drapierte damals seinen Busenausschnitt nicht mit schöngeistigen Interessen? Wie es sich für einen erfolgreichen Juristen und Militärauditeur, der obendrein noch ein bekannter Dichter war, gehörte, besaß Grabbe damals eine geräumige, gut eingerichtete Wohnung mit einem prächtigen Blick auf den Markt. Das Haus wirkt heute noch stattlich. Selbst die Archivrätin mußte eingestehen, es fehlte an nichts. Doch dann setzten die ersten Zwistigkeiten der Ehe ein, und mit diesem Erbeben der mühsam errungenen Bürgerlichkeit stieg ein heißes Erschrecken auf. Grabbe erkannte – in welcher erbarmungslosen Stunde der Schlaflosigkeit? –, daß seine Begabung unter dem Joch der Ehe und der Amtsgeschäfte erstickte. Was folgte, mutet an wie eine Liquidation ohne voraufgegangenen Konkurs, war Verschleuderung, Zerbrechen ohne sichtbaren Schicksalsdruck. Wenige Monate genügten, um zu vernichten, was man als Lebensglück bezeichnet, Stellung, häuslichen Frieden und Geltung. Die Trennung von seinem Verleger Kettembeil füllte das Maß. 1834 kam Grabbe um seinen Abschied als Militärauditeur ein und verließ Detmold in Richtung Düsseldorf, das Manuskript des ›Hannibal‹ im Koffer. Aber es scheint, daß der Unstern tief in ihm selber wohnte; die Freundschaft mit Immermann, dem Theaterintendanten, anfangs wärmend und versöhnend auflodernd, erlosch bald. Schon zu Beginn des Jahres 1836 blieb nichts mehr als die Heimkehr in eine Stadt übrig, in der eine ungeliebte Frau saß, welche die seine war – auch sie enttäuscht, verbittert und durchaus nicht immer im Unrecht. Es war die Heimkunft des verlorenen Sohnes, auf den kein Vater wartete. Er unternahm sie

auf Anraten eines der letzten, die zu ihm hielten, des Detmolder Freundes Petri. Doch konnte er erst am 25. Juli, nachdem er bereits zwei Monate in Detmold weilte, das von seiner Frau besetzte, ihm eigene Haus an der Wehmstraße beziehen. Den Mantelkragen hochgeschlagen, die Hände tief in die Taschen gebohrt, ein wenig vornübergeneigt, sah man ihn jetzt zuweilen durch die Detmolder Straßen gehen. Hinter ihm tuschelte es. Sein Ziel war die Posthalterei am Mühlbach, wo er ein wenig Vergessen suchte. Wie kurze Zeit noch! Eine Krankheit, die schon lang in ihm wuchs, brach aus, wurde unaufhaltsam. Vorbei die Nächte, da er im Frankfurter Hof mit geistreichen Worten geglänzt hatte, vorbei die Redouten, auf welchen der junge Auditeur und genialische Dichter, ein Fächerwinken mit lächelnder Verbeugung erwidernd, durch den Tanzsaal geschritten war. Die letzte Kraft, die er noch in sich fühlte, opferte er der ›Hermannsschlacht‹. Am 12. September war es dann, in dem ärmlichen Häuschen der Wehmstraße; in den Armen der Mutter starb er den schweren Tod.

Die Abende waren noch lang. So trug man ihn erst sehr spät zu Grabe, als es endlich dunkelte. Wie es die Sitte wollte, leuchteten brennende Fackeln dem Trupp letzter Getreuer voran. Der da im Sarg über die Straßen schwankte, war ganze fünfunddreißig Jahr alt geworden. Die Zeit hatte ausgereicht, sich die Unsterblichkeit zu erschreiben und sich bei seinen Mitmenschen unmöglich zu machen.

Nun liegt er dort auf dem alten Friedhof, der heute bis auf vier Gräber eingeebnet und mit Gras bewachsen ist. Die ihn geboren und erzogen hatte, sorgte auch für sein bürgerliches Andenken und ließ auf den Grabstein setzen: »Dieses widmet Deine Mutter Dir« – sie hat immer an ihn geglaubt. 1850 wurde sie neben dem Sohn beigesetzt. Der Vater liegt einige Schritt seitab. Außer des Zuchtmeisters Familie hat nur eine adelige Dame auf dem Friedhof ausgedauert; ihr Name lohnt sich neben dem der Grabbes nicht einmal zu wissen.

Der pflichttreue Zuchtmeister, der zugleich eine Leihbank für die lippischen Beamten unterhielt, die unverbrüchlich an ihren Sohn glaubende Mutter und dieser zwischen Übermaß und Erschöpfung schwankende Geniemensch selbst sind das Ergreifendste in den Erinnerungen Detmolds. Wenn er wiederkehrte, ›Grabbe redivivus‹ würde vielleicht die nämliche unglückliche Ehe schließen und auf die gleiche Weise fliehen oder heimkehren. Möglicherweise stimmt es wirklich, was der Blick aus dem Fenster seiner Kindheit andeutet, daß er zu tief in beide Welten geblickt hat. Zu tief in die große, als daß er je auf sie hätte verzichten können, zu tief in die der Gezeichneten, als daß er sie je hätte abschütteln können. Irgendwo liegt doch seinem getriebenen Leben eine frühe seelische, lang hingeschleppte Verwundung zugrunde, die plötzlich zu bluten begann.

Heute freilich ist das Geschichte. Da sitzt ein verehrungswürdiger Gelehrter, der seine Lebensarbeit dem Sammeln von geistigen und dinglichen Erinnerungen an den Dichter gewidmet hat. Da lebt die Stadt mit ihrem bunten Markttreiben um den ein wenig süßlichen Donopbrunnen und mit ihren Originalen. Als ich mich, dankbar ob der genossenen Unterweisung, von meinem Mentor verabschiedete, schritt eben, schmal, straff, mädchenhaft, Fräulein Hofmann vorüber, fünfundachtzig Jahre alt; sie hat Wilhelm Busch ins Englische übertragen. Dergleichen Menschen begegnet man hier. Es ist eine Stadt, die man gern hat, wenn neben dem bitteren Schicksal des Dichters überhaupt noch etwas im Herzen Raum findet.

Hinauf, hinab, über Stock und Stein. Der Tag dämmerte trübe. War ich oben, mußte ich – ob ich wollte, ob nicht – gleich wieder in den nächsten Grund. Ringsum nichts als Bäume; kein Pfad, kein Steig.

Ich hatte mir diesen Weg auferlegt, um zu erfahren, wie man waldtoll wird. Genauer, wie es jenen Davongekommenen der Varusschlacht zumute gewesen sein muß, die im Jahre des Unheils 9 nach Christus übriggeblieben waren und nun nach Westen, nach ihrem Stammplatz Castra Vetera, dem heutigen Xanten, zu flohen, hinter sich das Grauen, vor sich die Ungewißheit. Es beschäftigte mich, ob sie gelegentlich ein Stück Sonne sahen oder Wind zu spüren bekamen, der ihnen die nassen Fetzen am Leibe trocknete.

Wer Waldesdüster will, hier hat er's. Dichter Forst dunkelte rechts und links, viel Tann dazwischen. Die Straße mit alten Eichen gesäumt – wie schwungvoll können diese schwerleibigen Bäume anmuten, wenn sie zwischen die hagere Paradeaufstellung der Nadelgehölze geraten sind. Schon lagen sie hinter mir. Eine Lichtung öffnete sich. Lichtung, das Wort läßt sich brauchen! Der's erfand, hat sehr gut gewußt, was es bedeutet, aus Dämmerdunkel ins Freie zu treten. Es ist Aufatmen darin. Halb links blaute eine Kuppe überm Grund; ein Reh sprang ab, sonst Schweigen.

Was man nach einer kühnen Geschichtsklitterung des 16. Jahrhunderts, zurückgreifend auf des Tacitus Bericht von der im ›Saltus Teutoburgiensis‹ geschlagenen Schlacht, im engeren Sinn ›Teutoburger Wald‹ nennt, hieß früher Osning. Der neue Name hat Schule gemacht. Jeder wollte an seiner Glorie teilhaben, und daher nennt sich heute das ganze Waldland zwischen Egge-Gebirge und

Ibbenbüren so. Es ist ein Gebirge aus verschiedenen Zügen, manchmal gefällig, mit Feldern und Ortschaften durchsetzt, manchmal streng, schluchtig, in den Gründen gar moorig.

Sehr unvermittelt blinkte mir zwischen den Stämmen der Donoperteich entgegen, ein stiller Waldsee im Schoß der Forste. Nach rückwärts verlandete er in enger Schlucht; mehrere Bäume lagen hier quer, boten Stege zum Balancieren für Eichkatzen. Wurzeln ragten anklagend hoch, eines Polypen Fangarme gleichsam. Andere Bäume schickten sich an nachzustürzen. Den friedlichen Spiegel säumten neben Fichten auch Linden und Buchen, deren Gezweig sich forschend im Wasser betrachtete. Ich liebe der Bäume Nachdenklichkeit; hier schien es ernsthaft um Selbsterkenntnis zu tun, von der ja die Melancholie nie fern ist. Nebenan wuchs ein Schöpfchen Wasserlilien, damit das Bild nicht eines anmutigen Zuges entbehrte. Von fern schauten blaue Bergzüge herein. Der Boden war wundervoll federnd und sanft, jeden Bewuchses bar dehnte er sich weit unter den Stämmen dahin.

Wie ich friedlich am Ufer lagerte, wuselte es in den Gründen, in die das Wasser in einem Springborn hinausfließt, plötzlich von Schemen. Es stieg über die Hänge, sprang in die Schlucht hinab, strömte, im Halbdunkel kaum zu erkennen, wie unter geheimem Befehl nach vorn – mitten in meine Benommenheit. Die Lösung des Rätsels war trivial genug. Eine Horde Kinder zog mit dem Lehrer vorüber, entschwand hastig und seltsam lautlos. – Mir hatten die flinken Dämmergestalten immerhin für einen Augenblick die Vision von eilenden, ringenden Menschen bereitet. Ich fühlte mich erneut auf das Ereignis verwiesen, das sich in diesen Bergen zugetragen haben muß. Jene vielleicht zu oft berufene

Schlacht, in deren Folge Germanien erneut für lange Jahrhunderte in die Anonymität und Geschichtslosigkeit seiner Stammeskollektive zurücksank, die ›Schlacht im Teutoburger Walde‹.

Was hat sich eigentlich begeben?

EPITAPH: DIE SCHLACHT

Alle römischen Quellen sind sich in dem Abscheu über eine Seite der Tragödie einig – über den ›Verrat‹, den Arminius und seine Mitverschworenen an Varus übten, der, nebenbei gesagt, ein ausgezeichneter Offizier und ein tapferer Mann war. Ich weiß nicht, ob man bei sorgfältigem Nachdenken noch sagen kann, Varus sei allzu vertrauensselig gewesen. – Das ist nun so, wer verliert, hat unrecht, hat alles falsch gemacht.

Der römische Feldherr besaß beschworene Verträge mit den Germanen, vielleicht baute er auch auf die bislang geübte Treue, vielleicht darauf, daß sich genügend germanische Führer, sozusagen als Geiseln, in römischer Hand befanden, vielleicht auf die Tatsache, daß Arminius im römischen Heer aufgewachsen, im römischen Geist erzogen war. Man kann das nicht obenhin abtun. Zudem ging er kameradschaftlich, freundschaftlich mit Arminius um. Es gab also auch menschliche Garantien. Selbst die Verwandten des Arminius haben niemals begriffen, was den jungen Germanenhäuptling zu seinem Abfall veranlaßte. Von nationalen Zielen im Sinn des 19. Jahrhunderts konnte doch nicht die Rede sein. War es also wirklich eine ›Befreiungsschlacht‹, die da geschlagen wurde? Um eine Befreiung ging es durchaus, aber wohin zielte sie?

Betrachtet man genauer, was der Schlacht bei unsern Großvätern zu ihrem Renommee verhalf, stellt man fest, daß sie im 18., 19. Jahrhundert ein nationales Symbol war. Sie spendete in der Zeit napoleonischer Unterdrükkung das Brot der Zuversicht – die Stärke der Vorfahren, der alten Teutschen, mit denen freilich niemand mehr einen Tropfen Blut gemein hatte, wurde zum Inbegriff politischer Hoffnung. Dabei ist es geblieben, als das Aufbegehren gegen die korsische Tyrannis längst zur Franzosenfresserei geworden war. – Was hatte sie mit der Tragödie aus dem Jahre 9 zu tun?

Man kann dem Mann, dessen latinisierter Name Arminius unter gar keinen Umständen Hermann lautete, also den Vorwurf des Verrates in der Stunde der Bewährung nicht ersparen. Andererseits versagt man ihm auch die Sympathien nicht. Er ist eine der Eroberergestalten gewesen, wie die Geschichte sie liebt, um sie früh sterben zu lassen. Schon mit siebenunddreißig Jahren fiel er einem Mordanschlag seiner Verwandten zum Opfer. Das geschah im Jahre 19 nach Christus.

Zur Zeit der Varusschlacht zählte Arminius siebenundzwanzig Jahre. Dies war das Alexanderalter. Der römische Kavallerieoffizier Vellejus Paterculus, weiß Gott kein Germanenfreund, schildert ihn als jungen Mann aus guter Familie, mutig, von zufassender Intelligenz und einer Gewandtheit des Denkens, die wohltuend von der sonst üblichen Stumpfheit oder geistigen Unbeweglichkeit der Germanen abstach. Antlitz und Auge sollen eine ›Feuerseele‹ verraten haben. Selbst Tacitus, dessen Annalen allerdings erst mehr als neunzig Jahre nach der Varusschlacht geschrieben wurden, besitzt eine gewisse Schwäche für den jungen germanischen Anführer. Was wir sonst von Arminius wissen, ist wenig. Seine Frau Thusnelda, die er ihren Eltern auf dem durchaus üblichen Wege des Brautraubs entführt hatte, wurde ihm durch den Schwiegervater wieder entrissen, im Verlauf der

Feldzüge um das Jahr 15 in schwangerem Zustand an Germanicus ausgeliefert und später in Rom im Triumphzug mitgeführt, wobei ihr eigener Vater von der Tribüne zusah. Überhaupt blieb die Verwandtschaft äußerst römerfreundlich. Ein Bruder des Arminius war zeitlebens römischer Offizier.

Abermals, was hat sich im Jahre 9 zugetragen? Die römischen Truppen befanden sich in einem Gebiet schluchtartiger Waldtäler auf dem Vormarsch nach Osten. Noch am Morgen des Aufbruchs aus dem Sommerlager gab Arminius dem römischen Feldherrn das Geleit, um sich sodann unter dem Vorwand zu beurlauben, vertragsgemäß Hilfstruppen heranzuführen. Wer diese Handlungsweise verwirft, muß bedenken, daß Arminius wenig Aussicht hatte, mit seinen schwer lenkbaren Horden anders als durch Hinterhalt und Verrat zum Sieg zu kommen. Auch so blieb das Unternehmen noch schwierig genug.

Der Plan des Arminius war, auf die im Friedensmarsch weit auseinandergezogenen Kolonnen der römischen Legionen und ihrer Trosse aus den Flanken hereinzubrechen. Ungefähr wird sich der Überfall auch so abgespielt haben. Daß er keine Bravourleistung war, liest man noch heute zwischen den Zeilen; am Abend des ersten Tages hatte Varus die Lage durchaus in der Hand. Die eiserne Disziplin der römischen Truppen gestattete es sogar, ein festes Lager aufzuschlagen. Zweifellos war es an jenem Abend für Arminius äußerst schwierig, die Germanen zum Durchhalten zu bewegen; nur mit dem Hinweis auf das Heranrücken größerer Stammesverbände vermochte er es. Wie zu erwarten, versuchten die Römer am nächsten Tag den Durchbruch, der unter schwersten Verlusten gelang. Sie konnten ein weiteres Lager errichten – hier erst hat sie der Untergang ereilt. Nur wenigen Legionären war es möglich, sich an den Rhein durchzuschlagen. Fünf, sechs Jahre später sollten sie als landeskundige Führer für den Vorstoß des Germanicus dienen, der die Kampfstätte besuchte, um die Gebeine der Gefallenen ehrenvoll zu bestatten. Wenigstens war dies nach der Version des Tacitus seine Absicht. In Wirklichkeit wollte Germanicus die Scharte auswetzen.

Aus den Bildern, die Tacitus schon aus einer Überlieferung empfing, als er sie niederschrieb, dämmert noch etwas von den grauenhaften Geschehnissen am letzten Tage der Varusschlacht auf. Es war die vollkommene Liquidation einer erschöpften, übermüdeten und ausgebluteten Truppe. Als Germanicus mit den überlebenden Veteranen später die Stätte des ehemaligen Lagers betrat, ließ sich das Bild leicht rekonstruieren. Hier häuften sich Gebeine, dort zerbrochene Waffen, an dritter Stelle lagen die Gerippe verendeter Pferde herum, deren Schädel nach germanischem Brauch in nahe gelegenen Hainen an die Bäume genagelt waren. In diesen Hainen befanden sich auch improvisierte Altäre, an denen man die gefangenen Tribunen und Zenturionen niedergemetzelt hatte. Es befanden sich dort die Martergruben, in denen die Gefangenen gefoltert worden waren – die Überlebenden konnten dies alles genau berichten; sie wußten dem Germanicus auch zu zeigen, wo Arminius gestanden und seine plündernden, wild durcheinander stürmenden Scharen befehligt hatte, wo die ruhmvollen römischen Adler verlorengegangen waren, wo Varus, um nicht in die Hand des Gegners zu fallen, sich in sein Schwert gestürzt hatte.

Eine Befreiungsschlacht? Nun gut. Die römische Vorherrschaft, einmal gebrochen, konnte, trotz der entscheidenden Niederlage, die Arminius im Jahre 16 auf dem rechten Weserufer erlitt, nicht mehr wiederhergestellt werden. Vornehmlich, weil Kaiser Tiberius einen endgültigen Sieg seines Feldherrn ungern sah und den Germanicus vorzeitig abberief, aus Eifersucht, wie Tacitus berichtet, der den Tiberius nicht leiden konnte. Wahrscheinlich aber, weil Tiberius genau voraussah, was nun folgte. Germanien versank aufs neue in seinen Stammeswirren.

Von dem Ort, wo sich die furchtbaren Ereignisse zutrugen, wissen wir nichts Genaues. Der Geländebeschreibung nach mögen es die Vorberge des Osning, mag es das Gebirge selbst gewesen sein. Irgendwo in den rauschenden Tälern hat sich das alles zugetragen – möglicherweise mehr auf den Rhein zu, als die Schulmeinung will. Denn daß der Stoß der schwer kämpfenden Legionen um jeden Preis nach Westen ging, dürfte sicher sein. Sicher ist auch, daß zwischen Beginn und Ende des Kampfes der mühsame Weg von Tagen liegt. Freilich, kein Fund, keine Speerspitze, kein Grab gibt uns heute Kenntnis davon.

DER KOLOSS VON HIDDESEN

Da haben sie dem Arminius, den die Götter liebten, von dem man aber nicht einmal den Namen richtig verstanden hat, ein Denkmal gesetzt, das Hermannsdenkmal hoch über dem Dorf Hiddesen nahe Detmold, auf einer der schönsten Kuppen des Osning.

Der es schuf, hieß Ernst von Bandel, ein Bildhauer aus dem Süddeutschen; die Götter liebten ihn nicht. Er hat sonst nicht allzuviel Werke hinterlassen; Altar und Kanzel in Kloster Loccum wären zu nennen. Ich kenne sie nicht, aber der ›Dehio‹, der es wissen muß, braucht bei ihrer Erwähnung eines der kräftigsten Worte, die ich je darin gelesen.

Bandel war im Koloß von Hiddesen kaum glücklicher.

Wieviel man auch zur Ehrenrettung des Denkmals sagt – was Gültigkeit besitzt, ist nur die wunderschöne Lage über dem Rauschen der Wälder.

Als Kind hat der 1800 geborene Schöpfer des Denkmals die Franzosen sehr gehaßt, dann aus demselben Grunde Offizier werden wollen, bis er schließlich seine künstlerische Berufung erkannte. Bereits als Neunzehnjähriger faßte er den Gedanken eines Armin-Denkmales, dem er sein Leben lang in fanatischer Hingabe treu blieb. Vom Künstlerischen her betrachtet, ist diese Einseitigkeit schwer verständlich. Acht Jahre, man denke, brauchte Bandel dafür, den Sockel aufführen zu lassen. Er opferte sein Geld, aber es half nichts, das Werk geriet ernstlich ins Stocken, blieb liegen. »Dann kam das Jahr 1870«, liest man. Der neue Reichstag bewilligte die Mittel, der Kaiser steuerte bei. Als Fünfundsiebzigjähriger vollendete Bandel sein Werk.

Die Hartnäckigkeit und der Wille zum Durchhalten sind zu bewundern. Der ›Hermann‹ ist es nicht. Ein gut genährter Mann, Anfang der mittleren Jahre, steht er da, leicht ermüdet auf seinen Schild gelehnt, und hebt sein Schwert. »Es sollte die uns Deutschen allgemein verständliche Schwerterhebung Armins im plastischen Momente dargestellt werden«, schrieb der Bildhauer. Aber das Schildlehnen und das Schwerterheben sind zwei Ausdrucksströme, die sich aufheben. Dem Körper teilt sich ohnehin weder der eine noch der andere mit.

Merkwürdig, welchen Kult man mit der Erinnerung an den Bildhauer treibt, als sei es hier um Bandel zu tun! Es gibt zwei oder drei Zoll große Hermänner zum Mitnehmen, aber es gibt auch Bandel-Plaketten. Es gibt am Fuß des Denkmals eine Bandel-Bank und ein Bandel-Häuschen, in dem der Künstler gewohnt hat, und es gibt in den Hang der Zufahrt eingelassene Erinnerungstafeln;

hier haben sich Bandel und Wilhelm I. auf siebzehn Meter gegenüber gestanden, als der Koloß eingeweiht wurde und der Hochverdiente aus des Monarchen Hand seinen Orden empfing. »Hier stand Ernst von Bandel vor seiner Hütte, der Stätte jahrelangen Sinnens und Schaffens, am 16. August 1875 bei der Übergabe des Denkmals an das deutsche Volk.« Und gegenüber: »Hier stand Kaiser Wilhelm an Leopolds des Fürsten zur Lippe Seite, am 16. August 1875, bei der Übergabe des Denkmals an das deutsche Volk.«

So erdient man sich also Unsterblichkeit.

Wie ich unten im Tal sah, nützen die Wirte den ›Hermann‹-Mythos auf ihre Weise. Deutlich und unverblümt. Es gibt landauf, landab eine ganze Reihe ›Arminiusstuben‹. Einmal sah ich sogar ein ›Café Thusnelda‹.

AUFZUWACHEN IM HEIDEKRAUT

Da es meine Gewohnheit ist, der Natur des Nachts ihr Geheimnis abzulauschen, ehe ich mich auf ihr Tagesgesicht einlasse, hatte ich es mir, wie es ging, am Rande der Senne behaglich gemacht.

Vom Sandweg, den ich im Abenddunkel gekommen war, zog sich nach links Gelände hin, das mir Vertrauen machte, ein geschützter Fleck zwischen Wacholderbüschen. Die Nacht war dunstig. Vom Gestirnhimmel ließ sich nichts sehen, und mein müdes Gebein wurde von allerlei gedrückt – einem Hölzchen hier, dort von der knorrigen Wurzel eines Heidekrautes, das auf seinem Heimrecht beharrte. Vor allem aber war es zu still. Kein Laut ließ sich hören. Es war eine so vollkommene, beklemmende Stille, wie ich sie nie empfunden. Kein Lüftchen ging, nichts atmete, nichts raschelte.

Diese Stille, das andere Antlitz Westfalens, ist selten

geworden und wirkt wie ein Bote aus fernen Vergangenheiten. Das Schweigen war bedrängend, dämonisch, ungeheuer, es war so stark, daß ich mich selbst nur als kleinen, bebenden Unruhepunkt empfand, dem nichts auf Erden mehr respondierte. Es war Weltall- oder Mikrokosmosschweigen, war das Nichts.

Über diesen bedrängenden Nachtgefühlen hatte ich doch einige Stunden hingeschlafen, als ich plötzlich mit einem Ruck von diesem Schweigen erwachte, dieser absoluten Gleichgültigkeit der Natur. Meine Kleidung war ein wenig klamm; mich fröstelte. Es gibt dagegen ein treffliches Mittel, das ich, wie so viele Kenntnisse von den Nachtseiten des Lebens, Rußland verdanke. Man rühre sich um keinen Preis; selbst das Atmen muß fast unmerklich geschehn. Dann lassen sich Kälte und Nässe aushalten. Mit Mühe erkannte ich auf dem Leuchtzifferblatt, daß es drei Uhr früh war – die Stunde, in der ich gewöhnlich an meine Arbeit gehe.

Aber es war auch die Stunde, in der sich der auskühlende Morgenwind aufmachte. Und doch liebe ich diese Vorfrühe wie kaum eine andere Zeit des Tages! Ein Häslein huppelte bereits umher. Zwei Kaninchen, dies konnte ich durch eine Lücke meines feierlich-dunklen Wacholderhaines undeutlich gewahren, hockten gleich Wollbällchen an einem Sandfleck, wo sich Gras und einige Kräuter, Moose und Flechten angesiedelt hatten. Zudem, es war klar geworden. Der Himmel stand in leuchtender Pracht, blaßte an den Rändern schon ab. Die Dinge, Baum, Strauch und Kraut, eben noch im massigen Schwarz zu gewahren, bekamen scharf umrissene Kontur, wurden gewöhnliche Sträucher. Mitdem erhob sich ein leichter Frühdunst vom Boden, braute sich zu ganzen Bänken zusammen. Ein mir wohlbekanntes Schauspiel hob an, dem ich hingerissen zusah. Farbe kroch über den Horizont, langsam, sehr langsam folgte die Sonne, ein erst tiefrot, dann leuchtend glühender Ball, der im Dunst zwischen dem Geäst der Birken hing. Ein Schauspiel des Nichts und der Stille. Auf Stundenweite kein Mensch.

Über den Sandweg bin ich wieder davon gegangen; die kleinen Kaninchen zeigten im Abspringen ihr helles Blümchen. Das Schweigen blieb.

EXTERNSTEINE

In der Schackgalerie zu München hängt ein Bild des Moritz von Schwind, eine Pferdetränke. Darauf sind sie zu sehen, die Externsteine nahe Horn – so, wie sie die Romantik geliebt und ausstaffiert hat, mitsamt dem ›Lichtheupte‹ genannten Wasser also, das Fürst Emil Leopold zur Lippe, der großen Pauline unebenbürtiger Sohn, zu einem Teich hat anstauen lassen.

Daß die Externsteine im Jahre 1933 gleichsam entrümpelt und ihrer gemütlichen Theatereffekte entkleidet wurden, hat einer bestimmten Art von Heimatliebhabern, die alles hübsch romantisch wollen, Anlaß zu bewegten Klagen gegeben. Aber ein Seechen ist immer noch da.

Eine seltsame Sache, die fünf Steine. Wie ein Hahnenkamm stehen sie im Gelände, durch Erosion übriggeblieben und freigelegt, mehr als haushoch, genaugenommen siebenunddreißig und einen halben Meter. Mittels Stiegen und Brückchen kann man darauf herumklettern. Ein Sensatiönchen der Natur. Aus der Feder eines wakkeren Heimatschriftstellers habe ich eine selbsterfundene Mythe darüber gelesen, sehr wagnerisch, sehr germanisch. Das wilde Heer tobte darin, der Waldgrund ächzte, und der Bär graulte. Der Bär schien geradezu ein Ehrenpunkt der Geschichte. Als ob es bei Mythen nicht darauf ankäme, daß sie echte Traditionen sind, geistige Patina, Hausgeruch der Jahrhunderte. Sie brauchen nicht das geringste zu besagen, aber alt und echt müssen sie sein. – Es gibt keinen echten Mythos zu diesem Ort. Auch der Name sagt wenig, er ist einfach von Agister, Elster abgeleitet. Also schlichtweg: Elstersteine. Sehr gut. Wenigstens keine Geheimniskrämerei.

Dennoch muß diese Stätte in heidnischer Zeit ihre Bedeutung besessen haben; es wäre seltsam, hätte sich an ihr nicht ein magisches, kollektives, der Naturreligion verbundenes Bewußtsein entzündet. Man kann das schon daraus schließen, daß hier noch ein frühes christliches Heiligtum zu sehen ist, wie man es immer an Stellen heidnischer Kulte gründete, um die unguten Geister zu bannen. Seit dem 11. Jahrhundert haben die Steine samt ihrer Umgebung dem Paderborner Kloster Abdinghof gehört, deren Mönche eine natürliche Höhle zu einer Kapelle erweiterten. Von ihr ist noch heute ein Torso vorhanden, dessen Wand das um 1115 entstandene, vier Meter lange, fünfeinhalb Meter hohe Relief von der Kreuzabnahme trägt. Es sieht aus, als habe man die Figuren mit der Schere aus Karton geschnitten. Aber eines ist noch heute bemerklich, ein Gefühl für Haltung und Hoheit. Auch Goethe fand dies an dem Bildwerk zu rühmen, über das er in ›Kunst und Altertum‹ geschrieben hat.

Die ganze Anlage atmet, besitzt Adel. Es gibt noch den verwitterten Torso eines Petrus mit Schlüssel und nach der Wasserseite zu eine Nische, in die ein menschlicher Körper paßt, ein Heiliges Grab. Die Plattform des Felsens, auf die man hinaufsteigen kann, heißt schließlich Golgatha-Kapelle – eine geweihte Stätte im einst gewiß noch heidnischen Land, ein ferner, verschollener Klang aus den Schluchten der Jahrhunderte. Das ist das, was man von hier mitnimmt, etwas, das lange nachhallt.

SCHWALENBERG

Wenn die Wälder hinter Schieder im Drang ihres endlosen Davonwallens über Hügel, Bergrücken und Täler müde geworden sind, folgt Schwalenberg, Burg Schwalenberg – einst Sitz von Grafen, die sich nach diesem Platz nannten, später zu Lippe gekommen. Die deutsche Mittelgebirgslandschaft begeht eine festliche Stunde; die Burg liegt steil über dem Lande, ein in diesem Jahrhundert restaurierter, einfacher Bau, mehr Palas als Feste. Aber den Charakter des Burghaften besitzt sie dennoch. Ihre hoch gegen den Himmel gehobene Lage macht ihren Zauber aus; nebenbei auch die zu beiden Seiten des Burgberges in tiefe Täler hinabwallenden Grashänge, auf die hier und dort mächtige Eichen verstreut sind.

Schwalenberg wäre ein Akkord, die Symphonie lippischer Landschaft pathetisch zu beschließen, gäbe es nicht unterhalb der Burg eine melodiöse Coda im Volksliedton, das Nest Schwalenberg, eine sanfte Häuserzeile in Fachwerk, die sich über den Rist des Bergfußes zieht, langgedehnt und nur um die Kirche zu einem Ort geknäult. Nach Südosten geht der Blick von dieser, Großartigkeit und Idylle miteinander vermischenden Berglehne zur Weser hinüber; nach Nordwesten begrenzen ihn Höhenzüge, jene mächtige Gebirgsschwelle, die den Ostsaum Westfalens bildet.

Es ist ein Stück Landschaft, das einem zu Herzen geht. Der Ort – ein Sträßchen, mal breiter, mal schmäler; daran bunte Zierathäuschen, welche die Fremdenverkehrsindustrie scheint's noch ausgelassen hat. Aber Maler gibt es hier schon oder noch, Maler, die das Gewinkelte und Behagliche auf Papier und Leinwand bringen. So etwas wie ›Künstlerklause‹ hatte sich gleichfalls installiert. Ich ließ Maler und Klause und schnürte lieber den Burgberg entlang, um, was stets das beste ist, Überschau zu gewinnen. Als es sehr steil wurde, sah ich mich bei altem Baumwerk unversehens Grabsteinen eines jüdischen Friedhofs gegenüber, strengen, in die Erde gesetzten Gesetzestafeln mit ein paar nicht zu entziffernden Runen. Der Platz war nicht übel gewählt. Hier hielt sich keiner zu barem Vergnügen auf; die Toten hatten also Ruhe. Aber wahrscheinlich mußte man es negativer sehen, die Burg wollte diese Toten nicht, und die Stadt wollte sie noch weniger. So hatte man sie auf den Steilhang zwischen beide gebettet. Sind sie nicht zu preisen, die Verstoßenen? In den Himmel hinein zu ruhen, immer noch unbehaust, aber auch von den Stallgerüchen der Erde befreit, ist das Schlechteste nicht. Ich verhehlte mir nicht, daß dieser altersdunkle Friedhofshang mir den Wunsch eingab, die Ewigkeit auf ähnliche Weise Auge in Auge mit dem Azur und den Wolken zu bestehen, wenn auch mein Herz unter der etwas törichten Mühe des pfadlosen Steigens und Hangumwanderns wild klopfte. Ein Stündchen lag ich ausruhend still, sah zu, wie der Weberknecht über meine Hand lief und ein dummer Käfer immer von neuem versuchte, seinen Grashalm zu ersteigen; die ganze Zeit immer denselben, Sisyphos unter den Koleopteren.

Von der Ebene sah man hier oben nicht viel; sie war braun-grün und gut, mütterlich. Doch dann vernahm ich ein Dengeln nicht weit hinter mir, das mir ein schon etliche Zeit zu gewahrendes, kurzes Schleifen erklärte. Ein Mann mähte sich schwungvoll heran und hielt mich unterdessen scharf im Auge. Sein Kleinbürgerblick mochte wohl argwöhnen, hier stehle ihm einer ein Stück Aussicht fort. Ich erhob mich sogleich, anfangs auf Schotter rutschend, dann festen Fuß fassend. Da war schon der Weg, der im Aufsteigen den Berg umrundet, ein Stück Himmelsspirale.

Hat man Glück, macht man in Büchern die schönsten Funde. Einen solchen durch die Wirklichkeit bestätigen zu lassen, war ich nun unterwegs. Ich hatte es mir in den Kopf gesetzt, die Straße zu meiden, einzig, um richtig anzukommen. Was ich wünschte, war, gut dreihundert Jahre zurückzutauchen durchs Meer der Zeit; da kann man den Anblick von Viehhändlers Anhängerwagen, der über Land rollt, nicht brauchen.

Es war ganz still. Selten ein Geräusch, wenn ein Zweig unter meinen Füßen knackte. Das Auge sah, sehr befriedigt, an kühl-grauen Buchenstämmen hinauf. Das Waldgebirge ist endlos hier, wenn man sich einmal den Holzfällerwegen anvertraut, die wie die Schichtlinien der Landkarte kurvig um jede Senke ausholen. Es begab sich nicht das geringste. Nur ein Bächlein gluckerte fast verlegen unter seiner braunen Decklage alter Blätter hin.

Ich hatte es auf Falkenhagen abgesehen, eine alte, längst aufgelassene Klosteranlage, deren Geschichte nur etwas für die örtliche Chronik hergibt. Der Ort kam sehr plötzlich. Gegen die Zeit, die ich wiederzufinden wünschte, hatte sich offensichtlich nicht viel geändert. Ein Schaf blökte auf dem Kirchenvorplatz an seiner Kette, zwei andere fraßen mit bebenden Lippen hastig in sich hinein. Das Gotteshaus dahinter bot als besonderes Kuriosum einen gedeckten Gang längs des Schiffes, innerhalb der Außenmauer gelegen – wohl als Ersatz für einen fehlenden Kreuzgang. Das war winters geschützt und sommers kühl. Auch jetzt ließ er sich brauchen; es regnete leicht, ein grünes, fast dämmerndes Licht hüllte den von hohen Bäumen umstandenen Platz ein. Alte Klostergebäude wanderten vom Chor der Kirche ins Quere. Ein sanfter, ganz in Laub eingesponnener Weiher träumte seitab, ehedem wohl der Klosterteich. Friede und Schweigen überall! Nur das Glöckchen skandierte den Fall der Stunden.

Ganz früher hieß der Ort einmal ›vallis liliorium‹ und beherbergte ein Nonnenkloster. Später hat Friedrich von Spee hier geweilt – zur Festigung seiner schwankenden Gesundheit nach dem Mordanschlag von 1629. Das Kloster war derzeit eine jesuitische ›Residenz‹. Um zu erfahren, wie es sich mit dem Aufenthaltsort des Dichters verhielt, dem die mir lieben Strophen des ›Traurgesang von der Not Christi am Ölberg‹ zu danken sind: »Bei stiller Nacht, zur ersten Wacht, ein Stimm sich gund zu klagen ...«, was es also mit dem damaligen Hausen Friedrich von Spees auf sich habe, der gegen eine Welt von Wahn aufgestanden war und nicht nur als letzter Beistand von mehr als zweihundert Opfern der Hexenverfolgung, sondern auch als Autor der ›Cautio criminalis‹ Verdienste besaß, hatte ich an einer Tür des Klostertraktes geschellt. Nach langem Warten erschien ein Arzt mit einem von Säbelhieben gezeichneten Antlitz; freundlich gab er Bescheid, er sei – die Spritze in seiner Hand beweise es – eben mit der Versorgung eines Patienten beschäftigt, ich möchte beim Pastor Hossius gleich um die Ecke nachfragen. Ein junges Mädchen öffnete dort. Der Gesuchte sei zu einer Beerdigung über Land. Aber Spees Behausung wisse auch er nicht zu zeigen. Niemand wußte sie. Drüben das Anwesen werde noch immer ›Jesuitenhaus‹ genannt! Es war ein zweistöckiger Bau mit einem Dachreiter; freilich erst am Ende des Jahrhunderts entstanden, an dessen Anfang Friedrich von Spee hier gewesen war.

So versuchte ich mir aus Einzelheiten ein Bild zusammenzuzimmern, wie es hier ausgesehen hatte, als jenes Lied entstand. Ich trieb mich zwischen alten Grabplatten herum, die an der Kirchenwand lehnten; die Kirche selbst war verschlossen. Doch ließ sich ein Durchgang finden, so daß man hinter dem Chor auskam und einen Blick auf die Rückseite des Anwesens werfen konnte. Der Klosterbau aus frisch gekälktem Fachwerk zog sich behaglich hin. Das Schönste blieb das Grün ringsum, diese quellende, noch im September anhaltende Farbe, vom reichlich vorhandenen Wasser frisch und jung erhalten.

Wenig weiter als Falkenhagen seitab der Straße ein Dorf – säuberlich, aufgeräumt und doch hübsch mit Dingen des täglichen Umgangs verstellt, wie ich es liebe. Es hieß Biesterfeld. Hier hatte einmal jene lippische Seitenlinie gesessen, aus welcher der letzte regierende Fürst des Landes hervorgegangen war. Ich fragte einen jungen Bauern nach des Regenten Stammhaus. Nein, das sei alles hin, abgebrannt, abgetragen.

Er lächelt aus braunem Gesicht dazu: »Bei uns hält sich nur, was benützt wird.« Der Bauern Moral, mit Altertümern umzugehn.

Seien nicht wenigstens Erinnerungsstücke da?

Er lächelte mit einem Schütteln des Kopfes, nicht Backhaus, nicht Brunnen, nicht Stein.

Aber ich hätte doch schwören mögen, das mächtige Bauernhaus hinter den Gärten mit Georginen und Stangenbohnen verdanke sein schönes Gemäuer einer fürstlichen Steingrube!

Eigentlich hatte ich zu einem der großen Aussichtspunkte des Landes gewollt und mich aus Unachtsamkeit verlaufen. Nun brauchte ich eine Stunde, um an Ort und Stelle zu kommen, zum Köterberg, einem Eckpfeiler des Landes, von dem man nach Niedersachsen, nach Pyrmont hinaussieht.

Wandern, schreiten, laufen, des Körpers Rhythmus im Einklang fühlen mit den Erwartungen, mit dem, was auf uns zukommt, des Lebens Sicherheit spüren, während schon Unsicherheiten wachsen – mich durchfuhr es wie Glück. Fern in der Niederung wurden die Türme von Corvey sichtbar. Man gewahrte sie lange voraus, eine Stunde, eine halbe Stunde, eine Viertelstunde, immer größer, bis sie von Wegböschung und Häusern zur Linken verstellt wurden.

Höxter erreichte ich ziemlich spät; ich fand es schön, wie die Dächer alter Häuser hier mit dünnen, rechteckigen Sandsteinplatten belegt sind. Es gibt ihrem Aussehen ein ruhiges Ebenmaß. Nun öffnete sich die so oft beschriebene Kastanienallee, auf weite Strecken mit Pappeln bepflanzt. Auch die Klosteranlage zeigte sich anders, als Schilderungen erwarten ließen. Groß, kühl, auf Repräsentation bedacht, ruhten die mächtigen Trakte des Barocks; vor sie lagerten sich die Wirtschaftsgebäude gleich einer Vorburg. Dazwischen dehnten sich Rasenflächen. Die Kirchenfassade der in frühen Tagen des Abendlandes nach hier verlegten Nova Corbeia, ein schmales, senkrechtes Band in der aufwendigen Breite des Klosters, besitzt den hohen Ernst ihrer verschollenen Epoche. Aber die Essenz braucht niemals viel Raum, und um Essenz ist es hier doch zu tun: der Jahrhunderte Rückstand, bitter und voll Gleichniskraft!

Vielleicht, dachte ich, sollte man an einem dunstigen Morgen hierherkommen, um das wieder in seinen ursprünglichen Zustand – das heißt den des 12. Jahrhunderts – zurückverwandelte Westwerk zu sehen, wenn der zarte Hauch der Weserluft einen Schleier über die kompromißlose Härte der Senkrechten legt. Ich nämlich kam in der Stunde der Entgötterung, gegen drei Uhr nachmittags an, als die Konturen gläsern, klar und ohne Geheimnis waren.

Corvey, in dessen Namen für mich immer eine schwere Glocke läutet, ist ein seltsames Kloster. Man sieht hier vieles, auch viel Mittelmäßiges zusammengetragen, das nicht zu des Ortes Sendung paßt. Freilich, als es sich ansammelte, war des Klosters anfängliche Bedeutung schon lange vorüber. Es gibt im Innern der Kirche ein Barock, anders als die edlen Schöpfungen Schlauns, aber auch anders als die beschwingte Anmut des bayrischen Rokoko, nämlich üppig und schwer. Ungeschlachte Engelsgestalten von Riesengröße tragen die Empore. Beim Altar hat das römische Barock mit seinen feierlichen Formen Pate gestanden. Übrigens gibt es im Chor etwas sehr Schönes zu sehen, die drehbaren Lesepulte, auf denen mächtige Missales stehen, auf diese Weise einst allen Mönchen sichtbar gemacht. Blickt man indessen von hier zurück in den schweigsamen Ernst der Krypta, brandet plötzlich etwas ganz anderes an, verfliegt die Herrlichkeit des barocken Formüberschwangs, ist die Strenge des frühen Mittelalters greifbar.

Man kann draußen an der Kirche sogar einen Winkel der Innigkeit und der Idylle finden. Hier liegt ein kleiner Friedhof. Darauf ruht unter steinerner Büste Hoffmann von Fallersleben – der Dichter des Deutschlandliedes, der als Bibliothekar des Herzogs von Ratibor in Corvey weilte. Hier in Corvey sind viele der Kinderlieder entstanden, die ihm einigen Nachruhm sichern. Man hat ihm auf den Sockel der Büste eine Leier gemeißelt und einen Lorbeerzweig dazu.

Oder man kann droben in der Bibliothek die unendliche Reihe der Abtsbilder sehen – eine Abbreviatur langer Jahrhunderte gleichsam. Da kommt man der Wahrheit schon näher. Corvey ist eine der ersten Pflanzstätten des christlichen Abendlandes auf deutschem Boden gewesen. Es war schon uralt, als Mönch Widukind von Corvey, der große Historiograph der Sachsenzeit, über seinen Pergamenten saß ...

Für meinen Teil ziehe ich anderes vor, wo die Phantasie etwas zu leisten vermag. Ich kam aus dem Klostergarten, hinter dem die Weser fließt; Pfauen ließen auf den Gartenmauern in Blau und Grün ihre Räder schillern. So trat ich in den hohen, schweigsamen Ernst des Kreuzgangs. An der weißen Schlußwand hing das romanische Triumphkreuz; nahebei hatten sich Schwalben ein Nest gebaut. Welch ein Nebeneinander, der geopferte Christus und das Vogelhaus, des Opfertodes dauernde Gültigkeit und das Nest eines flüchtigen Frühlings. Es ging mir freilich um anderes. Stand man auf dem Treppenpodest, um in den Kreuzgang hinunterzuschauen, vermochte ihn die Vorstellung sehr wohl mit den endlosen Mönchszügen der Jahrhunderte zu bevölkern. Das Bild war wie ein Erschauern in mir: eine einzige Brandung der Menschen zu Gott hin. Der Jahrhunderte Abfolge – Generationen nach Generationen von Mönchen, sozusagen seit Urzeiten, war durch diesen Gang gewandelt. Gebete und Medidationen, tiefinneres Versenken und der schreibenden Hände Fleiß, der Sekunden Atemhauch, der Minuten gedehnte Spannen, der Tagesgebete Dauer, der Nächte endlose Stunden, Jahr um Jahr, Jahrzehnt um Jahrzehnt, Jahrhundert um Jahrhundert. Vermag man es sich auf solche Art sichtbar zu machen, ermißt man miteins, was die Verbindung von Tradition und Frömmigkeit bedeutet – Vorwegname des Ewigen.

An zwei Stellen besitzt die Kirche von Corvey, die als einzige von dem alten Kloster übriggeblieben ist, noch Reste aus ihrer Frühzeit. An der rauhen, senkrecht aufsteigenden Fassade des Westwerkes, soweit sie dem 9. Jahrhundert zugehört, und vor allem der Krypta nebst dem Johannis-Chor.

873 ist Corvey gegründet, 885 geweiht worden. Viel haben die Jahrhunderte verändert, aber in der Krypta und dem Johannis-Chor darüber lebt die Keimzelle des frühen Baues weiter, ist die Zeit frühestens Christentums auf sächsischem Boden noch gegenwärtig.

Man muß es sich natürlich ein wenig anders denken als heute. Einst ging der Blick aus dem Johannis-Chor, der in Wirklichkeit eine zwei Stockwerke hohe Kapelle ohne Zwischenboden ist, also ein sich übermäßig nach oben erstreckender Raum ... einst ging der Blick frei durch die Rückwand der Kirche bis auf den Altar.

Man steht in dieser Johannis-Kapelle dort, wo Otto I., der machtvollste und entschiedenste unter den Sachsenkaisern, gekniet und gebetet hat. Es ist der Platz, den man die Kaiserloge nennt. Ich weiß nicht, wie viele Kaiser des Mittelalters in Corvey zu Gast waren und an dieser Stelle standen. Rechts und links erblickt das Auge in den Durchbrüchen der Wand karolingische Säulen mit korinthisierenden Kapitellen, wie sie einst die Herrscher sahen. Es nimmt auch die mühsam unter dem Putz durchleuchtende erste Bemalung wahr, die damals frisch und lebhaft gewesen ist. Der Geschichte Pulsschlag läßt sich vernehmen; der nüchterne Bau mit den doppelstöckigen, aus glattem Mauerwerk gebildeten, daher wie Scherenschnitte erscheinenden Arkadenstellungen – dieser eigentümliche Bau, in dem man zuweilen den Eindruck hat, der Zwischenboden sei fortgelassen, um den kaiserlichen Besuchern das Gefühl der Erhebung über Mönche und

Beter noch greifbarer zu machen – dieser Raum ist eine Herzkammer des frühen Abendlandes. Er besitzt etwas, was man sonst nur an heiligen Stätten findet, das Numinose bedeutsamer Schauplätze – vollgestellt mit Gerümpel und Schutt, wie er ist. Hoffentlich verfällt niemand auf den Gedanken, ihn herzurichten. Gewesenes braucht seine Verfallsspur. Denn dieser Raum ist heute natürlich, wie logisch, ein Monument, das heißt eine Grabkammer, ein Gedankensarg. Aber es bedarf nicht viel, um sich das Gewesene zurückzurufen. Vielleicht spiegelt es sich so deutlich, weil die Vorstellung durch nichts gehindert ist.

Es war mir an dieser erlauchten Stelle darum zu tun, meinen Geist nicht ablenken zu lassen. Solche Ökonomie bewährt sich. Da bleiben die Eindrücke unversehrt, besitzen noch in der Erinnerung die hurtige Bereitschaft von Schwalbenflügeln, beglücken von neuem.

Sehr nachdenklich ging ich von Corvey in den Abend hinein und querte Höxter ohne besondere Aufmerksamkeit. Meine Straße führte an der Weser entlang auf Warburg zu. Wandern, wandern, durch die Jahrhunderte ziehen, das ist es, was wir heute insgeheim mit unserer archäologischen Leidenschaft erstreben. Den Raum zu überwinden, ist uns gegeben. Der Zeit suchen wir wenigstens im Rückblick mächtig zu werden. Vielleicht dämmert darin das ernsthafteste Anliegen unserer Epoche herauf – Überschau, Ernte zu halten, weil der Zeiten Herbst über uns kam.

Neben mir glitt sanft, gleichwohl mächtigen Fluges ein Reiher über den Fluß. Er hob, senkte, wiegte sich. Ob ich gleich, an die Erdenschwere der Straße gebunden, nur gemächlich und Schritt für Schritt vorwärts kam, ich fühlte mich getragen wie er. In der Überschau der Jahrhunderte, da beschwichtigt sich unser Atem, wird miteins wieder gelassen, kräftig und zuversichtlich.

Aber für dieses Mal kam ich nicht weit. Wie mich das wohl überfällt, trieb es mich plötzlich, anzuhalten und die Überschau, nach innen gelenkt, bei mir selbst zu beginnen. Ich blieb also am Weg und geriet in ein weitschweifiges Schreiben. Es ist von dieser Zeit nichts zu sagen. Als ich weiterlief, waren die Felder abgeerntet.

IN DER BÖRDE GEBOREN: SCHLAUN

Lindenalleen wanderten weit über Land – die Warburger Börde! Orte kamen; sie hießen Ossendorf oder Borgentreich, ein alter, runder Wehrturm erhob sich inmitten, die Alleen wanderten weiter, gebildet aus mächtigen Stämmen, die ihr Gezweig hoch über der Straße zusammenwölbten. Falb oder oliv schimmerte das Laub; der Blätter Verwandlung war jetzt im Regenherbste, wo Kühe und Kälber unmutig die Köpfe zusammensteckten, Schlammspuren auf den blanken Asphalt gezeichnet waren und die Straßenarbeiter am Wegrand sich fröstelnd die Hände rieben, das Schönste. Braun, violett träumte die frisch umbrochene Erde der Felder; Nebelhauch wischte ihre Ränder aus. Seitab der Straße lagerten Gutshöfe, welche die Grundfläche ganzer Dörfer besaßen. Bauernmädchen lachten hinter den Fenstern. Hier, wo es wenig Rüben gibt, begann schon jetzt des Landmanns ruhige Zeit.

Wir waren von Warburg aus zu Fuß nach Norden unterwegs, morgens früh vor Tag, wie es sich für die Benutzer von Schusters Rappen gehört, und trieben uns im Lande herum. Die abgelegenen Feld- und Waldwege haben ihre eigene Legende. Steigt nicht in den Spuren, die eine Herde Schafe im feuchten Boden hinterließ, die Wanderung versunkener Völkerschaften auf? Es war ein diesiger Herbsttag. Im Dunst ragte fern im Osten der

Desenberg auf, hinter dem nun glutrot die Sonne emporstieg. Die purpurrot verfärbten Brombeerblätter hatten sich mit einem Saum von Tauperlen umzogen; in langen Gespinsten funkelte es.

Der Desenberg, ein mächtiger Basaltkegel mit einer krönenden Ruine, hoch von einem Bergfried überragt, beherrscht hier alles. An seinem Sockel zog sich eine Nebelbank ins Quere, über der er sich schwerelos erhob, vom mächtigen Tagesgestirn gleichsam ins Reich der Mythe entrückt.

So von großem Eindruck begleitet, sind wir bis Nörde gekommen, einem kleinen Ackerort in einer Mulde der südlichen Börde, wo die Gänse auf den Straßen spazieren und der Förster, das Fernrohr vor der Brust, ob der Nässe mit Wasserstiefeln angetan, seinen Schwatz mit der Nachbarin hält. Es ist ein Ort, der nicht allzuviel vorzubringen hat, etwas hübsches Fachwerk ausgenommen. Aber es ist eines Großen Heimat. Schlaun kam hier zur Welt, der feinfühlige Meister westfälischen Barocks. Man sieht das Geburtshaus noch, ein altes Bauernhaus mit einer Mistecke davor, das meines Besuches zu warten schien. Es dunkelte schon, linksseits der Tenne war man beim Melken. Die Stirnwand querte eine Galerie, leitete in steiler Stiege zum Dach. Auf mein Klopfen an der Küchentür ward ich in barscher Freundlichkeit hereingerufen. Ein Alter hockte rechts in seinem Winkel. Am Tisch schnitt ein kräftiger Mann Brot in Streifen und spießte Wurststücke auf sein Messer. Ein dritter Mann saß zur Linken.

Ob noch alles wie früher sei, wollte ich wissen.

Es sei alles, wie es gewesen, rief mir der Barsche mit vollem Munde zu. Der Alte unter dem grünen, zerdrückten Filz könne mir vieles erzählen, aber er rede nicht mehr, vornehmlich, weil er nichts mehr verstehe.

Aus dem alten Gesicht blickten mich Hundeaugen fragend und ängstlich an.

Es sei alles beim alten, entschied der Wurstesser am Tisch, wohl sei die Feuerstelle verschwunden, aber sonst alles beim alten, immer beim alten! – Das hieß wohl, daß ich hier lästig war.

Schlaun hat seine Kindheit in diesem Hause verbracht, ehe er Dominikanerschüler in Warburg wurde. 1719 ging er als junger Architekt an den Hof des Kurfürsten und Erzbischofs von Köln, Clemens August, der zugleich Bischof von Münster war. Sein Lebenswerk gedieh ihm schnell unter den Händen, nachdem er Italien und Frankreich, auch Süddeutschland bereist und einige Zeit bei Balthasar Neumann zugeschaut hatte, wie man es machte.

Schlaun ist der Meister des westfälischen Barocks, ein Meister der Verschmelzung westlicher und südlicher Anregungen.

Man muß sich seine Grundrisse und Entwürfe einmal ansehen, um zu ermessen, wieviel Musik dieses nach außen hin so untadelig-unantastbare Genie im Innern bewegt hat. Das widerlegt die Legende vom genialisch lebenden Bohème-Künstler. Aber das sind ja auch gar keine Künstler, sondern nur Kunst-Schauspieler!

Erblickt man Schlauns Bild, das in Münster hängt, glaubt man das Porträt eines freundlichen Familienvaters zu sehen. Lavater wäre hier nicht auf seine Kosten gekommen. Er hat eine weiche, sanft auslaufende, am Ende verdickte Nase, ein breites Kinn und einen sehr freundlichen Mund; man kann nur freundlich dazu sagen. Das Bild eines Herzensguten, so meint man. Aber es kann gar kein Zweifel bestehn, daß er wirklich Genie besaß, Phantasie und ein wundervolles Gefühl für Maßhalten. Man spürt es, wenn man seine Fassaden sieht.

Aus Nörde kam er also, aus fruchtschwerem Ackerland, aus jenem Osten Westfalens, der eher für nüchtern gilt. Doch das ist ja das Erstaunliche, auch der gut dreißig Jahre vor ihm geborene Matthäus Daniel Pöppelmann, der Erbauer des Dresdener Zwingers, kam aus diesem westfälischen Osten, aus Herford, und aus Minden stammt der Schöpfer des Grabower Altars in Hamburg, der um 1345 geborene Meister Bertram. Diese drei Namen – genügen sie nicht, um den Ruhm des stillen Landes niemals erlöschen zu lassen?

MARSBERG AM WEGE

Um ins sauerländische Gebirge zu kommen, bin ich bis Marsberg neben der Diemel entlang gelaufen. Zwei-, dreimal sah ich Rudel von Rehen über die Hänge auf beiden Seiten des Flusses ziehen. Dann warf sich sehr jäh die Kuppe empor, auf der einst die Hauptfeste der Sachsen gestanden hat, die Eresburg; nahe gelegen, dazu gehörig, die Irminsul, eines der sächsischen Heiligtümer. Wer den Ort sieht, begreift das. Das Herz fühlt sich den Göttern näher, die Lage scheint sicher. Doch hatten des Kaisers Carolus Truppen gleichwohl die Höhe gestürmt. An Stelle des heidnischen Idoles war nun die Peterskirche entstanden. Aber Bann, Fluch, des Ortes Magie, ob die sich brechen lassen? 938 flüchtete sich Thankmar, zu mehreren Malen gegen seinen Halbbruder, Kaiser Otto den Großen, verschworen, hierhin. Er wurde umzingelt und am Altar der Kirche erschlagen. Ein Platz also, der eine Opferstätte geblieben war. Sehr folgerichtig überspannte ein Friedhof der Kuppe Höhe. Auf Grüften stehend hatte ich einen großen Blick. Es schien mir alles zu stimmen – erst Walstatt, nun Totenacker mit ungehinderter Aufschau zum Himmel. So gehört sich's.

Beim Hinabwandern entdeckte ich dann, sehr überraschend, da es schon spät im Jahre war, einige zartrosa blühende Malven am staubigen Wegrand. Wie hatte sich das in der Zeit vertan! Oder war das Blumenwunder ein Wink, der Geschichte pathetisches Klagen nicht ernst zu nehmen?

IM GEBIRGE

Über Hemer, dann über das Kohlberghaus erreichte ich schließlich des Sauerlandes Höhen. Da bekommt man's im Dutzend und ganz umsonst, gewaltige Blicke über Gründe und Dörfchen zwischen den veilchenfarbenen Bergen. Unter den abendlichen Wetterhimmel war mit feurigem Pinsel ein Strich Sonnenlichtes gezogen. Regen kam auf. Düstere Wände standen im Osten, vor die sich im Abendschein ein Stück Regenbogen wölbte; eine vorspringende, grasige Berglehne am Fuß des Gebirges, aus dem allgemeinen Dunkel ins Licht gezerrt, war das Podestchen, auf dem er stand.

Regen in den sauerländischen Bergen! Oberhalb Affeln schienen die Berge schwer gegen den Himmel zu stoßen. Ich war völlig allein, flüchtete unter eine Fichte am Waldrand und legte meinen Mantel als Schutzdach über das unterste Geäst.

Wer hierzulande ein solches Wetter erlebt hat, begreift, warum die Häuser mit Schiefer verkleidet sind. Regen stürzte in Fluten nieder. Nichts hielt ihn ab. An den Stämmen rannen Bäche abwärts. Sooft sich der Baum schüttelte, ward mein Mantel mit ganzen Trommelwirbeln von Tropfen bedacht. Der Boden, dicht mit Nadeln bedeckt, schwoll an, das Moos krauste auf. Endlich milderte sich der Schwall. Mein Blick glitt suchend über den stahlblau gewordenen Himmel. Noch immer riß die Wolkendecke nicht auf. Der Abend sank unterdes; ich hockte in meinem Versteck und behauchte die kalten Hände. Vom Wassersturz war durchschauernde Kühle geblieben; auch rauchten feuchte Schwaden empor, junge Wolken gleichsam. Der Abend verglomm in opalenen Farben. Dann fiel plötzlich Licht ein. In der Ferne öffneten sich unter einem orangefarbenen Himmel, den zartblaue Berge säumten, tiefgrüne Matten. Der Tannenwald war bereits zu dunkel, um noch einmal Licht zu empfangen. Davor lohte herbstliches Farnkraut.

Der Oktober ist in diesem Land die schönste Zeit. Dann ist alles voll von Emphase, Heroismus und Pathetik. Jedes Tälchen eine große Oper. Man komme nur über die Höhen nach Plettenberg hinab, wo die Straße über den Grat des Gebirges läuft! Solche Majestät schenkt die Erde nicht oft, solche Berauschung hat sie nur selten; lang-, langgestreckt im Tale die Stadt und überall aufgeworfen die Höhen, aus deren Wäldern die Wolken rauchen. Hochebenen, die plötzlich hinter einem Walde hinabstürzen, wechseln mit tiefen Gründen. Die Straße wandert unaufhörlich hinauf und hinab. Dem Bergwald folgt eine Schonung, dann Wiesen und Äcker. Einen weiten Friedhof mit einer Hecke darum sah ich auf halber Berglehne liegen; gleich einem Segel schien er aufgespannt, um in die Ewigkeit zu treiben.

DER PRINZ UND DER MALER

Ein Brief erreichte mich, dessen Todeskunde mich schmerzlich betraf. Zudem war ich am Grabe Freund Stettners gewesen, der jetzt schon ein Jahr auf einem Hang des Siegtales in den Armen der Ewigkeit schlief. Ich bedachte sein bitteres, jähes Ende. Drei Malerfreunde waren in kurzen Abständen von der Erde gegangen, weil sie einsahen, daß sie ins Leere sprachen. Insgeheim quälte das unaufhörlich. War ihr Beispiel nicht Aufforderung? Es gab Augenblicke, da ich mitten im Gehen erschauerte.

Solcherart durch Leiden, Erleiden, Mitleiden zu erkennen, daß sich des Lebens Pegelstriche zu senken beginnen und verborgene Kammern der Seele frei werden – ich begriff, was das sagen will. Ist nicht mit Leiden der Anblick unseres Spiegelbildes im Schicksalsbrunnen verbunden? Schicksal – seltsam, daß wir das Wort nicht mehr zu brauchen wagen. Die Entgötterung geht sehr weit.

War ich aufrichtig, beruhte die Stetigkeit meiner Wanderschaft auf dieser Unruhe. Meine Depressionen besaß ich wie jedermann und ließ sie gewähren. Dergleichen will ausgetragen sein. Aber meine Nächte in den Gasthöfen am Weg waren sehr schlimm. Das Schlafen in fremden Räumen bedeutet für mich ohnehin ein stetiges Wagnis. Wer weiß, was da andringt! Doch rettete mich stets ein Zipfel Selbstironie.

Zugegeben, daß ich alles gleichsam gefiltert erblickte. Voll Trauer war ich immer nach Süden ins Siegerländische gezogen. Unweit Erntebrück ging es über eine Gebirgsschwelle, dann lange in Kehren bergab; im Tal fanden sich freundlich gekälkte Dörfer. Die frische, quicke Sauberkeit des südlichen Sauerlandes tat meinem Zustand wohl. Vielleicht, daß ich mich in Nestern wie Afholderbach, Obernetphen, Irmgarteichen ausgeruht, wiedergefunden hätte. Aber die Unruhe trieb mich fort wie eines der Wasser, die überall rauschten. In mir klang nichts, und voll Seelenfracht kam ich jetzt ins Siegtal hinab, sah ich das Leiden in alles hinein. Neben dem Fluß führte eine Straße entlang, überbrandet von Lärm – Signallampen, Stoplichter blinkten, Kolonnen stauten sich. Neben der Straße kroch eine Eisenbahn hin. In den

Bergen zu seiten des Tales spien Erzgruben ihre Halden ins Grüne. Im Grunde fauchten die Gesenkschmieden, qualmten die Hüttenwerke. Das hätte mich zu anderen Zeiten ermuntert, jetzt war ich voll Abwehr. Vielleicht, daß man über Schmerz und Verwirrung doch in etwas Neues hineinwächst!

Siegen selbst liegt in drangvoller Enge. Straßenzeilen und Siedlungshäuser fließen über die Höhen hinaus. Nur die Altstadt birgt noch Reste jener Verzauberung, in der dies Land bis gestern gelebt hat. Unter der goldenen Krone ist die Nicolaikirche wiedererstanden. Die Tür war verschlossen, kein Küster zu finden. So genoß ich den jähen Schwung, mit dem die Straße vorüber an dem Podest, darauf die Kirche steht, zum oberen Schloß hinanstürmt. Es war der Beginn eines Stimmungswandels, der mich zuversichtlicher machte.

Hier oben hat 1531 eine Hochzeit stattgefunden, die mich anging. Auf diesem Schloß war die Ehe Wilhelms des Reichen von Nassau-Dillenburg mit der Juliane von Stolberg geschlossen worden, der als erstes Kind der spätere Prinz Wilhelm I. von Oranien entsprossen ist, eine meiner Lieblingsgestalten. Ich bin lange in dem Saal hin und her geschritten, in dem diese Feier stattfand, um mir das Geschehnis zu imaginieren. Aus den Fensternischen hat man einen königlichen Blick auf die Stadt. Es gab einen großen Erker. Dort, schien es mir, mußten die Jungvermählten der Hochzeitstafel vorgesessen haben. Die Burg, im Krieg zum Teil zerstört, nahm sich in ihrer Wiederherstellung ein wenig neu aus. Aber wenn man von der alten Schloßkapelle durch den kleinen Gang zum Festsaal hinüberwandelte, in dem damals die Musik aufklang und sich die Stimmen erhoben, als die Trauung vorüber war – wenn man diesen Gang entlangschritt, den damals der Brautzug passierte, empfand man noch etwas von dem Zauber der Situation, und man empfand auch etwas, das nur den Nachfahren zu erleben möglich ist, die Vorbedeutung des feierlichen Tages.

Ich gestehe meine Schwäche für die Braut und spätere Frau. Für mich gehört sie zu den schönsten Frauengestalten der Geschichte – eine gütige Frau voll Besorgnis, gewiß. Das war wohl vonnöten bei ihren vielen Söhnen, die sich meist in den Niederlanden herumschlugen. Aber eine, die sich ihre Sorge nicht anmerken ließ. Liest man spätere Briefe des großen Wilhelmus an seine Mutter, begreift man, wer sie war. Sie blieb das Herz der Grafenfamilie, die auf der Dillenburg residierte. Gütig und aufrichtig zugleich, eine Frau von untadeligem Charakter. Sie verstand sich, und das wird oft erwähnt, gut darauf, Latwergen zu machen; ihre Apotheke war vielgerühmt, noch mehr allerdings ihre Belesenheit. Daß sie Latein konnte, galt für die Zeit als unerhört. Ohne Zweifel stammen die entscheidenden Charaktereigenschaften des großen Erstgeborenen, der die Niederlande von den Spaniern befreite, von ihr.

Im Grunde freilich suchte ich hier im Geist einem anderen Sproß des Grafenhauses zu begegnen – einem, bei dem der Name Siegen Pate gestanden hatte, dem Grafen Johann Moritz von Nassau-Siegen, einem Neffen des großen Schweigers, Sohn des Grafen Johann, der die Siegener Linie des nassauischen Hauses begründet hatte.

Am 17. Juni 1604 ist Johann Moritz auf der Dillenburg zur Welt gekommen. Sieht man sein Bildnis an, das in Den Haag hängt, fällt auf, welche Familieneigentümlichkeiten er mit sich herumtrug – des Ahnherrn Renatus nachdenkliche, lange Nase, die Stirn, die Augen.

Johann Moritz von Nassau-Siegen hat das Gymnasium in Herborn und die calvinistischen Universitäten in Basel und Bern besucht. Dann wurde er, wie die meisten Mitglieder seiner Familie, Offizier in den Niederlanden, die schon jetzt eine Art nassauischer Domäne waren. 1620 trat er in die Armee ein, und darin blieb er sein Leben lang. Noch als Siebzigjähriger saß er in der ersten Schlacht, welche der junge Wilhelm III. von Nassau-Oranien dem französischen Marschall Condé lieferte, bei Senef von morgens früh bis in die Nacht im Sattel. Bis Anfang 1676 hatte er noch die Aufsicht über das Kriegswesen in den Niederlanden inne, und am 20. Dezember 1679 ist er neun Uhr morgens auf seinem Landsitz in Bergental gestorben.

Weshalb es sich lohnt, den Grafen Johann Moritz nicht zu vergessen? 1632 schlug er Pappenheims Angriff auf Maastricht ab, was ihn berühmt machte. Vier Jahre später übernahm er die Leitung der Westindischen Handelskompanie, die in schwerem Kampf mit Spanien und Portugal um den Einfluß in Südamerika rang. Eine Zeit triumphaler Erfolge hob an, die Zeit, in der Holland eine bedeutende Seemacht wurde; Johann Moritz heißt seither in den Niederlanden ›De Braziliaan‹. Dann kam eine Epoche, in der man seiner nicht mehr bedurfte. Es langweilte ihn zweifellos, sich nur um seine Herrschaft Nassau-Siegen zu kümmern; daher ging er auf ein Angebot des Großen Kurfürsten von Brandenburg ein, das ihn zum Statthalter des neu erworbenen preußischen Cleve machte.

Sieht man solch ein Leben an Hand von Daten an, will das alles nicht sonderlich viel bedeuten. Ein Karrieremacher denkt man. Aber das war er nicht. Er liebte Bücher, und er sammelte Kunstwerke. Johann Moritz baute auch. In Den Haag ließ er sich einen prachtvollen Palast, das Mauritshuis, errichten, das heute als Kunstsammlung dient. In Cleve legte er die Gärten an, und es ist sicher, daß nicht nur die Anfänge der Berliner Museen auf Schenkungen von ihm zurückgehen, sondern auch die Anlage der Allee Unter den Linden. Übrigens war er seit 1652 zum Reichsfürsten avanciert. Zu heiraten fand er freilich keine Zeit; er ist als Junggeselle gestorben. Pferdewiehern und Trompetenschmettern – ein Leben lang hat er das geliebt, aber ebenso den Firnisgeruch der Bilder. Er besaß auch jene erstaunliche Eigenschaft, die sein großer Onkel so hoch entwickelt hatte, er war vollkommen tolerant.

Als Johann Moritz starb, wurde sein Herz in Cleve, sein Leib in Siegen beigesetzt, wo er die Fürstengruft und die Anfänge des Unteren Schlosses gebaut hatte. Sein Körper sollte bestattet sein, wo er als Kind glücklich gewesen war. Der Weitgewanderte kehrte heim in den Frieden der Bergstadt, die schon einige Erinnerungen an ihn barg, die goldene Fürstenkrone, welche Johann Moritz für die Nicolaikirche gestiftet hatte, und die eisernen Fußbodenplatten in derselben Kirche, die alle das Johanniterkreuz tragen. Das wies auf die Stellung des Fürsten als Großmeister des Johanniterordens hin. Wenn man das von Jan de Baen gemalte Bildnis in Den Haag sieht, weiß man, wer er war, der da in der Siegener Fürstengruft unter den mächtigen Tonnengewölben schläft.

Die Geburtsstätte eines anderen konnte ich nicht besuchen. Wer weiß, in welcher der Straßen er zur Welt kam, am 28. Juli 1577, ein Menschenalter bevor der junge Johann Moritz seine Spiele auf der Burg trieb. Übrigens blieben die Eltern mit dem Kind nicht lange in Siegen; sie verzogen schon im Jahr darauf nach Köln. Dann starb der Vater, und die Mutter ging mit dem Kleinen weiter nach Antwerpen, zurück in die Heimat. Der

Knabe, das Kind eines wegen seines protestantischen Bekenntnisses aus Antwerpen geflohenen Rechtsgelehrten, bekam nun katholische Religionsunterweisung. Der Junge hatte merkwürdig früh eine Neigung zu Pinseln und Farben gezeigt. Er hieß Peter Paul Rubens. Daß er überhaupt geboren wurde, hat besondere Bewandtnis.

Sein Vater war Rechtsbeistand der Anna von Sachsen, Wilhelms I., des großen Oraniers, zweiter Gattin, die bald in geistige Umnachtung fiel. Derzeit lag sie in Auseinandersetzungen mit ihrem Mann, von dem sie wenig später geschieden wurde. Ob ihr Advokat sie, ob sie den Advokaten verführt hat – sie wurden ertappt. An sich war es eindeutig, was jemand erwartete, der sich mit der Gattin seines Fürsten und Landesherrn abgab.

Zwei Jahre lang hat der Advokat Rubens im Kerker der Dillenburg gesessen und darauf gewartet, an einem beliebigen Morgen zur Hinrichtung abgeholt zu werden. Plötzlich wurde er begnadigt; wahrscheinlich auf die inständige Fürsprache seiner Gattin hin. Sie schrieb an ihren eingekerkerten Mann einige der wundervollsten, großherzigsten Frauenbriefe, die es gibt. Sie verzieh alles und weigerte sich, von ihm ein Schuldgeständnis entgegenzunehmen. Kehrte er nur zu ihr zurück, war alles gut. Mit keiner Silbe gedachte sie dessen, was geschehen war, oder daß sie nun Trümpfe in ihrer Hand hielt. Sie wollte nur ihn, wollte ihn nur zurück.

Ein Sohn und etliche Jahre später ein zweiter, Peter Paul geheißen, waren die Versöhnungspfänder, die sich die beiden Gatten schenkten, als der Advokat mit einem schweren Aufatmen aus dem Kerker entlassen und nach Hause zurückgekehrt war.

Unaufhörlich rollen durch das Tal die Wagen, dicht an dicht. Ungestört aber ist die Stille der Oberen Burg, von welcher der Blick ringsum über die Höhen geht.

Es ist Mittag. Von der Nicolaikirche dringen hell die Glocken herauf. Eher geduckt hebt sich der Turm des Schlosses, das gleichwohl die Stadt beherrscht, aus dem Baumwuchs alter Bastionen. Diese Burg und die Erinnerungen, die mit ihr verbunden sind, bedeuten eine ganz neue Note im Bild der westfälischen Landschaft – eigenwillig und anders, wie es das ganze Siegerland ist, aber in der Beharrungskraft dem westfälischen Wesen doch zutiefst verwandt.

AUDIENZ IN BERLEBURG

Der Herbst stürmte über die Berge.

Aus den Bäumen brach das morsche Geäst, die Blätter wirbelten an ihren Stielen, noch grün, aber bereits höchst verräterisch von jener Macht gezeichnet, die fern in den Tälern, über welche die Straße hoch hinaus kurvte, bunte Flecken in das Gewand der Landschaft setzte. Die Harlekinade des Blättertodes!

Hinter Schameder fiel der Blick einen Augenblick lang in das heimlichste, verborgenste Gebiet Westfalens, dann deckten Schwaden es wieder zu – das Wittgensteiner Land, genannt nach einem alten Burgsitz bei Laasphe. In seinem Schoß liegt zierlich, von Bergen zärtlich behütet und in seinem grauen Schiefergewand ein wenig wie ein Schwanenjunges anmutend, Berleburg, das einen Bären im Wappen führt und mithin die Diminutiv-Form von Meister Petz in seinem Namen einschließt. Hier residierten die Fürsten von Wittgenstein. Hier wohnen sie in ihrem alten Schloß noch immer.

Von Siegen kam ich über die Höhen. In einem kleinen Nest gab es in einer Bäckerei an der Straße herrliche Mohnbrötchen; nebenan hielt ein frierendes junges Ding unter freiem Himmel Trauben feil. Das Mädchen beklagte sich nicht trotz seiner blauroten Arme. Die Kauffrau wollte es so, damit gut. Es folgte ein Stück Hochlandschaft. Der Weg stieg immer noch weiter. Man mußte richtig übers Gebirg.

Das Wittgensteiner Land ist solcher Art von allen Seiten umstellt. Herbstwald flüsterte, rauschte, sang beiderseits der Serpentinen der Straße. Blicke gab es, die wie ein Überschäumen waren. Lauter gesehene Lust. Dann wurde die Straße wieder gemäßigter, holte längere Atemzüge. Es schwand der Wald von den Rändern. Der Blick schweifte sehr weit in bergumsäumte, bergdurchsetzte Gefilde, hinter und zwischen denen Berleburg tief, tief in den Armen der Wälder lag.

Es sollte mir etwas Besonderes bevorstehen. Mit einem Empfehlungsschreiben in der Tasche zog ich einer Audienz entgegen – ich gedachte der Fürstin von Wittgenstein aufzuwarten. Jedenfalls malte sich meine Phantasie das so aus. Der Fürst selbst war in Rußland geblieben. In jenem Alter überdies, das für das Wittgensteiner Geschlecht Verhängnis bedeutet, dem dreiundvierzigsten Jahr.

Der Empfehlungsbrief stammte von einem Vetter der Familie, Autor des gleichen Verlages wie ich. So schien alles aufs beste vorbereitet.

Es kam dann ganz anders.

Den Ort hatte ich sofort gern. Der ältere Teil, der eigentlich nur eine Straße ist, zieht sich über den Kamm eines Berges, dessen Krone und Feste das Schloß bildet. Die Häuser, alle geschiefert, sitzen an dieser Straße wie Hühner auf ihrer Stange. Das Schloß selbst – ein schlichter, rechtschaffener Bau ohne Ehrgeiz, aber voll hübscher Einzelheiten. Ah, diese Blicke aus dem Innern – die Berge, die Waldgründe!

Ich hatte das alte Tor und das Wachhäuschen durchschritten und querte nun den Ehrenhof. Links an der Fassade zeigte sich eine mächtige Sonnenuhr. Auf dem Platz sprudelte ein Brunnen. Von rechts sahen dunkel und ein wenig streng die Höhen herein. Puttos auf einer hell getünchten Mauer begrenzten das fürstliche Domizil gegen die Straße.

Wittgenstein, von dem Napoleon gesagt hat »ich weiß nicht, wo es liegt, aber ich schenke es dem Landgrafen von Hessen«, dieses Wittgenstein ist rund tausend Jahre Sitz des Geschlechtes der Grafen und Fürsten zu Sayn-Wittgenstein. 1732 wurde das heutige Schloß unter dem Grafen Casimir gebaut – der Fürstentitel fiel der Familie erst später zu. Damals ging es noch nicht so ruhig her wie seit der Mediatisierung der Wittgensteinischen Landesherrlichkeit durch Napoleon. Man kann sehr anschaulich davon lesen, welch ein lebendiges Treiben von Dienern, Förstern, Handwerkern und allem möglichen Personal tagein, tagaus im Schloß herrschte. Es gab einen eigenen Küchenschreiber, der seine Zeit damit zubrachte, über die leiblichen Bedürfnisse Buch zu führen, und hoch unter dem Dach die Schloßspinnerin. Im dunklen Bildersaal tafelten die Damen und Herren in den Kostümen und Frisuren der Jahrhunderte; von hier aus gingen sie hinaus in den Tier- oder Kreuzgarten.

Eines der reizvollsten Kapitel Wittgensteinischer Geschichte bleibt die Hofmusik. Bis 1900 hat eine eigene Kapelle bestanden, deren Angehörige sich aus den Schloßlakaien rekrutierten. Manchmal ergriff einer der Herren selbst den Taktstock wie jener Fürst Alexander, der zu Ende des vorigen Jahrhunderts das Orchester auf dem zugefrorenen Weiher im schluchttiefen Grund hinter dem Schloß dirigierte, um die Bürgerschaft zu ergötzen, während Alt und Jung Schlittschuh lief.

Um diese Zeit waren die großen Taten für das Geschlecht vorüber, die sie zumeist in fremden Diensten geleistet hatten; das kleine Land bot ihnen wenig Möglichkeiten. – Es hat einmal eine Epoche gegeben, in welcher keine Familie so viel von sich reden machte wie die Fürsten von Wittgenstein. Der größte unter ihnen war wohl Fürst Ludwig Adolph Peter, Feldmarschall in russischen Diensten, der die französische Armee an der Beresina schlug und dabei noch sechs Generäle, dreihundert Offiziere und siebentausend Mann lebend einfing. Aus einem weltgeschichtlich wenig stichhaltigen Grund wurde nicht er, sondern der Fürst Schwarzenberg Befehlshaber in der Leipziger Völkerschlacht. Wittgenstein nämlich sagte dem Zaren, der mit seiner Leibgarde in der Schlacht von Bautzen das Hasenpanier ergriffen hatte – sehr vernehmlich sagte der Marschall dem Herrn aller Reußen, das Bautzener Treffen hätte siegreich geendet, wäre der Zar samt seinen Trabanten zu Hause in Petersburg geblieben. Den Ruhm, den dieser Wittgenstein genoß, kann man sich kaum groß genug vorstellen. 1813 zog der Fürst, stürmisch begrüßt, als Befreier in Berlin ein ...

Wenn man das Schloß in Berleburg besucht, sieht man viele der Wittgensteiner im Konterfei an der Wand hängen und bekommt eine Vorstellung von der bunten Gestaltenfolge dieser Familie, die Staatsminister, Räte und Generäle hervorbrachte, zu der aber – wenigstens durch Heirat – auch die Schwiegertochter des russischen Feldmarschalls gehörte, jene Karoline von Wittgenstein, geborene Iwanowska, die später mit Liszt zusammen lebte; oder die bildschöne Leonille, eine geborene Bariatinsky, Freundin der Kaiserin Augusta und Feindin Bismarcks, die während des Krieges 1870/71 zwischen dem Grafen Chambord, dem französischen Thronprätendenten, und der preußischen Krone zu vermitteln suchte.

Betritt man das Schloß, das ein freundliches, großes,

weiträumiges Haus in Hufeisenanlage ist, und in dessen Sälen und Fluren sich heute zuweilen ganze Omnibusladungen von Besuchern stauen und neugierig in einen parkettierten Saal starren, in dem ein blondes Prinzeßchen Klavierunterricht bekommt – ping, ping, linken Finger, ping, ping, die Oktav hinauf und hinab, die Arme – kann man also eine ganze Reihe von diesen so seltsam faszinierenden, manchmal fast ein wenig libertinischen Wittgensteinern Auge in Auge sehen. Im Bilde natürlich.

Ich bin zu meiner Audienz gekommen, aber anders als ausgemalt. Die Fürstin nämlich weilte im Ausland. Ein alter Kammerdiener, der in gestreifter Jacke am Eingang des Schloßmuseums saß, klein wie er war, heftig an einem Zigarrenstummel saugend und ein kleines Schnapswölkchen vor sich herblasend, gewährte sie mir. Weiß Gott, was er an diesem Morgen bereits zu feiern gefunden!

»So?«, blinzelte er mich an, »vom Prinzen Franz Wittgenstein kommen Sie? Grad zu mir hergeschickt hat Sie der Franzl?«

Ich fand gar keine Gelegenheit, gegen diese Interpretation meines wirklichen Anliegens zu protestieren.

»Der Franzl, sieh an«, fuhr er fort. »Ein feiner Mensch ist der Franzl. Ah, der hat's gut. Hier gibt es nämlich nichts als Ärger.«

Dabei wies er auf eine friedliche Besuchergruppe, die gekommen war, um für ihr gutes Geld den Anblick von etwas Wittgensteinischer Geschichte – Waffen, Reisewagen, ein altes Bett, lauter hübschen Kram der Jahrhunderte – einzuhandeln.

»Mit denen muß man richtig umgehen – bleiben Sie nur bei mir! Immer ganz dicht. Passen Sie auf, wie's gemacht wird.«

Mitdem ließ der Kleine gewaltig raunzend und räsonierend seine Stimme erschallen: »Hierher gehört – besonders die Lehrpersonen! Das Anfassen oder Berühren der Waffen und Gegenstände ist verboten ... Die Lehrpersonen haften persönlich ... Die Führung wird gleich beginnen!«

Der Kleine hatte dies in schreckenerregender Strenge herausgestoßen, wie man es ihm keineswegs zutraute. Jetzt blinzelte er zu mir und tuschelte: »So muß man mit denen umspringen. Wo, meinen Sie, kommt man sonst hin? Jetzt ist es elf, und es sind noch hundertundzwanzig Personen bis Mittag angemeldet. Aber geben Sie acht, wie ich damit fertig werde!« Er betonte in nachdrücklichem Flüstern jede Silbe für sich, wie er sich überhaupt einer präzisen Sprechweise befleißigte. »Ich bin nämlich im Krieg Unteroffizier gewesen, von Beruf Diener, aber im Krieg Unteroffizier. ... Halt, bleiben Sie bei mir sitzen!« Ich hatte versucht, mich davonzustehlen und begriff nun, ich mußte mich ergeben.

Ein neuer Schub von Besuchern langte an, die er nach bewährter Methode gefügig machte, indem er sie in Schrecken versetzte. Gleich einer Herde eingepferchter Schafe standen sie schüchtern herum. Der Kleine begann die Karten abzuzählen und flocht dazwischen Bemerkungen des Ärgers ein. »Eins, zwei, drei – aber Ruhe gibt's keine – vier, fünf, sechs – was die sich nur denken dabei? – sieben, acht, neun – so, da schickt Sie der Franzl grad zu mir her – zehn, elf, zwölf ... He, zurück da die Buben!« donnerte er plötzlich los, »erst werden die Karten gekauft, dann Filzpantoffeln angezogen, dann gewartet. Immer der Reihe nach!«

Es war durchaus verwunderlich, aber es fügten sich alle! Auch ich fügte mich, der ich eine Sonderbehandlung genoß, weil ich vom ›Franzl‹ kam, aber es konnte kein

Zweifel bestehen, ich war ein Gefangener. Zwischendurch warf er mir hin und wieder schelmische Blicke zu, als wollte er sagen: hab ich's so recht gemacht? Na, der Franzl sollte mich mal so sehen, dann gingen ihm die Augen über!

Das Warten wurde mir lang. Als der Kleine grade mit einem großen Schub Menschen beschäftigt war und anfing, in höchst energischer Weise ebenso karg wie unwillig Erläuterungen zu geben, die einander im Geschwindtempo folgten, nutzte ich des Augenblicks Gunst und entwich, um auf eigene Faust loszuziehen. Der Grund hinter dem Schloß lockte mich.

Um in das Waldtal hinter dem Schloß zu gelangen, muß man durch den Park an der Miniaturausgabe einer Orangerie vorbei, vor der sich von der Zeit angenagte Grazien aus Sandstein erheben, sodann an der alten Stadtmauer entlang. Zur Rechten liegt nun die Schlucht; ein Wasser rauscht tief unten darin. Jenseits klimmt leuchtend bunter Bergwald den Hang hinan. Die Häuser im Bannkreis der alten Stadtmauer zur Linken – wie es sich so gehört, nach der Wetterseite zu alle geschiefert – haben ein Terrassengärtchen zum Grunde hinaus. Geht man den Weg weiter, erblickt man unten im Tal jenen angestauten Weiher, auf dem einst Fürst Alexander die Eismusik dirigierte. Von hier rinnt das Bächlein weiter auf ein kleines, unter Blättern verstecktes Fachwerkhaus zu und entschwindet.

Der eigentliche Fluß Wittgensteins ist ungefähr dreimal so breit wie dieser Bach und trägt den poetischen Namen Odeborn. Wie poetisch ist hier doch alles – die kleine Bergstadt, die Türmchen, der Rauch, der aus den Schornsteinen quillt, und endlich die Tatsache, daß man sich in einer richtiggehenden Residenz befindet, aus deren schön geschnitzten Haustüren am Goetheplatz die

Frauen morgens nach dem Briefträger Ausschau halten. Es ist eine Stadt, in der alles, selbst die Geschichte, verschwiegen ist und nur eines groß und vernehmlich, die Natur. Die Wälder ringsum sind endlos; die Sauen zerwühlen in ihnen den Boden, und der Urhahn balzt. Neuerdings äsen sogar die scheuen Mufflons über die Lichtungen der Wälder.

Es fand sich Gelegenheit, mit den ausgesetzten Wildschafen aus Sardinien kulinarische Bekanntschaft zu machen. Abends saß ich in der getäfelten Gaststube eines Hotels am Nordausgang der Stadt. Nebenan unterhielt sich ein Tisch von Grünröcken. Zum Essen ward neben Reh auch Mufflon angepriesen; wiewohl mir ein guter Ziemer lieb ist, die Neugier siegte. Es schmeckte wie zarter Hirsch, duftig und fein.

Am nächsten Morgen, es war sehr früh, ging ich noch einmal zum Schloß. Das Torhaus hielt noch geschlossen, und alle die Häuschen, die Gasthöfe und Geschäfte schliefen. Aber aus den Schornsteinen der Häuser rauchten bereits die Morgenfeuer, es roch herrlich nach Holz. Ich trennte mich schwer.

Dann hatte die Straße mich wieder. Auf den Wiesen am Weg schauten sich Kuh und Kälblein, alle der hier üblichen, ganz braunen, schön gebauten Rasse mit der dunklen Kopffarbe und den hellen Hörnern zugehörig, um, wenn ich vorüber schritt. Raubvögel, die starr auf Pfosten und Pfählen saßen, erhoben sich unwillig-trägen Fluges, um fortzurauschen. Das wiederholte sich Stunden, während kaum jemand entgegen kam. Je mehr ich bergwärts gelangte, desto einsamer wurde die Welt.

AUF DEM WINTERBERG

Der Kahle Asten ist des Sauerlandes höchster Gebirgsstock; er hatte sich eine Kappe von Nebel aufgesetzt und weit über die Ohren gezogen, als ich hinan kam.

Nähert man sich diesem Gebirge, ist die Enge der Täler, die das Land durchschluchten und durchwinden, vergessen. Weiträumig schwingen die Bergketten, schwungvoll wallen die Silhouetten der Tannenwälder hinab, und breite, klare, sprudelnde Bäche, die fast Flüsse sind, durchrauschen die Gründe. Zwischen grünen, grünen Wiesen, die sich allseits um die geschieferten Dörfer ziehen, lief ich Stunden bergan. Junge Stierkälber, die mit den schwarzdunklen Köpfen wie kleine, lustige Teufelchen aussahen, senkten das helle Gehörn gegeneinander und probten die Kraft. Specht und Kleiber liefen an den Stämmen empor. Krähen schwangen sich weit über die Gründe. Ein Raubvogel wiegte sich unschlüssig, durch eine aufrauchende Wolke um seine Sicht betrogen. Hüben dunkelte, drüben qualmte, hier wölkte, dort nebelte es, doch trug es sich wieder und wieder zu, daß die Sonne einen Peitschenhieb glühenden Lichtes durch die Schwaden warf, der, schnell hügelab über die Wiesen wandernd, die grüne Tiefe des Wassers für einen Augenblick bis auf den Grund golden und durchsichtig machte.

In den Hochtälern hatte der Herbst bereits zugenommen. Noch prangten die Eschen in Grün, aber ein rostiger Hauch wehte schon durch ihr Laub. Vor dem weißen Fachwerk der Wassermühle zeigte die Linde noch ihre Früchte, der Ahorn seine zwiegeflügelten Samen, aber die Buchen am Berg tönten sich gelb und rot, bräunliches, verdorrtes Gras färbte die Lehnen; Holzstöße vom herbstlichen Einschlag wuchsen lohfarben allenthalben im Hang. Am Bach im Grund aber, der sprudelnd über ein Wehr, das seine Kraft brechen sollte, hinabstob, waren geschälte Stämme zusammengerollt – beinern und nackt.

War man durch lange Kehren höher hinangekommen – jede Serpentine eine in der Nässe silbrig blinkende Spur, eine Schlucht zwischen mächtigen Wänden von Tannen, in welcher die Telefondrähte sangen –, war man so bergan gekommen, vorüber an den Kelchen der Farne und einem letzten blühenden Fingerhut, mehrten sich an den Stämmen graue Flechten und Moose, während Felsnasen, von Blaubeergestrüpp überwuchert, silbergrau aus dem Grün der Waldhänge tauchten, die sich ihrerseits im Schwaden verloren. Nebel, Gewölke, Dünste? Nichts mehr von Kleinigkeiten!

Auf der Kuppe merkte man, man war auf einen Tummelplatz der schweren Wolken und Stürme gekommen. In der Ferne hüllten sich alle Konturen in Schleier der Ungewißheit – jene trügerischen, bräutlich scheinenden Schleier, die der jährliche Tod über das Land wirft, ehe er es unter seinem weißen Kleide begräbt. Auf diesen Höhen stand noch jetzt, Ende September, Hafer auf den fröstelnden Feldern, in Garben oder gar ungeschnitten, während die Wolkenschiffe ihre tief hängenden Bäuche über die Ähren schleifen ließen.

In dieser Zeit rühme ich vor allem die Eberesche! Während der Wald auf den fahlen Talhängen noch unentschieden in seiner Färbung ist, während sein Laub einen kränkelnden Hauch zeigt, ehe es in die prunkenden Farben des Sterbekleides übergeht, bestimmt hier oben die Eberesche das Bild. Ganze Trauben leuchtenden Rots blinken, funkeln, prangen zwischen den gefiederten Blättern. Es ist eine warme, lebenskräftige, hoffnungsträchtige Tönung in dieser Landschaft, die sonst nichts anderes aufweist; eine greifbare, dingliche

Freude, ein Trompetengeschmetter von Farben, so oft ein verlorenes Sonnenlicht darüber hinweg huscht.

Es war mitreißend, auf den Höhen dieser Landschaft zu stehen! Gleichviel wo. Besonders aber bei Albrechtsplatz, als unter den treibenden, durchleuchteten Nebeln ein Hang zartgrün wie im Frühling herüber grüßte, umsäumt vom dunklen Starren der Tannenwälder, in die hie und dort der falbe Fleck einer verdorrten Bergwiese hineingestrichen war.

Scharf und tief fressen sich hier die Gründe in den Boden. Alles ist Bewegung, alles Atem, keine Kontur verhält, steht still. Der wilde Himmel ist im Grunde nur ein Spiegel dieses Landes, dessen Seele voll aufbegehrender Leidenschaft zu immer neuen Horizonten hinausdrängt.

Wintertags lobe ich mir dieses Land! Durch den schweigenden Bergwald gleiten, wenn dicke weiße Polster auf allen Zweigen der Tannen liegen und der unbefleckte Boden mit den feinen Runen der Tierspuren gezeichnet ist! Durch die Täler emporsteigen in die glitzernde Welt der Höhen, von den Bergen herniederjagen in den stiebenden Kurven der Herrlichkeit! Dann liegen die Dörfchen hier oben, Langewiese, Wilhelmshöhe oder wie sie heißen, mit ihren geschieferten Leibern inmitten der klaren, kalten Weite. Der Nordhang des Berges ist, wie erklärlich, der rauheste. Selbst wenn man sommers vorüber kommt, merkt man an den Zurüstungen, den Requisiten, daß der Wintersport, genauer das Skilaufen, eine ernsthafte Sache ist. Der höchste Punkt dieses Landes ist der Astenturm inmitten der Wälder und das höchste Dorf Altastenberg, das sich hoch über die Berglehne zieht, ungeschützt und dargeboten den Winden, die sich im Winter wütend seiner bemächtigen.

Dann ziehen die Menschen, so oft die Sonne scheint

oder der Himmel wenigstens mit Schneefall innehält, hinaus auf die Höhen. Überall graben die schmalen Bretter ihre langgezogenen Spuren in das leuchtende Weiß. Winterberg, dessen Name ein einziger Apostroph auf die hohe Zeit dieser Landschaft ist, einige Kilometer gemächlich abfallender Straße vom Gipfel entfernt, wird nun zu einem einzigen Heerlager. Vom ursprünglichen Charakter des Ortes merkt man nur noch in den Altstadtstraßen ein wenig. Die ganze Stadt sieht ohnehin aus, als stecke sie unter ihrem Schiefer in einem Schutzanzug für den Winter. Häuschen für Häuschen hübsch getrennt, die Schieferplatten oft in Zierformen übereinander geschindelt und kunstvoll gearbeitet, liegt sie da . . .

Hierhin brandet also in jeder Woche einmal die Menschenwoge aus den Städten des Ruhrreviers, um von hier aus in die Berge zu verrinnen, die Glück und Verheißung der Skiläufer bedeuten – gleiten, jagen unter der Wintersonne Schein in den verzauberten Regionen der kalten Höhe! Da sind der Körper und das schwungvolle Gefühl für Freiheit und Schwerelosigkeit noch einmal eins.

Daß der Kahle Asten ein richtiges Gebirge und nicht ein zahmer Bergzug ist, erblickte ich, als ich an seinem Nordosthang entlang kam – dort, wo auf den Wiesen nicht mehr die rotbraunen, sondern die rotweißen Kühe stehen. Wie ein mächtiges Massiv hob er sich auf. Ein Tag war vergangen; an einem neuen Morgen schritt ich vorwärts, nun über Winterberg auf Küstelberg zu. Der Ort lag schön, hoch, karg, halb im Gebirg und pries sich, wie hier alles, den Fremden an.

Letzte Schwalben tummelten sich, jagten pfeilschnell über die Wiesen, das Jahr sank hinab, die Zeit der Herrlichkeit nahte.

HÖHLEN

Wie das hierzulande nicht selten ist, regnete es.

Das Wort sagt wenig. Von oben schüttete es unaufhörlich, aus den engen Tälern wiederum stiegen die Schwaden, aus den Berglehnen, Gründen, Hängen, den Kuppen und Schluchten rauchte Nebel. Allüberall brach Wasser aus den übersättigten Rasensoden, die Bäume troffen, die Steilhänge rannen, auf den Straßen schwemmte und in den Bachgründen rauschte und gurgelte es. Die Pflanzen aber standen in drängender, prangender Üppigkeit, Uferpflanzen vor allem, welche die Bach- und Flußsäume besetzt hielten, silbrig gezeichnet von Schneckenspuren. Herrschte im Fernen das Grau des Dunstes vor, war es im Nahen ein tiefes Grün, das in den Schatten unvermittelt ins Schwarz überging.

Nicht, daß ich durchnäßt gewesen wäre, wie ich so ging, aber die dünstende Feuchtigkeit hatte mich durchdrungen und meine Wäsche klamm gemacht. Vorübersausende Wagen hüllten mich in Sprühschleier von Wasser. Zog ich das ab, war ich in dieser lauten Welt selig allein. Nichts störte außer den sausenden, gummibereiften Metallkästen mit ihren Augenpaaren hinter dem Scheibenauslug.

An solchen Tagen hat die vergewaltigte Erde ihren Frieden wieder.

Lehmig getrübtes Wasser schwoll neben der Straße. Hinter der grünen Flußau hob sich steil der Bergwald, hoch darüber Schloß Schnellenberg. Zwei knappe Stunden war ich von Finnentrop gelaufen, eine Flußbiegung hinter der anderen, bis ich an eine der Höhlen kam, die sich durch Auswaschung tief in das Kalkgebirge ziehen, die Atta-Höhle.

Ich hatte auch die anderen Höhlen des Landes gesehen, die geräumige Dechenhöhle unweit von Iserlohn vor allem, in deren Decke sich der Abdruck eines Saurierskelettes erhalten hat. Gleichsam als Negativform. Es ist immer etwas Magisches um diese Erdschlünde, in denen das strudelnde Wasser unterirdischer Flußläufe Spalten, Kamine, Kammern und Säle geschaffen hat.

Den Vergleich mit dieser, mit der Atta-Höhle hielten alle andern nicht aus. Nur zweimal hatte ich ähnlich große Eindrücke – einmal in Altamira, allein dort der Malereien wegen. Zum andern Mal in Betharram, das am Weg von Pau nach Lourdes liegt. Betharram wirkt im Großen ähnlich wie die Atta-Höhle im Kleinen – die Dimensionen der französischen Höhle sind ausgedehnter.

Aber ich gebe doch der Atta-Höhle den Vorzug. Was die spielerische Laune der Natur hier im Tropfenfall endloser Jahrtausende durch Ablagerung an Tropfsteingebilden geschaffen hat, ist nicht ein Kuriosum, dem eine stets zu Vergleichen und Namensgebungen bereite Phantasie alle möglichen Deutungen unterlegt hat. Es ist der Formen phantastisches Spiel, nur scheinbar willkürlich, insgeheim jedoch von Gesetzmäßigkeit erfüllt.

Die Natur hat die ohnehin bizarren Kolklöcher unterirdischer Wasserströme durch Stalaktiten und Stalagmiten in bizarre Gärten umgeschaffen. Der Eindruck ist berückend. An einer schräg herausgebauchten, überhängenden Felswand waren durch Sinterung und Kristallisation Gebilde entstanden, wallend und faltig hängend wie Gardinenschleier – jeder der Schleier für sich durchsichtig dünn, hingen sie in üppiger Pracht hernieder, ein Schwall graziöser, hauchartiger Steingewebe, je nach den Mineralzusätzen des aussinternden Wassers weißlich, gelblich, rötlich, bräunlich gefärbt. Anderwärts wuchsen sich Säulen entgegen, in seltsamer Rippung nach oben oder unten verjüngt. Weiß Gott, welchen physikalischen

Gesetzen das gehorchte! Durchblicke in Schlünde und Grotten gab es zudem an jeder neuen Biegung der Höhle.

Freilich stellte sich bei mir alsbald das unbehagliche Gefühl ein wie immer, besuche ich der Erde Intimitäten. Es verursacht mir Pein, in ihrem Gedärm herumzukriechen, gleichsam Mitwisser ihrer Geheimnisse zu sein. Auch kann ich mir nicht verhehlen, daß die Höhlen ihren Hauptreiz einem geschickten Lampenzauber verdanken, wenn sich ein kleiner, mit Kristallen zuwachsender Tümpel in eine Feengrotte verwandelt.

Aber dann fand sich doch etwas, das mich bewegte. Dort, wo Lampen auf das feuchte Gestein montiert waren, hatte sich Grünliches angesiedelt, das sich bei näherem Zusehn als Moos oder gar kleiner Farn erwies. Wie? Hier im Erdenschoß, in der Felsen starrer Umklammerung?

Die Erklärung, sehr einfach, erschien mir anfangs kaum glaublich. Sie ist dennoch richtig. Klingt sie nicht wie eine Legende von der zähen Kraft des Lebens, das überall Sendboten hinschickt, gleich, ob sie jemals zur Entwicklung kommen, ob nicht?

Moose und Farne nämlich sind Pflanzenwesen, deren feinste Sporen mit dem durchsickernden Wasser durch den Felsen bis in die Tiefe zu dringen vermögen, wo sie den gelegentlichen Schein des elektrischen Lichtes benutzen, um eine Fläche, groß wie ein Handteller, zu begrünen. Ich war davon sehr ergriffen. Es keimte, wuchs ganz zart im silbernen Licht unter der tropfenden Nässe. Das Leben verläßt die Erde nicht. Ist der Tod nicht einzig, fragte ich mich, Verwandlung, schlafendes Leben, das neuen, wärmenden Lichtes wartet?

In dämmernder Halle ging die Höhle zu Ende – vielmehr, hier hatte sie einstmals begonnen. Der Zugang, durch den man sie heute betritt, ist künstlich geschaffen. In Wirklichkeit setzte die Höhle genau so an, wie man es von einer Höhle erwartet – mit einem gewölbten Felsloch. Dergleichen findet sich in den sauerländischen Bergen öfter. Manchmal dient solch ein Erdenmund mit einem Lattengitter davor einfach als natürliche Abstellgelegenheit.

Draußen regnete es noch immer. Es war inzwischen dunkel geworden. Die Wolken hingen schwer zwischen den Wipfeln der Bäume. Ab und an fiel Wind ein. Dann schüttelten sie sich in jäh aufrauschendem Erschauern.

DER KÖNIG VON KORSIKA

Pungelscheid ist ein winziges Nest auf den Bergen, in dessen Nachbarschaft die Winde Hochzeit feiern. Es geht hoch her. Man erreicht den Flecken über ein Sträßchen, das bei Versevörde an der Verbindung von Werdohl nach Lüdenscheid in die Berge abzweigt. Der Weiler besteht aus einem hübschen, wolkenhoch gelegenen Bauernort und einem jämmerlichen, zurechtgeflickten Anwesen einige Steinwürfe weiter – der ehemaligen Burg. Man sieht, die Herren sind tot und die Bauern auf ihre Kosten gekommen. Was sich die Ruine Pungelscheid nennt, ist wirklich ein Nichts, ein Stück alter Mauer, ein Torbogen. Dabei ein einfaches, schweres Bruchsteinhaus mit Wappen über dem Eingang. Hier haben also Dorfhidalgos gewohnt. Sie hießen Neuhoff. Es kann nichts Bedeutsames gewesen sein. Im Garten einer Schenke seitab wächst noch der alte Brunnenmund aus der Erde, zugedeckt und nicht mehr um Spendung gebeten. Gegenüber zeigt sich der Abstellhof eines Kleinbauernanwesens, wie er schon zu Zeiten Albrecht Dürers gewesen sein mag. Unter Linden ein durchlöchertes, auf

Pfosten gestelltes Schrägdach für die Wagen, beiseite das windschiefe Häuschen – die Gelegenheit der heutigen Kätner. Um beides herum scharren die Hühner im Mist. Die Baronie, Stammsitz eines Geschlechtes, das einen König hervorgebracht hat, ist herabgekommen. Immerhin, Bergkuppen ringsum, karges Brot und große Verheißung! Aber ich glaube, der, um den es zu tun ist, hat die Herrlichkeit hier oben niemals erblickt.

Ob man sich das nicht zu leicht macht, wenn man nachträglich, aus dem Wissen um Ausgang und Ergebnis, eines Lebens bestimmende Mächte nachzeichnet?

Einer der Neuhoffs, Leopold Wilhelm, hat unter dem münsterschen Kanonenbischof Christoph Bernhard von Galen als Hauptmann gedient. Er schloß eine Mesalliance, zerfiel darüber mit seiner Familie und nahm französische Dienste – er hatte eine Wallonin aus dem Stift Lüttich, Tochter eines bürgerlichen Heereslieferanten, geheiratet. 1694 kam sein Sohn Theodor Stephan zur Welt. Der Vater starb früh. Daher machte die Herzogin von Orléans, Liselotte von der Pfalz, den hübschen, geweckten Jungen zu ihrem Pagen.

Damit fängt also alles an. Dem Hofleben verdankte Theodor Stephan nicht nur Bildung, Manieren und Gewandtheit, sondern auch die Praxis in Schuldenmachen, Ränkeschmieden und Spiel.

Bis das Zeitalter ihn brauchen konnte, dauerte es noch einige Jahre, während er versuchte, den üblichen Weg zu gehen. Welchen Weg? Er wurde Offizier ... ach Gott! Man denke sich doch, ein hübscher Junge, adelig genug, um dazuzugehören, aber leider hatte seine Ahnenprobe bürgerliche Stockflecken; hoch konnte er nicht hinauf. Ein junger Mann also, dessen Schicksal es sein würde, in einer entlegenen Garnison als Major zu versauern

Koning
Von Corsica.

oder als Hofschranze verbraucht zu werden, kurz, als Lakai von Stande. Eine Seite seines künftigen Schicksals kannte er schon, über Geld konnte er nur verfügen, wenn er im Spiel gewann – er war auf das Spiel geradezu angewiesen. Was er auf ehrliche Weise verdiente, ging für die gestärkten Jabots drauf. Was Wunder, daß ihm bald überall der Boden zu heiß unter den Füßen wurde.

Von Paris ging er zu Karl XII. nach Schweden, von da nach Spanien. Hier beging er gleich zwei Dummheiten, er heiratete eine Hofdame der Königin, eine Engländerin, wodurch er seine Stellung zu festigen suchte, und er schmeichelte sich zum Günstling des allmächtigen Ministers Alberoni empor. Der Minister stürzte alsbald; Neuhoff beeilte sich, seine Gattin, die er keineswegs liebte, im Stich zu lassen und ging nach Paris. Hier hatte John Law gerade seine Compagnie d'Occident gegründet, mit deren Aktien eine ungeheure Spekulation begann. Um es vorwegzunehmen, sie stürzte Frankreich 1720 in eine schwere Finanz- und Wirtschaftskrise. Vorerst aber lebte man. Law und Neuhoff fanden schnell aneinander Gefallen, und der sauerländische Baron genoß die Sonne des unverhofften Glückes in vollen Zügen – freilich, um wenig später abermals auf der Straße zu liegen. Wohin er ging, was er jetzt trieb, wer durchlichtet das Dunkel seines Elends in jenen Jahren seines Ehrgeizes, seiner Versuche hochzukommen! 1732 wird er wieder deutlich sichtbar. Da ist er der Resident Kaiser Karls VI. in Florenz. Nie plazierte Fortuna ihn auf der Bühne des Schicksals günstiger!

Karl VI. hatte die Vermittlung zwischen der Republik Genua und ihren aufständischen Untertanen in Korsika übernommen, die sich ausgebeutet fühlten. Neuhoff führte dabei die Verhandlungen. Es war eine Sache nach seinem Herzen. Tatsächlich gelang es ihm, für die Korsen ein günstiges Übereinkommen auszuhandeln. Unbegabt war er nicht. Kaum allerdings war ein Friede geschlossen, kam es zu neuen Übergriffen der Genueser. Die Korsen entschlossen sich, ganze Sache zu machen; sie trugen dem Mann, der ihnen so gut geholfen hatte, die Königskrone an, um seines Schutzes ganz sicher zu sein. Das war, jeder konnte es sehen, nicht nur ein verblüffendes und verlockendes, sondern auch ein verfängliches Anerbieten. Neuhoff zögerte, wollte nur darauf eingehen, wenn eine große ausländische Macht seine Kandidatur unterstützte. Das war nicht einmal besonders diplomatisch gedacht, es blieb ihm gar nichts anderes übrig. Es sei denn, er hätte Fortunas Ruf ausgeschlagen. Nun, er klopfte vergeblich bei den Großmächten an. Der Bei von Tunis gab ihm schließlich Zusicherungen ....

Ich glaube ganz sicher zu sein, wie Neuhoff aussah, als er jetzt seinen Entschluß fassen mußte: das barocke Antlitz mit dem geschwungenen Mund beherrscht, etwas rotfleckig jedoch, die Hand zu großer Geste bereit, aber die Zungenspitze schabte an den Zähnen herum. Übrigens war es ganz klar, auf welche Seite der Würfel fallen würde. Er nahm an.

Am 13. März 1736 ist Neuhoff zu Schiff vor Aleria an der Ostküste Korsikas erschienen, zwar ohne Truppen, aber reich mit Geldmitteln versehen. Der Empfang, den man ihm bereitete, war wirklich überwältigend; dementsprechend wurde er auch einstimmig zum König gewählt und unter freiem Himmel mit einer Krone aus grünem Laub gekrönt. Es war eine sehr glückliche Stunde für alle, wenn sie uns heute auch wie ein Stück vorweggenommener Romantik anmutet.

Welch ein Schwung nun in die Aufstandsbewegung gegen die Genuesen kam! Sie hielten sich ohnehin nur noch an einigen Küstenorten. Dazu war der König ehrlich bemüht, »Kultur und Wirtschaft zu heben« – der neuen Männer Lieblingsdomäne. Eines mißlang freilich trotz aller Anstrengungen; der Feind hielt sich in Bastia. Der Gehorsam ließ nach. Erst waren es nur wenige, die gegen Theodor I. etwas einzuwenden hatten, dann mehr, schließlich eine ganze Partei. Die Stimmung schlug um.

Am 11. November 1736 mußte Neuhoff die Insel schon wieder verlassen. Seine Königswürde hat er nicht niedergelegt.

Von den Genuesen verfolgt, schlug er sich durch nach Holland. Hier gelang es seinem »unerschöpflichen Talent im Schuldenmachen«, jüdischen Geldgebern Mittel zu entlocken, indem er ihnen Handelsmonopole versprach. Das wiederum ermöglichte ihm, Schiffe mit Kriegsbedarf nach Korsika zu schicken. In Westfalen versuchte er seine Verwandtschaft an sich zu ziehen. Er versuchte, was es nur gab, um seine Krone zu retten. Immerhin, sein rastloser Eifer erwarb ihm auf der Insel abermals Sympathien. Im November 1738 ging er aufs neue nach Korsika.

Ach, er verstand die Zeichen der Zeit nicht! Genua hatte Frankreichs Hilfe angerufen. Frankreich wiederum nahm die Gelegenheit beim Schopf und brachte die Insel in seinen Besitz. Diesmal dauerte König Theodors Regiment nur vierzehn Tage. 1743 hat er's noch einmal versucht, wieder vergeblich. Was tut ein gestürzter König, dem der Weg nach Paris versperrt ist? Er geht nach England.

Er hat also seitdem in London gelebt, hart von Gläubigern bedrängt. 1749 mußte er für Jahre ins Schuldgefängnis King's Bench. Erst eine Sammlung, die man für ihn veranstaltete, gab ihm die Freiheit wieder. Am 11. Dezember 1756 ist er im Elend gestorben. Seine Grabinschrift besagt, daß ihm das Schicksal ein Königreich geschenkt, aber das Brot versagt hat.

Ein Westfale hat also über Korsika geherrscht. Die Ironie wollte es, daß fünfzig Jahre nach Neuhoffs Tod ein Korse über Westfalen herrschte. Etwas länger, zugegeben, aber auch nicht auf die Dauer.

Es scheint mir, in Neuhoff, diesem abenteuerlichen, aber auch hartnäckigen Menschen, offenbare sich trotz seiner fremden Blutzuströme doch ein Stück sauerländischen Charakters. Waren seine Wesenszüge nicht weitgehend die gleichen wie sie später die Kaufleute des Landes auszeichnen sollten, wenn sie über Land zogen, um ihre Industriewaren an den Mann zu bringen: Ausdauer, Zähigkeit, Gewandtheit, persönlicher Mut und manchmal vielleicht auch eine gewisse Neigung, Fortuna nicht in den Arm zu fallen.

Das war also er, dessen Sippe hier in Pungelscheid hoch über dem Land gehaust hat. Als ich hinter dem vergitterten Fenster der alten Baronie eine Bewegung merkte und anklopfte, um nachzufragen, ob ich hier am rechten Platz sei – trotz des Wappens über der Tür war mir die Örtlichkeit gar zu dürftig erschienen –, zeigte sich, mit grauweißem Tuch über dem Scheitel, der Kopf eines verkrümmten Weibleins, das mir in unverfälschtem Schlesisch zurief, ich sollte schräg gegenüber im Wirtshaus nachfragen. Eine Flüchtlingin also.

Ich zog es vor, gleich zum naheliegenden Weiler hinüberzuwandern, der voll reinlicher, großer Bauernhäuser aus schwerem Gestein war. Den Dorfplatz überschatteten hohe Bäume, in deren Kronen der Wind sang.

»Ja«, sagte mir so ein Alter, Guter, der mich aus sehr nachdenklich zurückgelegtem Kopf nach Art der Weitsichtigen ansah und heftig an seiner Pfeife sog, »Neuhoff, das stimmt. Aber jetzt ist nichts mehr damit los.« Er schwieg hartnäckig. Es war wohl seine Formel für das »sic transit gloria mundi« oder auch »ich hab's ja immer gesagt«, was auf gewissen Lebensstufen das gleiche scheint.

Ich hingegen konnte mir nicht verhehlen, die Baronie, in der jetzt die alte Frau hauste, war bei ihrer geheimen Bestimmung geblieben, indem sie den Flüchtigen, deren einer auch ihr Sproß gewesen war, Hausung bot.

Die Örtlichkeit hatte freilich noch immer das Außergewöhnliche, das solch alten Herrensitzen weit über die eigene Bestimmung hinaus eigen sein kann. Bergkuppen durchrauschte der Wind, durchwehten die Wolken. Allein, Größe des Ortes und Majestät der Landschaft sind in diesem Gebiet preiswert; Ossian-Stimmung gibt es das halbe Jahr. Wer heroisch zu schwärmen wünscht, kommt auf seine Kosten.

Im Wegwandern erwies sich der Grund der Lenne auf Altena zu als eines der schönsten Flußtäler, die ich in Deutschland gesehen. Opalisierendes Blaulicht hing in den Bergen, herbstlich waren die Wälder gefärbt. Aus allen Tälern strömten Wasser zusammen, immer wieder angestaut und jedesmal, wenn sie ihre Kraft hergegeben hatten, entlassen. Es ist die klassische Landschaft der Schmieden und Pochhämmer, deren Nachfahren die überall verstreuten Gießereien und kleinen Fabriken sind.

Altena folgte, kurvig und langgestreckt, den untersten Saum halb über die Lenne gehängt, die Straßen hoch in den Berg gestaffelt. Bäume, Waldgruppen lugten allenthalben hervor. Darüber ragte die Stammburg der Grafen von der Mark, neu hergerichtet, eine berühmt gewordene Jugendherberge. Die Räuchlein der Geschichte gingen im Küchendunst und im Klimpern der Klampfen auf.

LIEBESERKLÄRUNG

Es gibt hierzulande Augenblicke, die ich liebe wie wenig andere.

Einmal kam ich von Sundern über die Berge nach Rönkhausen hinab. Plötzlich öffnete sich die Weite. Hingerissen sah ich die Fernen – die Täler, die Berge, die da mächtig hinaufschwangen, steil abfielen, um endlich am Horizont zu verdämmern. Dörfer, Städtchen, Kirchen, Kapellen, Höfe waren kleines, in den Grund gewürfeltes Spielzeug. Straßen, Bäche wanden sich fadendünn durchs Land. Hindurch wehte das nie abreißende Rauschen der Wälder, und darüber spannte sich ein Himmel voll dramatischer Wolkenzüge. Ah, das war groß!

Aber ich gedachte von den Städten zu reden, zuerst von den ländlichen Städten, deren Häuser sich in lockerer Ordnung zu geräumigen Straßenzeilen zusammenfügen, wie es die Westfalen im Süden ihres Landes lieben. Da ist Brilon, mit Häusern, die bis über den halben Leib hinab mit Schiefer gepanzert sind, um Schutz vor den Wettern zu bieten. Am liebenswertesten ist Brilon dort, wo es sich ganz bescheiden und kleinbürgerlich gibt – an der Derkerer Mauer oder dem Törchen. Am schönsten hingegen, was ja durchaus nicht dasselbe ist, am Marktplatz mit dem Petrusbrunnen, auf dessen wasserspendender Säule die Figur des Apostels steht, der der Patron der Stadt ist. Hier hat sich versammelt, was die Stadt an Honoratioren unter den Häusern besitzt; vor allem steht da das mächtige, geschieferte Haus, das man durch eine übers Hauseck ins Innere führende Tür betreten muß, die in den weißen Ornamenten des Rokoko gehalten ist.

Brilon, wohlgemerkt, ist eine Waldstadt; das sieht man an den kapitalen Geweihen, die dem schlichten, barocken

Rathaus gleich Manifesten an die Stirn geheftet sind. Aber das Beherrschende dieses Marktplatzes bleibt doch das Fachwerk, jenes schöne, feinbalkige und präzise sauerländische Fachwerk, dessen Schwarzweiß auf mich immer ein ganz klein wenig altjüngferlich wirkt – entzückend, wie eine sorgfältig gekleidete, feingesichtige Stiftsdame, in deren Haut das Alter seine Fangnetze spann.

Es gibt auch sehr urbane Städte, Arnsberg zum Beispiel, das aus einer Residenz hervorging. Da ist man sich etwas schuldig! Arnsberg hat nicht weniger Entzückendes. Man denke sich allein die Lage – auf einem Höhenzug, der sich weit in eine Schleife der hier idyllisch schönen Ruhr hineinschiebt. Auf der niedriger gelegenen Landbrücke dehnt sich, zuerst in epischer Behaglichkeit hingestreckt und von einer imposanten Hauptstraße durchzogen, die untere Stadt. Nun wird das Gelände höher, und es folgt, zu erreichen durch eine Passage im Turm der Stadtkapelle – einer alten, kleinen Hallenkirche, in der sich ein wunderschöner, bemalter Beichtstuhl befindet –, die obere Stadt, die Altstadt, an deren äußerstem Ende sich wiederum die Burg erhebt, oder besser, das, was von der Burg übrigblieb. Geht man am Außengäßchen der Altstadt entlang, begreift man sofort die Gunst dieser Lage. Steht man oben auf den Resten der alten Burg, begreift man noch mehr. Man versteht, daß so zu hausen, so unter dem großen Himmel des Landes zu wohnen, umstellt von den hohen Mauern der Berge und umzogen von dem grünen Flußtal, noch mehr als Gunst bedeuten kann, nämlich etwas Berauschendes, Beglückendes.

Arnsberg liegt wie ein pulsierendes Herz inmitten der Höhen und Täler. Von hier erfaßt der Blick nach allen Richtungen Stücke großer Natur – Ruhrlandschaft, die noch im Zustand ursprünglicher Schönheit verharrt.

GENIE ODER SCHARLATAN?

Es gibt Orte, die uns durch zufällige Umstände heilig werden; hier kam jemand zur Welt, den wir lieben. Schon ist alles bedeutsam.

Meschede, das von der Straße ein wenig abliegt, ein friedlicher Ort, wie es schien, war solch eine Stätte. Doch tat ich, was ich mir sonst nicht erlaube, ich fragte dem Hause und der Straße, die mich angingen, nicht nach. Mich befiel plötzlich Angst, der Anblick könnte meine Vorstellung enttäuschen. August Macke, der Maler, den meine Phantasie als Kind gern in eine Wiege aus Sonnenleuchten bettet, ist hier – freilich mehr zufällig – zur Welt gekommen. Hätte ihn nicht bereits der erste Weltkrieg verschlungen, er zählte grad einundsiebzig Jahre. Ein Leben, das längst in Museen bewahrt wird, wäre noch Gegenwart.

Unter allen Expressionisten liebe ich diesen harmonischen Geist besonders. Er war kein Westfale, gut, aber im Grunde gehörte er in den Kreis des Konrad von Soest oder des Meisters von Liesborn.

Dann saß ich im Omnibus unter allerlei Volk und rollte gen Osten auf Bestwig zu. Es ging durch hügeliges, anmutiges Gelände. Zur Linken rauschte die Ruhr als gemütlicher Durchschnittsfluß.

Die Leute sprachen, was man so spricht, vom Wetter und von den Bekannten. Eine kurze, gedrungene Frau, nicht alt, aber mit Zahnlücken, der der blaue Mantel zu eng um die ausladenden Hüften saß, hatte es mit dem Lachen. Über alles und jedes. Daß ich die örtliche Schwäche vermerkte, beim sch dem s das ch recht guttural folgen zu lassen, den Laut also als ein konsonantisches Kompositum ß–ch zu sprechen, war nicht zu vermeiden.

» O Chott, nein, von Meß-chede wollte ich eigentlich per

Ss–chiene zurück, aber wie das so cheht«, sagte die Blaue, Dicke, grade vor Lachen prustend zu ihrem Sitznachbarn.

Es war irgendeine kleine Anzüglichkeit im Spiel, die ich nicht verstand. Auf jede Antwort, jede Frage, jeden Satz Gelächter. Es stellte sich dann heraus, die Blaue hatte im Omnibus ihren Hut liegen lassen und nun abgeholt; jetzt setzte sie ihn unter Lachen auf. Es brauchte einiges Haarnadelstechen, Schnaufen und Keuchen, bis der Wiedergefundene Posto gefaßt hatte.

In Bestwig stieg ich aus, um nach Süden in die Berge zu wandern. Ich ging fast allein in das enger werdende Tal. Ganz selten ein Lastwagen. Es war Samstag früh.

Nach einer Stunde lief ich noch immer, doch als wieder eine Viertelstunde vorüber war, wuchsen zur Linken große Halden im Berg. Zur Rechten stiegen einige Häuser hangaufwärts, noch höher lag ein Kirchlein. Das mußte der Bastenberg sein, der Ort selbst Ramsbeck, mir aus einer Denkschrift nur zu gut bekannt.

Wer etwas von der eigentümlichen, aus Aufbruchsstimmung und Abenteuerlust gemischten Atmosphäre verspüren will, die zu Beginn des Industriezeitalters in Westfalen wehte, wer etwas von dem in des Wortes schillerndster Bedeutung spekulativen Geist der ersten ›Industriellen‹ verspüren möchte, der soll nach Ramsbeck gehen. Ramsbeck nämlich ist der Ort, wo einer der größten Glücksritter jener Epoche seinen Auftritt gab, der Marquis de Sasseney. Wie viele der Industriepioniere des vorigen Jahrhunderts kam er aus Belgien. Marquis war er wahrscheinlich von eigenen Gnaden. Es ist jetzt gut hundert Jahre vorüber.

Daß ich ihn nur aus jener Denkschrift kenne, die man anfertigte, als es zum Prozeß gegen ihn kommen sollte, bleibt natürlich bedenklich. Wie sachlich das Memorandum auch ist, unter eines anklagenden Juristen Hand verwandelt sich alles in die Frage nach Schuld. Zudem, was schwerer wiegt, ich kenne des Angeschuldigten Bildnis nicht. Sein Gesicht müßte man sehen, wie es sich zu seinem Leben verhält. Ich denke mir immer, daß de Sasseney ein wenig zu lang wirkte, sich ein wenig unachtsam auf Allerweltsgespräche einließ, etwas unruhig und stets voller Pläne war. Besaß er den wieselflinken, huschenden oder gar stechenden Blick der Spieler? Auch liebe ich es, zu überlegen, wie er sich im Fortgang seiner Unternehmungen wandelte. Ganz sicher ist doch, seine eleganten Hände, die anfangs eine unnachahmliche Art hatten, über den Zylinder zu streichen, wenn er Zeit gewinnen wollte, ehe er eine Antwort gab – seine Hände, die seinen Stock in halber Länge umfaßt hielten, wenn er den Jaspis-Knauf an die Lippe führte und die Stirn senkte, um nachzudenken –, diese Hände wurden unruhig, ein wenig fahrig; übrigens auch seine Schritte. Die Unruhe, die anfangs in ihm wie ein Stachel war und ihn etwas zu unternehmen zwang, durchdrang nun sein Wesen vollkommen und setzte sich in den Extremitäten fest. War er ein Scharlatan, ein Genie, war er beides? In jener Denkschrift – oh, eine vorzügliche, gründliche, überaus sachliche und musterhafte Denkschrift, die ein Justizrat Maas verfaßt hat – wird nur das nüchterne Fazit gezogen. Aber das ist es eben, was nicht daran stimmt. Was alles verkehrt gewesen ist, wenn jemand Unglück gehabt hat und seine Pläne gescheitert sind? Damit kann sich doch nur jemand beschäftigen, der dafür bezahlt wird, andern etwas am Zeuge zu flicken.

Schon gut, es war leichtsinnig, daß der Marquis, seit Jahren Leiter einer großen Metallgesellschaft, seine Segel plötzlich auf die Küsten des Abenteuers setzte. Für viel zu hohes Geld kaufte er die Ramsbecker Gruben.

Darauf ging das Gerücht um, diese neuen Erzgruben würden den Markt in Europa bald mit Blei und Zink überhäufen. Glaubte man es nicht wirklich? Eben das ist es, was niemand weiß. Es scheint so, daß jedermann wirklich daran geglaubt hat, der Marquis, der Aufsichtsrat, die Aktionäre – teils in Aachen, teils in Paris oder sonstwo im Westen ansässig. Übrigens bewilligte man soviel Geld wie benötigt wurde, um de Sasseneys ›Projet général‹, das goldene Berge versprach, in Gang zu bringen. Ramsbecks große Zeit hob an. Schon im Winter 1853 begann man zu bauen, Arbeiterhäuser zuerst, nein, ganze Arbeiterdörfer, Aufbereitungsstellen, Industrie- und Förderanlagen, Ställe, Magazine und was es dergleichen mehr gibt. Ganze Heere geworbener Arbeiter und Bergleute strömten aus dem Harz, aus Sachsen heran, die in der Tiefe des uralten Bastenberges und des gegenüber liegenden Dörnberges nach Erz schürfen sollten. Die Aktionäre, dies war wohl das Bedenklichste, wurden mit immer glänzenderen Schilderungen zu neuen Geldbewilligungen ermuntert. – Aber an diesem Punkt tritt erneut Ungewißheit auf. Stand es nicht wirklich zu erwarten, daß sich der gewaltige Aufwand des Projet général lohnen würde? Vielleicht – wenigstens anfangs. Waren die Erzproben nicht gut? Die Erzvorkommen nicht reich? Kein Zweifel! Gewiß, einige Mittel sind in die Hand de Sasseneys und seiner Mithelfer geflossen. Andererseits verzichtete er höchst generös auf Gewinne, die ihm ohne weiteres hätten zufallen können. Ließ de Sasseney das Unternehmen treiben, wurde er plötzlich aus unerklärlichem Grund gleichgültig, übersah er nicht, was er tat, war er ein Scharlatan, der sich allenfalls auf die Finanzierung, nicht aber auf die Durchführung verstand? Oder war das Projet général von vornherein auf Täuschung angelegt? Es läßt sich heute nicht mehr klären.

Ein fast grotesker Karneval hob in den sauerländischen Bergen an, verursacht durch mangelnde Aufsicht, Schlendrian, pflichtvergessene Vorgesetzte und eine ganze Flut fragwürdiger Methoden.

Vielleicht war alles groß gemeint, aber nicht gekonnt! Wer die Namen schiffbrüchiger Kavaliere von Stand liest, die hier ein Unterkommen fanden, die Namen von Beust, von Kotsch, von Dücker – allesamt Busenfreunde des Marquis oder Aufsichtsratsangehöriger –, ist kaum im Zweifel, warum das Unternehmen nicht gedeihen konnte. Es fehlte einfach an Sachkenntnis. Der Herr von Beust, mit der Aufsicht beauftragt, unterstellte die Administration einem angeblichen Spanier, der in Wirklichkeit Moses Löwenstein hieß, aus Ostpreußen stammte und steckbrieflich gesucht war. Er blieb nicht lange, aber er fand genügend Zeit sich zu bereichern.

Schon im Sommer 1854 besaß Ramsbeck eine große Reihe bergbaulicher Verwaltungszweige, Hütten, Gruben, Baubetriebe, dazu Magazine und Ställe mit Hunderten von Pferden, denen Ober- und Unterstallmeister vorstanden. Es kamen mechanische Werkstätten, Schreinerei, Sattlerei, Hufschmiede und anderes mehr hinzu. Ein volles Leben, das in großen Zügen zu pulsieren schien, ohne doch Frucht zu tragen. Da gab es ein Zentralmagazin, dem ein gewisser Hadson-Cortes vorstand, dessen Frau aus Kummer gestorben war, weil er sein Geld im Spiel und mit Wetten durchbrachte. Jetzt sorgte er dafür, daß das Geld auf andere Weise in Umlauf kam. Es gab einige Magazine, in denen auf Vorschuß oder auf bloßes Namenszeichen hin alles zu haben war, was man begehrte. Längst befanden sich die Wege in einem unmöglichen Zustand. Arbeiterwohnungen erwiesen sich als unbeziehbar, so schlecht waren sie gebaut. Hekatomben von Zugtieren standen unbeschäftigt in den Ställen;

ihr Unterhalt kostete jeden Monat ein Vermögen. Dagegen wurde kaum Erz gefördert, nicht einmal so viel, um elende vier Pochwerke und zwei Hochöfen zu speisen. Die Beamten, sogar die brabantischen Fuhrknechte in ihren schwarzen Jacken und roten Binden aber trieben sich in den Kneipen herum; der Sekt floß in Strömen. Die Stimmung sank nicht! Man hatte ein Musikkorps von vierundzwanzig Mann engagiert, dessen Kapellmeister eine Uniform mit goldenen Epauletten und Tressen trug; jeden Samstag war Konzert und Ball.

Der Höhepunkt dieser tollen Zeit kam, als Mitte August des Jahres 1854 der Verwaltungsrat der Gesellschaft de Sasseneys eine Reise nach Ramsbeck zu machen beschloß – wohl von vornherein in der Absicht, Material für einen günstigen Bericht zu sammeln, der den Aktionären erneut Geld aus der Tasche locken sollte. Wie hätte er sonst die unpassierbaren Wege, die halbzerfallenen Häuser des Arbeiterdorfes Andreasberg, den miserablen Zustand der Erzhütten nicht merken sollen? Es wurde ein Fest triumphaler Hochstapelei, zu dem die Damen ihre Kammermädchen, die Herren ihre Jagdhunde mitbrachten. Es harrte ihrer ein Empfang ohnegleichen. Triumphbögen mit Blumen und Bändern, Deputationen, Musikbanden säumten den Weg der nach Ramsbeck einziehenden Gäste, und lauter Jubel scholl ihnen entgegen. Abends war Cour im Direktionsgebäude; die höheren Beamten hatten in Frack und weißer Binde zu erscheinen. Am folgenden Tag wurden die Gäste im Arbeiterdorf Andreasberg von Geschützsalven und jubilierenden Menschen empfangen, wofür es freilich eine hübsche Erläuterung gibt, die eigentlich alles besagt. In einer Baurechnung nämlich figuriert auch ein Posten von vierhundert Talern für das ›Hurrah-Rufen‹ von ebenso vielen Arbeitern.

1855 brach das Unternehmen von heute auf morgen zusammen. Die Gesellschaft mußte den bestürzten Gläubigern und Aktionären ihre Insolvenz erklären. Nur mit äußersten neuen Opfern konnte sie gehalten werden, damit nicht ihr ganzes Vermögen verlorenging. Der Verwaltungsrat trat zurück; der Marquis de Sasseney aber ... er verschwand einfach. Man weiß nicht mehr viel von ihm. Nur daß er in Neapel auftauchte und dort in der ersten Gesellschaft gute Figur machte. Vielleicht hatte er das Unternehmen wirklich nur am verkehrten Ende aufgezäumt?

Etwas von der Aufbruchsstimmung, die jene Epoche wenigstens zu Anfang beseelt haben muß, durchbebt den Ort Ramsbeck noch immer. Ein geschlossenes Gemeinwesen ist er nicht geworden, aber es wachsen auch keine Schlote in den Himmel. Vom Bergbau sieht man eigentlich nichts als einige Halden

Erstaunlich genug, daß er sich nicht lauter bemerkbar macht, er dauert hier schon seit Jahrtausenden an; wenn man es genau will, seit rund dreitausendfünfhundert Jahren.

VENETIANERSTOLLEN

Im mächtigen Bastenberg, der des de Sasseney hochfliegende Pläne vielleicht nicht enttäuscht hätte, wäre hier wirklich geschürft worden, hoch in diesem Berg, dessen Sockel den halben Ort Ramsbeck zu sich emporhebt, mündet der sogenannte Venetianerstollen. Er stammt aus Urzeiten, das steht fest. Es hat folgende Bewandtnis mit ihm.

Als kluge Männer auf den Gedanken kamen, diesen Stollen, mit dem örtliche Sagen verbunden sind, ein wenig zu untersuchen, erwies sich, daß der älteste Teil, der sogenannte Firststollen des hoch im Berg mündenden Gangsystem, an seiner geräumigsten Stelle nicht einmal einen Meter hoch war.

Es gibt dafür nur eine Erklärung: die Bergleute, die in Vorzeiten das Blei- und Zinkerz ans Tageslicht transportierten, müssen zwergenhaft klein gewesen sein. Nun zeigen sich zwischen den Stollenbauten von Hallstatt und denen von Ramsbeck überraschende zeitliche Ähnlichkeiten, zudem ist eine andere Datierung auch aus weiteren Gründen ausgeschlossen. Die erste Betriebsperiode der von zwergenhaften Bergleuten ausgebeuteten Erzgruben von Ramsbeck fällt also in die Zeit um rund 1500 vor Christus.

Wo diese überaus kleinen Bergleute herkamen? Es scheinen die von Herodot mit dem Namen Veneter belegten Illyrier aus den Ostalpen gewesen zu sein, die auch in Schlesien und in den Sudeten als ›Venediger‹ Bergmannsdienste taten – Menschen einer zwergenhaften Frührasse, die schon in der mittleren Steinzeit entlang der Alpen in Höhlen und runden Lehmhütten hausten.

Fraglos, daß unter diesen Kleinen wiederum die Kleinsten den engen Stollengang der bronzezeitlichen Erzausbeute im Bastenberg befuhren. Sie müssen von den derzeitigen Gebietern West-, Mittel- und Ostdeutschlands aus den Alpen, dem Balkan, den Karpaten herbeigeholt sein. Es sind die Zwerge der Märchen, natürlich, in denen ihr Wesen als ein wenig mürrisch beschrieben wird, aber auch als fleißig und sparsam, als verschlagen, gütig und hilfsbereit.

Kunstreiche Zwerge sind es ja auch, die in den nordischen Mythen für Götter und Könige Fahrzeuge, Waffen und Trinkgefäße schmieden und formen. Wo die kleinen Fremdlinge aus dem Süden mit dem Versiegen der Erzvorkommen oder dem Erlöschen der hohen bronzezeitlichen Metallkultur blieben – wer weiß? Im Gedächtnis der Menschen zumindest haben sie ihre Heimstatt behalten und sind in Sage und Märchen hinübergegangen. Auch ihre Fähigkeit, sich unsichtbar machen zu können, dürfte echte Wurzeln haben, lebten sie doch zugleich in ihren Schächten, in denen sie ihrer Arbeit nachgingen. Bei Verfolgung werden sie hier unauffindbar verschwunden sein.

Ein ganzes Kapitel verschollener Menschheitsgeschichte spricht aus dem kargen Erdmund, der oben im Berg zwischen Baumknubben und Laub in die Tiefe führt...

Mein Atem ging schwer von dem steilen Anstieg, aber der Rückblick in die Jahrtausende und die freie, vom Wind umrauschte Höhe über dem engen Tal machten die Anstrengung wett.

›WASSER STÜRZT UNS ZU VERSCHLINGEN‹

Talsperren, ich weiß nicht wie, haben mir immer Beklemmung gemacht. Dabei verkenne ich ihr Profitliches, Amüsierliches keineswegs. Aber wenn man so dem törichten Vorurteil anhängt, Wasser und Erde, das vermähle, durchdringe sich einem Mysterium ähnlich, bis uns endlich der zutage tretende Born beglückt, der Quellnymphen geheiligter Aufenthalt – wenn man von solchen Atavismen beherrscht wird, kann man Kanal und Stau wohl nur als der Ingenieure Leistung bewundern. Wasser ist eben nicht Wasser. Im Eisentank wird der Trunk, eben noch der Quelle Gnadengeschenk, zur Flüssigkeit.

Dergleichen haftet für mich, auf ihre Weise, auch den Talsperren an. Ich gestehe es eher mit Bedauern. Denn ich habe mich über des Sauerlandes Seenspiegel freuen gelernt. Da kommt man zwischen Bergen entlang, plötzlich ein See, wieder einer, noch einer. Es müssen nicht immer große sein. Einmal sah ich sie wie Becken an einer Straße aufgereiht. Da, schien es, zapfte jedes Fabriklein die Naturkraft an.

Das Sauerland, man weiß es, ist der Talsperren klassisches Land. Der Möhnesee ist einer unter den vielen, eingebettet in Höhen, angestaut durch eine mächtige Sperrmauer, die noch im Kaiserreich entstand. Ein Werk der Technik, ein Segen des Landes, denn das Wasser des Möhnesees wird noch im Ruhrrevier gebraucht. Zwischen den Bergen und Wäldern liegt der See samt Gast- und Rasthäusern, mit Booten und Segelschiffchen an seinen Ufern, so friedlich wie für die Ewigkeit angelegt. Wie alle Stauseen nimmt er sich allerdings etwas streng aus. Das macht, es fehlt seinem Ufer, wenigstens in Nähe der Staumauer, an Spuren glättender, verwandelnder Menschenhände. Aber nach Osten besitzt er auch das.

»Warum wollen Sie«, schrieb mir jemand, den ich um Auskünfte anging, »nicht bei der schönen Landschaft bleiben, warum ziehen Sie jenes Ereignis ans Licht?« Jenes Ereignis ist die Katastrophe vom Mai 1943 ... Doch gleich davon.

Warum ich darüber rede? Weil mich's immer wie eine potenzierte Gefahr berührt, wenn ich an einer Staumauer hinauf- oder hinunterschaue, und zudem, ich glaube, daß über Landschaften zu schreiben den Sinn einer Chronik nachvollziehen bedeutet? Geschehnis und Erde in Einklang bringen und nachsehen, ob da nicht doch gewisse Beziehungen zwischen beiden bestehen, nachprüfen, ob des Gottes Fuß im Erdboden nicht Abdrücke hinterließ.

In welchem englischen Gehirn im letzten Krieg zuerst der Gedanke aufkam, man könne die Staumauer des Sees mittels eines geschickten Treffers sprengen und durch die ausströmende Wasserflut Tod, Verderben oder wenigstens Verwüstung bis in das Industrierevier schikken, weiß ich nicht. Wer mag das wissen! Jedenfalls ist das Unternehmen gelungen. Es geschah um die Stunde, als in den Tälern unterhalb des Sees alles zu Hause war und schlief, da man ländlich wohnte und sich sicher glaubte. Die Kinder lagen in ihren Betten; es gab ohnehin viele Nächte, in denen man auf sein mußte, weil Alarm kam. In den Ställen ruhte wiederkäuend das Vieh.

Ich weiß nicht, ob das ganz richtig ist, wie ich es erzähle. Man hat mir das so geschildert, und ich versuchte, mir daran so wenig wie möglich auszumalen. Es ist auch gleichgültig, wenn dies oder jenes sich etwas anders zutrug. Es kommt auf dasselbe hinaus.

Ich habe in dem kleinen, vorzüglichen Museum von Schwerte auf Photos die Gesichter der Flieger gesehen, die an dem Unternehmen teilnahmen; es gibt Aufnahmen davon, wie sie ihre Lancaster-Maschinen besteigen, und es gibt Aufnahmen, wie die Heimgekommenen – ihrer sechsundfünfzig waren gefallen – von ihrem König beglückwünscht wurden. Die Gesichter waren sehr gut. Man hatte ausgewählte Burschen genommen, ausschließlich Offiziere, die das Unternehmen auf schottischen Seen einstudieren mußten: in achtzehn Meter Höhe die Mauer genau anzufliegen und bei einem gewissen Vorhaltemaß die ›Rollbombe‹, eine besonders konstruierte, vor dem Abwurf in Rotation versetzte, quer aufgehängte Sprengmine, auszulösen, die durch ihre Drehbewegung über die vor der Mauer angebrachten Torpedonetze hinwegspringen sollte. Durch Fernaufklärer, die täglich aus der Höhe photographierten, hatten die Engländer herausgebracht, daß die in Auffüllung begriffene Talsperre in der Nacht zum 17. Mai 1943 die für eine Sprengung günstigste Stauhöhe besaß. Das Wetter war mondhell und auch die anderen Umstände ließen sich günstig an.

Es war Mitternacht vorbei, als acht Maschinen auf die Möhnetalsperre zustießen. Sie flogen so niedrig, daß die Abwehr gar nicht zum Zuge kam. Über dem See lag leichter Dunst. Der Kommandeur der Flieger stieß als erster in den Schwaden hinein; die andern folgten. Man nahm Maß. Dann flogen sie an. Vom Damm schlug ihnen jetzt rasendes Feuer entgegen. Die erste Bombe fiel. Sie richtete nichts aus. Doch war nun das Wasser so unruhig, daß man zehn Minuten warten und umherkurven mußte, bis sich der nächste Anflug lohnte. Die zweite Maschine wurde abgeschossen. Nun kamen die dritte, die vierte, die fünfte – es war jene, die der Captain Malthus flog ... und jetzt, als der Angriff wieder vergeblich gewesen schien und es aussah, als müßten sich die Maschinen erneut mit ihren Bordwaffen auf die deutsche Luftabwehr stürzen, um sie von der attackierenden Maschine abzulenken, jetzt brauchten sie nicht mehr die Schrecken der stiebenden Geschosse zu säen, ein größerer begann; die Mauer gab nach. Es war kurz vor ein Uhr nachts. Die Dammkrone war geborsten. Das Wasser schoß bereits mit Urgewalt, erweiterte sich nun sein Loch, bis das Leck schließlich fünfundsiebzig Meter breit und achtzehn Meter tief war. Die Katastrophe hatte begonnen. Das Wasser stürzte in den Grund, wo es den gewachsenen, felsigen Boden unterhalb der Mauer in Haustiefe auskolkte, ehe es als eine Flutwelle von zwölf Metern Höhe davonraste.

Mit dem, was das Wasser an seinem Wege fand, machte es kurzen Prozeß. Auf einer Strecke von hundert Kilometern hat es alles liquidiert – Wälder, Häuser, Brücken. Man muß es sich gar nicht erst ausmalen, wie es war, als plötzlich die Hauswände über Mensch und Vieh zusammenbrachen und die kaum aus dem Schlaf Geweckten zwischen einem Wirbel von gurgelndem Wasser und stürzendem Mauerwerk versanken. Ich habe nicht genau erfahren können, wieviel Menschen dabei umkamen. Die Statistik zählt neunhundertzehn. Vielleicht sind die Zahlen auch unwesentlich. Aber ich habe allenthalben daran gedacht, als ich durch das Tal auf die Staumauer zuschritt, die sich droben erhebt, längst wieder hergerichtet und ohne eine Spur dessen zu zeigen, was sich in jener Schreckensnacht zugetragen hat.

Auch als ich über die Straße auf der Staumauer entlang schritt und einen Blick in die Tiefe wagte, über die einige friedliche Tauben und hastige Bachstelzen hineilten, blieb es so. Es haftet für mich dem Bauwerk seitdem etwas Makabres an. Darüber bringt auch nicht hinweg, daß sich niedrige Landhäuser, farbige, lichte Punkte in der Strenge der Landschaft, an den Hängen der Seeufer angesiedelt haben.

Stromab der Staumauer liegt über dem Tal Himmelspforten, ein ehemaliges Zisterzienser-Nonnenkloster, das damals in den Fluten versank; der Pfarrer der Kirche, Berkenkopf geheißen, dieser Brave kam dabei um, als er das Allerheiligste retten wollte. Himmelspforten, sehr passend!

Über dem See aber, abseits der Straße und heute eingezwängt zwischen Hinterhöfchen, Gärten und Taglöhnerhäuschen eines Gutsfleckens, verbirgt sich die zwölfeckige, also fast rund zu nennende Kapelle von Drüggelte, behäuptet durch ein kegelförmiges Dach, auf dem oben ein Türmchen für das Glöcklein sitzt. Tritt man durch den höhlenartigen Zugang ins Innere, dessen Durchmesser nach jeder Richtung gute elf Meter besitzt, steht man mit wenigen Schritten inmitten eines romanischen Säulenkranzes und genau unter dem Türmchen, in das man durch ein Loch hinaufschauen kann. Auch ein Seil ist da, um das Glöcklein in Bewegung zu setzen.

Man kann nicht sagen, daß Drüggelte ein Erlebnis sei; dazu ist es viel zu bedeutungslos. Aber es wirkt mit seinem Innern, in dem man die Grabeskirche oder den Felsendom in Jerusalem hat nachbilden wollen – das Ganze eine Sühnestiftung der Grafen von Arnsberg –, wie eine Klause inmitten großräumiger Landschaft.

Drüggelte ist eine Kleinigkeit, aber eine köstliche. Man muß es bei Hitze erleben, dann wird es mit seinem Eingang zu einer Höhlung ins Kühle. Das Altärchen ist minimal. Da man keine Sakristei besitzt, hängen die Gewänder für die Meßbuben säuberlich an einem Haken hinter dem Altar. In einer Nische zur Rechten stand, halbvoll, ein winziges Glaskrüglein mit Meßwein.

Etwas vom Zauber der Urkirche weht durch diesen Raum. So hat man einmal begonnen, ehe die großen Prachtbauten für die Massen der Gläubigen entstanden.

Drüggelte ist noch Zelle und Keimstätte. Natürlich muß man sich das Ganze nicht umbaut, sondern frei auf der Höhe stehend denken, wie es gewesen ist und wie es gemeint war. Da hat das Kapellchen dann gleich einen anderen Aspekt, da wird das Kirchlein zu einer nahe gegen den Himmel gerückten Klause.

IN SOEST

Wie das so kommt, ich hatte etwas gelesen, das mir gefiel und wollte meinen Weg nehmen, wie er mir in jenem Buche erschienen war, einer Verheißung gleich. Von Drüggelte zog ich also über die Höhen nach Soest hinab.

Es war Mai, Fliedermond und doch grauer Himmel. Da fühlt man sich um eine Freude betrogen.

Auf den Berghängen, die ich hinabschritt, blühte noch nichts. Die Apfelbäume wiesen kaum Knospen. Doch unversehens geschah etwas, das diesen Mangel behob. Die Nebel im Grunde klärten sich; auf das sichtbar gewordene Grün der weiten Ebene war ein heller Fleck gezaubert. Die Sonne brach durch, zirkelte einen Lichtkreis genau auf die Stelle, wo sich dunkle, schlanke Türme mit ihrem schon aus der Ferne erkennbaren Steinfiligran erhoben. Sehr viel langsamer gab sich der mächtige Turm der Patrokli-Kirche preis, die stumpfe Vierecknpyramide des Daches grau-weiß überronnen.

Es dauerte geraume Zeit, bis ich an Ort und Stelle war. Darüber brach schwül und lastend ein feuchtwarmer Sommermorgen herein. Alle Gärten, welche die Stadt durchsetzen – und Soest ist wie gesprenkelt von Gärten, an jedem Haus, in jedem Winkel nisten Blumen und Bäume –, standen in Pracht, Gassen winkelten sich zwischen den Blütenbüschen vor und zurück. Darüber hoben sich Kirchen und wieder Kirchen.

Daß bei diesem Lande so viel von Gotteshäusern die Rede geht, hat seine Gründe. Westfalen ist ein sehr frommes, daher auch ein kirchenreiches Land und dies seit alters. Im religiösen Bereich ist der begnadete, begabte Volksteil, ist der Volksgenius zu Haus. Des Westfalen Gesittung, Sensibilität, Adel und natürlich seine unverbrüchlichen Jenseitshoffnungen wurzeln hier.

Soest wiederum nimmt, und das überwältigt, in den Vergangenheiten dieser Lebensauffassung, was gleichbedeutend mit einem künstlerischen Erbe ist, einen besonderen Platz ein. Trotz der Plünderungen, Autodafés, Ausverkäufen, die sich die Jahrhunderte von Zeit zu Zeit erlauben, finden sich hierzulande noch viele Kunstwerke an jenen Orten, für die sie bestimmt waren. Das erklärt sich einesteils aus der Landbewohner konservativem Sinn, anderenteils aus der großen Zahl an künstlerischen Schöpfungen, die Westfalen einmal besessen haben muß. Wie verheerend ist nicht der Dreißigjährige Krieg über das Land gezogen – vollends über Soest im Schoße der reichen Soester Börde! Da nehme man nur eines der größten Bücher deutscher Sprache zur Hand, des Grimmelshausens ›Simplicissimus›, in dem das schmerzensvolle, mit Verderbnis getränkte Schicksal einer ganzen Epoche in der Gestalt des tumben Simplex gespiegelt wird, der mitfangend, mitgefangen durch die Jahrzehnte des Dreißigjährigen Krieges zog – jenes erstaunlichen ›Immer-anders‹, der, wären wir aufrichtiger, noch heute exemplarische Bedeutung besäße ...

Soest ist eine der Hauptstationen des Buches. Hier hat der kaum herangewachsene Glücksritter sein Debut als ›Jäger von Soest‹ gegeben; von hier aus seine tollen Scharmützel unternommen, seine Requirierungszüge in die Soester Börde gemacht, samt dem Häuflein, das er trotz seiner Jugend kommandierte, angetan mit Schuhen, bei denen der Absatz vorn saß, damit der Verfolger durch die Spur irregeführt wurde. Natürlich konnte das Wunderbarliche in Zeiten des Massensterbens nicht fehlen, wo man nicht mehr das wirkliche Wunder kennt. So führte er denn auch jenes erstaunliche Instrument mit sich, mit dem er nächtens eine Trompete auf drei Wegstunden blasen hören, ein Pferd auf zwei Stunden wiehern oder der Hunde Bellen und ein Menschenwort auf eine Wegstunde vernehmen konnte. Manchmal denke ich, auf diesen Einfall könnte Grimmelshausen, der Autor, nirgends anders als im Land der fernen Stimmen verfallen sein.

Wieviel Atmosphäre des Soester Landes ist doch in diesem Buch eingefangen! Man greift es richtig mit Händen, welche Anziehungskraft die reiche Gegend für die

Soldateska des Dreißigjährigen Krieges besessen haben muß. Überall liegen rings um die Stadt in üppiger Landschaft reiche Höfe verstreut. Ich kam hindurch, als die Wiesen und Apfelbäume blühten. Da ist es wie eine einzige Berauschung der Erde.

Soest mit seinen auf so engem Raum zusammengedrängten Kirchen liegt im Lande wie es die Maler des Mittelalters gesehen haben – eine Stadt edler Türme. Die Sonne fiel glücklich an diesem Morgen. Mächtig erhob sich nunmehr das vorher kaum sichtbare Westwerk der Patrokli-Kirche in seinem schönen, grünen Mergel gegen den klar gewordenen Himmel. Ringsum schwoll das Morgenleben der Stadt. Der Markt quoll über von frischen Blumen, Nelken, Tulpen, Narzissen. Vom Fleischerstand leuchtete es blutigrot, gelb von den Käsebänken, grün von den Auslagen der Gärtner; allenthalben piepte und schnatterte flaumiges Federvieh.

In den Kirchen aber war es kühl, gesättigt von Stille. Noch präsentierte sich Maria zur Wiese, diese höchste, luftigste und vollkommenste, diese lichteste aller gotischen Hallenkirchen, in ihrem hohen Gewölbegezelt erst halb hergerichtet. Wenngleich der Aufbau zu Ende war, vermißte man sehr den veredelnden Anstrich. In einem der Fenster sah ich die westfälische Abendmahlsdarstellung, auf der Schweinskopf, Pumpernickel und Altbier die Tafel des Herrn und seiner Jünger zieren.

Der freundliche Küster gab preis, daß wandernde Gesellen in ihrer Heimat früher über den Inhalt dieses Glasbildes examiniert wurden, um solcherart zu belegen, daß sie wirklich in Soest gewesen. Anekdötchen! Auf einer Predella mit kleinen Figuren, dem ältesten Stück westfälischer Tafelmalerei vor dem großen Konrad von Soest, Christus als Gärtner darstellend, hob sich der Sippenaltar von 1473. In einer anderen Ecke der Kirche die Ährenmadonna des gleichen unbekannten Meisters. Kleine Kostbarkeiten standen viele herum, Figuren von gotischen Zeiten an, so zahlreich nur noch selten in Kirchen zu finden. Auch war ein gesticktes, großes Altartuch da, dazu ein Alabasterbildnis, das die Heilige Dreieinigkeit darstellte, sehr zart gefaßt; es war in England gefertigt und belegte somit den reichen Handel, der Soest einmal wohlhabend gemacht hat.

Dennoch, es wollte mir nicht gelingen, mit den Bildern in ein Gespräch zu kommen. Der Küster, anfangs allzu beflissen mit seiner Auskunft, geriet jetzt ins Fragen. Eine Schulklasse strömte herein, begleitet von einem kraushaarigen Lehrer und andächtigen Nönnchen in Flügelhauben. Die Finger der Knaben, hierhin und dorthin tastend, stießen Löcher in die zarten Gespinste des Atmosphärischen, die sich bei mir trotz des eifrigen Küsters eben zu weben begannen.

Dann begab sich einer jener freundlichen Zufälle, für die man auf Reisen dankbar ist. Draußen stand warme Schwüle; die Sonne meinte es gut. Kaum war ich aus der Tür, begierig die Lage der sogenannten ›Hohnekirche‹, Maria zur Höhe, zu erfragen, als ein Mann auf mich zutrat und fast vorwurfsvoll auf mich einzureden begann, käme ich aus der Wiesenkirche, müßte ich auch die seine, eben die Hohnekirche besuchen. Seine Frau, die den Schlüssel hüte, wohne im Gäßchen um die Ecke Nr. 4. Der Küster also, der auf seine Art Kundenwerbung betrieb.

Ich nahm es als einen Hinweis, den mir der Himmel schenkte, und war schnell bei dem kleinen Bau, über dessen seitlichen Haupteingang ein schönes Tympanon prangt, Christi Geburt, Tod und Auferstehung. Über dem Kreuzesbalken von Golgatha weinten Sonne und Mond. Es war ein köstliches, altes Werk; köstlich war auch die Kirche mit ihrem Chor, der mit einer ganzen Hierarchie himmlischer Gestalten ausgemalt ist, frühesten Wandmalereien auf westfälischem Boden im byzantinischen Geist des 13. Jahrhunderts. Schwer und geheimnisvoll nahm sich die Ecke des Taufkapellchens aus, das man durch drei über Eck gebaute, niedrige Säulen betritt, von denen die rechte, der Vierungspfeiler, gleichsam nach unten niedertropfend, in der Luft hängen bleibt.

In dieser Kirche war mir alles gewogen. Die Küstersfrau schloß die Tür hinter sich, ließ mich allein. Nichts störte. Auge in Auge saß ich mit einer Altartafel, zu der es mich lange hingezogen hatte, einem mächtigen ›Christus-im-Gedräng‹-Bild, das einige Forscher dem Liesborner Meister zuschreiben. Die Jahrhunderte hatten es nicht angetastet, vielmehr schien es in den reichen Farbenschüben noch gereift, ähnlich wie Wein – ein leuchtender Moment hoher, nobler Kunst. Nicht einmal in den Gesichtern der Henkersknechte prägte sich jener übliche, naturalistisch-groteske Ausdruck aus, vielmehr schienen selbst die Schergen an der allgemeinen Trauer teilzuhaben, als seien sie nur Getriebene und Handlanger beim dämonischen Werk, das der Widersacher des Guten angestiftet hatte. So war es eine Schöpfung aus dem Geist tiefer Einsicht.

Nur einmal hat Soest, das voll köstlicher Reichtümer steckt, einen ähnlich hohen Augenblick. In der bescheidenen Nikolaus-Kapelle steht des großen Konrad von Soest Bildtafel mit dem thronenden Nikolaus. Leider, der kleine, nüchterne Bau war verschlossen. Doch öffnete sich durch eine Gittertür ein Blick auf das Bildwerk links und rechts einer verdeckenden Säule. Den thronenden Heiligen zwar erblickte ich nicht, aber die flankierenden Heiligengestalten, ganz lauter in ihrer Haltung und Geste, wie es schien, angerührt von jenem Hauche der Begnadung, der in diesem Lande zuweilen den Geist bäuerlich-einfacher Menschen befällt.

Soest ist eine der Städte, die das besitzen, was man nur wenigen nachsagen kann – es übt magnetische Kraft aus. Man muß, das hilft nichts und wird sofort empfunden, wiederkehren.

Auch die Soester Umgebung hat viel Anziehendes. Übrigens, sie vermittelt sehr deutliche Vorstellungen von der geographischen Gliederung der westfälischen Mitte. Kommt man von Süden, vom Haarstrang, betritt man zuerst die Börde. Wandert man weiter nach Norden, folgt über eine kleine Erdwelle hinweg das Lippetal. Alles ganz klar und übersichtlich: Senke, Schwelle, Tal, wie ein leichtes Atmen empfunden. Freilich mochte das auch der Maitag tun. Im Nahen und Fernen blühte es, Burghäuser und Bauernhöfe lagen im Überschwang der Apfelgärten. Die Wiesen waren gelb gesprenkelt von den Sternen des Löwenzahnes und lila-weiß überhaucht von den Schleiern des Wiesenschaumkrautes.

MIT DEN AUGEN DER MALER

Ob dieses Land nicht doch Begabungen besitzt, von denen man bislang zu wenig Kenntnis genommen hat? ›Westfalia non cantat‹ – nun gut, so fehlt es denn an der Töne Meister; aber wie steht's in des Sichtbaren Bereich?

Iserlohn, das die Heimat der Schmieden und Pochhämmer ist und schon im Mittelalter seiner Ringelpanzer wegen landauf und landab bei der Ritterschaft berühmt war – eine Stadt, die man fast eine Waldstadt nennen möchte, so innig verschwistert sich der andrängende Wald ihren Gärten, Iserlohn beispielsweise besitzt eine Stadtkirche und eine Bauernkirche. In der ersten, die aus der Spätgotik stammt, hängen die gemalten Flügel eines Schnitzaltares von 1420. Der Künstler, der sie geschaffen hat, wird nach diesem Werk ›Meister von Iserlohn‹ benannt. Es sind Verkündigung, Geburt, Darstellung, Kindermord, sodann Beschneidung, Anbetung, Flucht und Tod Mariens geschildert – novellistisch, flüssig, nahe dem Johann Koerbecke, von dem noch die Rede sein wird, aber doch um einen Grad anders, denn es erwachsen da aus dem Hintergrund Stadtlandschaften, die Kulissen von Türmen, Mauern und Kirchen, wie wir sie aus flandrischen Darstellungen der Zeit kennen.

Doch das war es nicht, was mich beschäftigte. Es ging mir nicht um Beziehung und Abhängigkeiten. Vielmehr, wird hier nicht mit den Mitteln der Malerei der Raum des Sichtbaren ausgelotet, ist es hier nicht um eine Bemächtigung der Wirklichkeit zu tun, die ja Westfalens große Dichtung, diese ganz nach innen gewandte Schau, nur am Rande leistet?

Von der Psychologie, von der Sensibilität des Meisters von Liesborn ist der von Iserlohn weit entfernt. Aber was findet da nicht alles statt! Während das Elternpaar mit dem Jesuskind fliehend hinter einem Berg entschwindet, reitet eine Kavalkade von Gewappneten herbei, voran der König Herodes mit fünfzackiger Krone; neben ihm der Begleiter mit roter Haube. Der Bauer im Feld läßt vom Mähen ab, lüftet den Hut; Mariens Weisung getreu antwortet er auf des Herodes Frage, ob Flüchtende vorüber gekommen seien: »Ja, als wir das Korn säten« – das Korn ist, so will es die Legende, über Nacht gewachsen. Wie deutlich ist das alles erzählt. Oder die Darstellung im Tempel, durch dessen geöffnete Tür der Blick ins Innere städtischer Straßenzüge fällt. Welch ein entzückender, auf Kufen stehender Stollenschrank auf dem Verkündigungsbild. Überall sind es die gegenständlichen Dinge, die hier in flüssigem Vortrag einen ganz neuen, eigenen Zauber erhalten. Sie fangen an mitzuspielen auf der Bühne göttlichen Geschehens. Welche Rolle fällt nicht dem kleinen Taubenpaar auf der Darstellung im Tempel zu! Oder beim Tode Mariens – einer hält das Räucherfaß dem lodernden Kamin entgegen, um ein Stück Glut aufzulegen. Die Greifzange in seiner Hand macht es deutlich. Schon aber streckt sich eine andere Hand hinter ihm her; es ist zu Ende, es hat keinen Sinn mehr.

Die Farbgebung hat die Festlichkeit, die sie bei Konrad von Soest und dem Liesborner Meister besaß, abgelegt. Sie ist vielfältig geworden, ohne üppig zu sein. Ein sonorer Grundklang wird geliebt; ein lichtes Blau leuchtet auf. Wenn es angeht, ragen vor dem Horizont schlanke Bäume mit eleganten Kronen auf. Welche Art Bäume es sein sollen, weiß man nicht recht, aber es sind doch sehr deutliche Baumindividualitäten. Es wird etwas mit ihnen gewollt. Sie gleichen Noten, mittels deren die Melodie der Erzählung auf- und abschwillt.

Als ich von Iserlohn nach Westen zog, ging ich eine Straße der Qual. Lastwagen schepperten an mir vorbei, Personenautos jagten einander. Fabriken folgten sich. Rechts öffnete sich eine riesige Wunde im Berg, ein Kalksteinbruch. Die Dechenhöhle, Letmathe folgten. Rundgeschnittene Akazien mit kleinen Schöpfen standen an des Ortes Hauptstraße. Dann schwang der Weg mehrmals hinauf und hinab, es kamen Täler, in denen sich die Schornsteine häuften; die Lenne war erreicht. Von den Bergen strömten Häuser zu einer Stadt zusammen, Hohenlimburg. Von der Berglehne schaute das Schloß herein. Auf den Straßen des Talgrundes stritten sich rangierende Werksbahnen, Trams und Autokolonnen um den Vorrang. Bis zu den grauen Vorstadtstraßen von Hagen ging das so, das eine der Wiegen der Industrie ist. Um die riesige Schienensteppe des Bahnhofes wurden Häuser und Bäume schwarz. Im Stahlwerk rechts flammten die Feuer.

Freilich, man vermag Hagen auch anders zu sehen! Einmal kam ich an einem Frühlingstag von Westen in die Stadt. In herabwallenden Schrebergärten zur Rechten schimmerte das junge Laubgeschmeide der Stachelbeeren. Ein Mann kletterte mühselig über Grashang und Felsblock empor, so steil war es. Oben am Berg zeigte sich zart getönt ein Mischholz aus Birken und Salweiden. Durch kleine Gartenpfade stieg ich hinan; die Luft erbebte vom Summen der Bienen. Oder war es mütterlicher, einlullender Schlafgesang, mit dem der Frühling seine ersten Kinder vor allzu frühem Erwachen bewahren wollte? Auf dem Kalender stand immer noch März, aber über dem Sonnenhang lastete schwer die Wärme. Auf den Straßen bot man schon Tulpen und Narzissen feil.

Draußen in Haspe, einem Vorort von Hagen, liegt das Harkortenhaus, ein Bürgerhaus des ausgehenden Barock, in dem später einer der Industriepioniere zur Welt kam. Da sieht man, was hier an Kultur des Hausens und Lebens verschüttet wurde! Es ist ein Haus, das höchst respektabel die Gesetztheit der Schieferbauten mit des Rokokos Anmut verbindet, das heißt also, flächiges Dunkelgrau und das entzückende Weiß der Türflächen und Supraporten, soignierte Zurückhaltung und graziöse Einfälle. Man meint fast, dergleichen gehöre nicht in die ernste Arbeitswelt. Doch das ist ein Irrtum.

DIE MECHANISCHE WERKSTÄTTE HARKORT
AUF DER BURG IN WETTER

Gemälde um 1834
von Alfred Rethel
Privatbesitz Duisburg

Was mich in Hagen besonders anrührte, war ja abermals des Auges Welt, war das Osthausmuseum.

Es hängen hier vor allem die Bilder des Christian Rohlfs, dessen Wahlheimat Hagen gewesen ist. Sein Werk ist eine einzige Hymne auf das Vegetative und Sichtbare – unerhört delikat, eine Malerei wie auf Seide, Ton aus Ton filternd, der selbst die gewagtesten Farbübergänge so gut gelingen, daß man im Entlegenen dieser Farbklänge sofort das Einmalige vernimmt.

Karl Ernst Osthaus, ein Gelehrter, der dieses Museum zusammengebracht hat – das Porträt mit dem feinen skeptisch-spekulativen Kopf hängt in der Eingangshalle –, ist der Begründer dieser Sammlung, die später ein kleines Stück westfälischer Kulturgeschichte bedeuten sollte. Auf sie nämlich geht der Gedanke des Folkwang-Museums zurück, das heute in Essen zu finden ist.

FELSENMEER

Über alle Höhen des Sauerlandes klettern Wege, Steige, Saumpfade von einem Tal zum andern, Kurven gleichsam, die durch den Himmel führen. Das gibt dem Lande seine Beschwingtheit. Man kann auf ihnen endlos durch Wälder wandern, bergauf und -ab, wie es kommt. Einen der schönsten ging ich über Sundwig ins Hönnetal; mit einem Sträßchen begann es, dann folgte ein Bergpfad, nun der Wald. Geröll hemmte den Fuß. Von schlanken Buchen bestanden lag dort das Felsenmeer – eine jener Naturerscheinungen, die unsere Großväter liebten, weil sich mit ihrem Anblick ein lehrhafter Gewinn verband. Eine Kalksteinhöhle war hier vorzeiten zusammengestürzt. Regen und Wind hatten die Kalksteinfelsen verwittern lassen und in bizarre Gebilde verwandelt. Fiel die Sonne durch's Laub, malte sie helle Kringel auf das graue Gestein, das dann gescheckt wie eines Leoparden Fell aussah.

ÜBERGÄNGE: HOHENSYBURG

Fährt man auf der Straße von Hagen nach Dortmund, so quert man vor Herdecke die Ruhr, den Kernfluß des Landes, das sich das Industrierevier nennt. Streng und hoch liegt eine ehemalige Sachsenbefestigung über ihr, früher Sigiburg genannt, 775 von Karl dem Großen erobert, im 13. Jahrhundert zerstört, heute Hohensyburg geheißen. Der Blick, den man von hier aus hat, ist auch ohne die Lieblichkeit, welche die Romantiker des vorigen Jahrhunderts ihren Panoramen gern beilegten, berückend. Trotz der Schlammfelder, die die stille Schönheit des Hengsteysees zunichte machen, trotz der über den Berg wandernden Überlandleitungen – die Aussicht von hier oben läßt all das Kleinliche und das Kleine vergessen. Sie ist voll jener Unendlichkeit, die nur der Endlichkeit des Irdischen eigen ist. Im Grunde windet sich die Lenne der Ruhr entgegen, und alle Horizonte sind mit den tiefen, tintigen Farben der Berge umzogen. Der Ruhrlandschaft größter Augenblick!

Man begreift, daß sie hier oben Kirchen bauten – die erste hat Papst Leo III. dem heiligen Petrus geweiht, das war 799. Sie mußte einem Bau des 12. Jahrhunderts weichen. Ist man an dieser Stelle dem Himmel nicht näher? Beiseite stehen alte Grabsteine, viele gleich paarweise aus einer einzigen Scheibe von Stein geschlagen; man erkennt nur noch die Engelsköpfe und die Zuversicht tröstender Inschriften. Die Gräber sind längst von Gras überwachsen und eingeebnet. Die Steine mit ihrem Zuspruch blieben. Ich mag das, Denkmäler, die ihr Namentliches verloren haben. Sie erinnern, sie rufen noch immer, hier unter dem großen Frieden des Himmels schlafen Menschen der Ewigkeit entgegen. Wie Schilde stehen sie hier oben, wie Schutzschilde gegen des Ruhrreviers unruhvolle Hast, – jenes Landes, dessen magische Getriebenheit gleich hinter dem Kamm des Berges beginnt ...

Zweites Buch

DIE NACHFAHREN DES PROMETHEUS

oder

IM RUHRGEBIET

Ich schreibe dir, meine Liebste, von der Höhe des Meeres. Du weißt noch nicht, wohin ich ging? Ich bin Matrose geworden auf einem Schiff von Stein. In einer ungeheueren Armada ähnlicher Gefährte, größerer oder kleinerer, dampfen wir dahin. Unsere Masse ist so dicht geschlossen, daß wir keine Bewegung mehr verspüren und von uns höchstens die Toten das Meer sehen, die wir durch Luken nach unten abwerfen. Ich kann gar nicht sagen, welche Hoffnung uns alle beseelt, wenn die Rauchfahnen flattern und die Maschinen stampfen – das Getöse besagt ja, daß wir fahren. Dann ist der Maschinist mit der Ölkanne noch eifriger, noch öfter wirft der Heizer Kohlen in die Feuerung. Wir seufzen, der Schweiß rinnt, aber es macht uns glücklich. Nur weiter! Wohin wir Kurs nehmen, wissen vorerst nur die Admiräle. Jedenfalls heißt es so. Wofür bezahlt man sie sonst?

Ein Land, von Menschen überquellend, in dem man vor Verlassenheit fröstelt. Städte, die weder beginnen noch aufhören. Allenthalben Kanäle, Eisenbahnbrücken, Vorstädte mit Lichtreklamen, deren blitzende Kaskaden auf kahle Baulücken niedersprühen. Wohnstraßen, grau und endlos, steingewordene Hoffnungslosigkeit, durchtost vom Hornissenlärm der Straßenbahnen und dem Schnarchen der Lastwagenmotoren. Hinterhöfe aus schmutzigrotem Backstein, um die sich, Stockwerk auf Stockwerk, von allen Seiten die Brutkammern eines Ameisengeschlechtes drängen. Über allem, an dunstigen Morgen gleich einer Vision zu gewahren, das Werk. Welch ein glorioser Begriff in dieser Region der Arbeit, der nie zu Ende gehenden Pläne und der nie abreißenden Mühen, kurz, des Alltags! Selbstverständlich nur irgendeines der Werke, die in diesem Lande nach Tausenden zählen, eine Zeche, eine chemische Anlage, eine Hütte, Schmiede oder Fabrik, gleichgültig, ob sie einen berühmten Namen trägt oder nicht. Für den Bannkreis der von ihr abhängigen Menschen bleibt sie – verlästert, vergöttert oder hingenommen – schlechthin das Werk, ein Abstraktum, ein Begriff, der das Bewußtsein ebenso beherrscht wie der Fürst des Mittelalters das Denken und Fühlen von Ritter und Lehnsmann.

Ich sagte, man müsse sich dieses Werk gleich einer Erscheinung hinter Bahndamm oder Kanalbrücke vorstellen, möglichst an einem dämmernden Novembermorgen, wenn es die ohnehin karge Natur nicht mehr wagt, mit dem törichten Firlefanz ihres Laubwerks zu stören, und selbst jene Brachäcker, die erstaunlicherweise immer zur Hofhaltung der Industrie gehören, vergilbt sind. Dann steigt das Werk über den jagenden Lichtern der Autostraßen, hinter den dunklen, geduckten Häuserzeilen der Vorstädte oder den Lauben der Schrebergärten, den Klippen der Abraumplätze wie eine Gralsburg aus Nebel und Dunst, geprägt von ragenden Essen, wuchtigen Kühltürmen und kubischen Werkshallen, flammensprühend oder schweigend, immer durch mächtige Ausdehnung gekennzeichnet und fast immer von pathetischen Schwaden umwölkt. Das Werk verstellt alles. Keineswegs nur den Horizont des Auges, sondern, erfüllend oder versagend, auch die Lebenserwartungen, Pläne, Hoffnungen der umwohnenden Menschen, Ziel zahlloser Mühen, Ziel zahlloser Menschenwege, Inbegriff zahlloser Zwecke, vielleicht Selbstzweck. Wer weiß den eigentlichen Sinn der Industrie noch zu erfassen? Man wird mir nicht einreden können, es sei bei ihrer Geburt nicht ebensoviel Spieltrieb am Werke gewesen wie überall, wo Menschen eine Erfindung mit dem Vorwand der Notwendigkeit rechtfertigen. Aber kein Zweifel, unsere Zeit hat einen neuen Mythos geboren; nennt ihn, wie ihr wollt.

Eine Landschaft, die, zum Objekt des technischen Spieles und der Spekulation geworden, ihren Höllensturz hinter sich, ihr Personales, ihr Unverwechselbares eingebüßt und gegen ein zernarbtes Angesicht eingetauscht hat, das wohl eindeutig – ach, allzu eindeutig, nämlich von unendlicher Wiederholung erfüllt ist! Ihr Wesen spiegelt sich, was man auch redet, nicht mehr in ihrer Geschichte, nicht mehr in individuellen Zügen, sondern in bestimmenden Allgemeinformen, welche ›die Stadt‹, ›der Kanal‹, ›die Grube‹, ›der Hafen‹, ›die Vorstadt‹ und ähnlich lauten. Die Revierlandschaft ist anders als jene Landschaften, die das Menschengeschlecht auf seiner Reise durch die Jahrtausende erkundet, durchjagt und durchlitten hat; sie ist ein Ergebnis zweckgebundener Überlegungen. Sie wirft Fragen neuer und eigener Art auf, die sich kaum anderwärts stellen oder gar wiederholen. Aber sie besitzt auch Größe. Bereits im Pionierzeitalter der Industrie, der Anlage nach, in den heutigen Zustand verwandelt, gleicht das Revier einer riesigen Alchemistenküche, erfüllt vom barbarischen Gerümpel aus den Ursprungstagen der Welt von Übermorgen. Zugleich ist es von einem geheimen Zauber durchwaltet, den nur der wirklich versteht, der in seinem Schoß aufwuchs.

Spiele der Kindheit waren es, die das Wissen um jene Magie des Ruhrgebiets in unser Leben brachten. Schon hatte sich die Landschaft in ein Heerlager von Kohlengruben verwandelt. Ein Gartenbeet senkte sich, wurde zu einem Trichter, oder es blies der Wind den Kohlenstaub durch die Türritzen der Höfe und Gutshäuser, neben denen die Fördergerüste aufwuchsen, bis jeder der knirschenden Schritte eine schwarze Spur auf den Dielen zurückließ. Doch das waren Kleinigkeiten. Schlimmer schon, daß der auf- und niedersausende Förderkorb eine neue, eine unerbittliche Gewalt ans Licht brachte, Hof und Gutshaus mußten sterben. – Dies freilich war in den Jahren unserer Kindheit schon eine ferne Legende; eine wildere Zeit hatte begonnen, in welche die Schüsse der Spartakisten peitschten und die Tanks der Besatzungstruppen rasselten. Wir aber, am Nordrande des Revieres aufwachsend, genossen noch immer die Freiheit der westfälischen Weite, deren schwere, lehmige Äcker manchmal von einer niedrigen Feldmark unterbrochen waren, Gruppen von Bergarbeiterhäuschen aus rotdunklem, fast schwarzem Backstein, mit Pfützen von Seifenwasser in den tristen Höfen. Wiesen, Täler, wogende Roggenfelder, die sich über den Landrücken zogen, und dünnstämmige Eichenwäldchen entschädigten uns. Hier trieben wir unsere Spiele, durch die jene Bereitschaft in unser Blut kam, alles im Lichte des Unvergänglichen und Einmaligen zu sehen – gewiß, verfängliche Spiele, mit einem Bodensatz unschuldiger, unwissender Bosheit begonnen und doch Spiele, die uns für Augenblicke in ein hohes, schweigsames Entzücken versetzten, Spiele wie dies.

KNABENLEGENDE

Wie westfälisch das alles war, die Landschaft, der ›Kranke‹, sein hallendes Rufen!

Man schnürte – lautlos, oh lautlos – vom Stadtrand durch Hohlwege zum Landrücken empor, schlich hinunter ins Tal der sieben Quellen und endlich weiter zu einer Scheune, hinter welcher der ›Entrückte‹ Körbe zu flicken pflegte, ein noch junger Mann, – überaus gutmütig, solange er nicht in Erregung geriet. Dieser seltsamer Gesichte fähige Mensch hatte eines Tages vergeblich versucht, vor sich selbst und dem Unheil seiner Epoche nach Amerika zu entfliehen. Natürlich hieß er seitdem in der schadenfrohen Sprache des Dorfes, in dem er daheim war, Kolumbus. Ihn mit diesem Wort an die schmählichste Niederlage seines Lebens zu erinnern, genügte, um ihn außer sich zu bringen, wobei, es sei eingestanden, gewisse Zuckungen der Glieder und ein klagendes Lamentieren für Jungen unseres Alters nicht ohne genießerisch ausgekostete Reize waren ...

»Kolumbus!«

Der Knabe duckte sich tiefer in das Gehölz. Er fühlte sich beinahe geborgen in dem engen Schlupfloch, den das Gezweig seinem schmächtigen Körper gewährte, wenn er sich platt auf den Boden preßte, dornig wie es war.

Er vernahm das bekannte Knacken im Holz. »Komm heraus!« sagte der Mann heiser und versuchte sich in das Dickicht zu drängen. Keine Sorge! Die schwachen Zweiglein der Schlehen, allzu dicht, bildeten einen unbesiegbaren Wall. – Er hatte das arme, durch unbekannte Schrecknisse vorzeitig gealterte Gesicht mit dem vor Erregung verzerrten Mund auf Meters Länge vor sich, als von der anderen Seite des Grundes ein Ruf erscholl, der den Mann sofort einhalten ließ.

»Kolumbus!«

Das waren die anderen. Der Kranke fuhr zurück, zauderte und rannte mit einem verzweifelten Blick auf das Schlehengestrüpp durch die Mitte der Senke, durch Sumpfwiesen, Drainagegräben und Bachlauf der Gegenseite des Tales zu. Sofort war der Knabe aus seinem Versteck geglitten, indem er sich auf den Boden drückte wie eine Schlange.

»Kolumbus!« frohlockte er.

Der Mann, schon in der Mitte des Grundes, warf sich herum, sah die verhaßte Gestalt auf dem Feldrain stehen und wußte nicht mehr, was zu tun war. Er brach in das langgezogene, weit hinaus tönende Klagen aus, das man an gewissen Tagen, wenn Regenwetter bevorstand, bis in die Stadt vernahm.

Dies war der Augenblick, auf den sie warteten. Wenn sich Ratlosigkeit und Verwirrung des Mannes in einem urhaften, singenden Ton entluden, der weder etwas von der vorausgegangenen Erregung noch von der Verstörung des ›Entrückten‹ verriet, sondern da war, ein Ereignis, ein Ton, eine Stimme, erfaßte sie allemal die lustvolle Panik der Brandstifter. – Der Knabe jagte davon. Erst auf dem Scheitel des Feldrückens hielt er an und warf sich zu Boden. Fern im Grunde klagte die Stimme noch immer. Der Knabe fühlte sich auf unbestimmte Weise schuldig, und in der erstaunlichen Inkonsequenz der Jugend warf er seine Empfindung dem Mann im Tale vor: »Wie widerlich er war!«

Dann wurde er still und horchte hinaus in den dunkelnden Abend. Eine Veränderung ging mit seinen Empfindungen vor, unmerklich und unerklärlich zugleich. Er fühlte sich entsühnt, entronnen, der Welt wiedergegeben und zugleich der sehnsuchtsgetränkten Urkraft der Stimme, die wie ein Echo aus verschollenen Tagen dieses Landes, wie ein Ruf aus dem Schoß brauender Nebel, dämmernder Herbste und einsamer, den Stürmen preisgegebener Weite herüberscholl, zutiefst verwandt und verbunden. Hehre Vorstellungen von Heiligkeit und reiner Größe stiegen in ihm auf, wie jedesmal, wenn das ›Spiel‹ so geendet hatte. Dies ist es, auf das alles ankommt!

Denn nun war es so: die klagende, lockende Stimme dauerte an, während ein stürmischer, berauschender Herbstwind ging und der Himmel sich blankgefegt und sternenklar über ihm wölbte. Die Horizonte aber waren gesäumt mit Schnüren, gesprenkelt durch Beete von Lichtern. – Das Wort ›Licht‹ ist nicht sonderlich glücklich; es läßt nur an Helligkeit denken und verrät nichts von dem Maß an Hoffenskraft, das diesen Lichtern der Jugend eigen war. Manche blitzten kalt und klar, manche züngelten rot, wieder andere ergossen sich in glühenden Kaskaden und zerstoben. Zuweilen schlugen auch lodernde Flammen auf, zuckende, blutige Lichtströme aus dem glühenden Herzen dieses unter grauer Asche und ehernen Eisenbahnsträngen, harten Asphaltstraßen und lastenden Häusersteppen stöhnenden, gefesselten Landes. Niemals würde er diesen Anblick vergessen! Wie oft er von der Weite des Meeres oder der Majestät der Berge träumte, wie vorwurfsvoll sich seine Stirn gegen die kalte Stubenscheibe preßte, wenn endloser Herbstregen über das graue Land fiel – dies war und blieb unauslöschlich ...

Stürmt fort, ihr Himmelsrosse vor dem Wagen der Nacht! Unsere Seele rauscht schweren Flügelschlages mit euch über das dunkle Land, aller Erwartungen voll, aller Hoffnungen gewiß, überwältigt, hingerissen von der wundervollen Preisgabe dieser Erde, die sich nur in den Stunden der Finsternis offenbart, wenn sie sich allein glaubt. Stürmt fort, ihr Rosse, über die Städte mit den Millionen von Schlafenden, über die Gruben, Fabriken, Hütten und Walzwerke, über die Straßen, Kanäle und Eisenbahnen mit den Millionen von Schaffenden. Opferrauch ist es, der zu euch emporschwelt. Opferlichter sind es, die zu euch emporleuchten. Opfer wessen? Opfer für wen? Stürmt fort, ihr Rosse, vorüber, ach, vorüber. Antwort ist nie zu finden.

GRUBENFAHRT

Tausend Füße zwischen Wanne und Buer, zehntausend zwischen Dorsten und Witten, hunderttausend zwischen Duisburg und Hamm. Von Schicht zu Schicht. Das Geheimnis der Zahl. Abteiltüren klappen, Straßenbahnbremsen kreischen, Omnibusse halten an. Schattenhafte Gestalten fädeln sich beim schwanken Schein der Laterne in die Strähnen der Menschen ein, die zielstrebig über Aschenplätze und Wasserpfützen auf das Zechentor zurinnen. Junge Gesichter, alte Gesichter.

An dünnen Ketten schnurren die Kleiderbündel in die Höhe. Noch den Selbstretter umgehängt, den Helm aufgestülpt. Fertig! In jacher Fahrt geht es hinab – achthundert, tausend, elfhundert Meter. Im aufblitzenden Schein der Stirnlichter an den Helmen flitzen die Führungsbalken des Förderkorbes vorüber; endlich ein leichtes Schüttern, der Korb hält. Die Sohle.

Noch immer besitze ich sie – Blätter, aus dem verschmutzten Notizbuch eines Hauers gerissen, mit stumpfem Bleistift in fahrigen Zügen beschrieben. Mein Atem ging heftig. Die Grubenbahn, die wir nach langem Hasten erwischt hatten, ratterte unterdes Kilometer um Kilometer dahin; die sargähnlichen Wagen mit glitzernden Kohlen beladen. Zu dritt kauerten wir in einer der leergebliebenen Loren. An einem Ende ein junger Bergassessor, der mir als Führer beigegeben war, und ein alter Hauer, ein langer, dünner Mensch mit einer spöttischen ›Hols-der-Teufel‹-Physiognomie. Sie sprachen endlos. Ich hingegen, ans andere Ende des rollenden Eisensarges auf ein eingeklemmtes Brettstück gehockt, schrieb im Schein einer Stirnlampe unentzifferbare Notizen und versuchte auf diese Weise meiner selber Herr zu bleiben. Die Szenerie war verwirrend und schien mir doch wie ein Wahrbild menschlichen Ringens mit den Schrecken des Dunklen und Unbekannten. Ringsum stand schweigend die Nacht der Tiefe. Dicht über dem Kopf strich ein Bündel von Rohren dahin. Wollte man über des Wagens Rand nach vorne schauen, mußte es vorsichtig wie bei einer Brustwehr geschehen – an der Maschine vorbei ins Ferne, aus dem hin und wieder, gleich einem Hoffnungsgestirn, ein Lämpchen heranglitt. Immer noch rollte der Zug.

Es ging mir seltsam, seit ich wieder in diesem Lande weilte. Stets schien es mir in den Städten, als schritte ich durch ein Feldlager, in dem sich nur noch Fouriere, Frauen, Kinder und alte Leute befanden. Wo weilten jene, die man an ihrem sicheren Schritt und dem festen Blick ihrer Augen erkennt – deren müde Heimkehr tagtäglich Ereignis bedeutet? Ihre Männerwelt aufzusuchen, war ich in die Grube hinabgegangen, und nun fuhr der

Zug, fuhr und fuhr über achthundert Meter tief unter der Erde. Er fuhr eine endlose Zeit, wie mir schien, rollte durch eine Welt unwirklicher Wirklichkeit. Zuweilen huschte der Eingang eines Stollens vorüber, dann eine Nische, und miteins war es wirklich so weit; der Zug ruckte, hielt an. Mein Führer beugte sich an mein Ohr, legte die Hand auf meine Schulter, schrie »Wir sind da« und »Raus!« Schon schwang er sich mit geschicktem Ruck über den Rand des Wagens. Ich tat es ihm nach, so gut ich vermochte. Der Zug ratterte weiter.

Unser Abenteuer konnte beginnen. Abenteuer? Nicht vielmehr schwere Traumesfahrt? Zur Linken ging es lange durch einen Stollen hinab. Mühsam tastete sich der Fuß über Gerümpel voran. Nichts schien hier unten so nebensächlich wie Menschenschritt, Menschenweg. Plötzlich drang ratterndes Gehämmer an unsere Ohren. Es wurde beklemmend warm. Wir waren im Schoß des Berges, waren ›vor Ort‹.

SISYPHOS

Gedenke ich dieses Augenblickes, will es mir scheinen, er habe in einer einzigen, großen Zusammenschau dargeboten, was meiner im Ruhrgebiet wartete: Fron und Wagnis, Anstrengung und Erschöpfung, Staub und Hitze, vermengt mit jenem seltsamen Bewußtsein, in der innersten Herzkammer des von gewaltigen Kräften durchpulsten Landes zu stehen.

Ich will meinen Bericht auf ein einziges Bild beschränken. Es ist wahr, man konnte auf schwierigere Flöze treffen – auf solche von einem halben Meter Dicke. Die Bergleute arbeiteten dort schräg auf der Seite liegend wie in einem Futteral; sie waren gezwungen, dieselbe Stellung beizubehalten, solang sie im Geklüfte steckten. Unser Kohlenflöz hingegen bot eine rühmliche Ausnahme, lag mächtig und dick, weit über mannshoch, eine Schicht, die sich zweihundert Meter breit in leichter Wellung durch das Gebirge zog. Überall standen Männer, sie trieben Preßlufthämmer ins Gewände, brachen und bohrten, bis die Kohle vor ihre Füße polterte. Standen sie wirklich? Hingen oder rutschten sie nicht? Hinter ihnen, wo sich der Wald von Stahlstreben entlangzog, die das Hangende stützen, floß ein unaufhörlich bewegtes Transportband, auf dem die Kohlen davonglitten. Abermals hinter ihnen donnerte eine regelrechte Kanone in einem mit Tüchern und großen Papieren verhängten Teil des ›Strebes‹. Das Mundstück eines dicken, von polterndem Toben erfüllten Rohres, an dem wir eine lange Zeit entlang geschritten waren, mündete hier. Es schoß unter Funken und Blitzen zerkleinertes Gestein, sogenannten ›Versatz‹ in die ausgebeutete Kluft, damit der Berg sich über Tage nicht senken konnte.

Doch was nützt es, das Bild der Tiefe Zug um Zug nachzuschildern? Wer vermöchte sich denn den wabernden Kohlendunst, der den Schein der Lampen in dunkles Rot verwandelt, so greifbar vorzustellen, daß er ihn schwer auf der Lunge spürt? Wer empfindet die Härte der Anstrengung, die den über und über mit Schwärze bedeckten Bergleuten aufgegeben war – wer den Durst, den rinnenden Schweiß, der helle Furchen über ihre Leiber zog? Bilder, ach Bilder! Was besagen sie von der Seele Überdruß, des Herzens Verzagtheit oder der Glieder schwerer Müdigkeit?

Lobet Gott, die ihr im Lichte lebt!

So sind sie also, die Orte, von denen das Schicksal des Ruhrgebietes abhängt – die Fronten sozusagen. Elf solcher ›Strebe‹ gab es auf dieser Schachtanlage, und auf jeder arbeitete sich eine Phalanx von Bergleuten stehend, liegend, kauernd in das Gebirge vorwärts; rund achtzehn Meter im Monat, während im Hintergrund die Strecke schon wieder verblasen wurde.

HEIMGEKEHRT, ABER WOHIN?

Wir standen im Korb, erfaßten die Griffstange, um Halt zu finden, die Gatter schlossen sich; in schütternder Fahrt ging es aufwärts. Lange, lange Zeit. Unversehens umfing uns der helle Tag.

Solcherart der Erde wiedergegeben zu sein, mutet wie eine Begnadung an. Sicherer Boden, welch ein Erlebnis, wenn man aus der Tiefe heraufkommt!

Wie durstig, wie schmutzig wir waren. Nur nach langen Mühen ließ sich die Schwärze entfernen. In den Augenwinkeln hielt sie sich hartnäckig. Als die Zeche endlich hinter mir lag, war es schon Nachmittag. Schön in Kieferwaldungen gebettet, zeigten sich neue Siedlungen von Bergarbeitern. Häuschen nach Häuschen, alle mit Gärten versehen, standen sie in gestaffelter Reihe da; asphaltierte Straßen schwangen hindurch. Zweifellos, dies war fürsorglich gedacht. Man tat, was man konnte! Mein Herz schlug dankbar. Aber was war das? Kränkelndes Grün überall, diese Gärtchen, die nicht recht zum Blühen kommen wollten, dieser von Staub überzogene Kiefernwald! Ob hier im Sommer das Harz duftete? Man hatte getan, was möglich war, dachte ich voll Bitterkeit. Mehr war eben nicht möglich.

Hier hausten sie nun, die Männer, die in der Grube vor Ort standen, der Maschinist, der den Förderkorb bediente, der Hauer mit der ›Hols-der-Teufel‹-Physiognomie – Kaninchenstall und Taubenschlag im Garten, wie es ihre rührende Passion ist. Aus allen Richtungen der Windrose waren sie zusammengekommen. Ob sie damals gewußt hatten, unter welchen Schicksalsstern sie ihr Leben von nun an stellten – der Bauer von einst, der Fabrikarbeiter, der Spinner, der Markthelfer, gleichgültig ob aus Westfalen, dem Rheinland, Schlesien, Polen oder gar aus Italien?

STATT EINER KARTE

Der Wagen glitt die nächtigen Frühlingshänge des Ardeygebirges hinab auf Witten zu. Die Dunkelheit war lauter Samt. Fern in den Gärten, Glück über Glück, hob eine Nachtigall an. Sonst ließ sich im ungeheuren Haus der Finsternis nichts gewahren als unzählige Gestirne des Himmels und unzählige Gestirne der Erde in Häusern, Straßen, Fabriken. Zu anderen Malen kam ich nachts bei Bottrop über den Landrücken, sah ich um die erste Morgenstunde von Stromberg hinaus auf das Lippetal, fuhr ich in lichtschuppigen, langgliedrigen Fernzügen durchs dunkle Revier. Irgendwo schlugen immer Flammen auf und es verschwisterten sich die irdischen Feuer in mitreißender Zuversicht den himmlischen. Welch ein Zauber der Nacht!

»Landschaft des Ruhrgebietes?« sagte mir vor langen Jahren ein Fliegerfreund, der sich mit einer Art Haßliebe herumtrug, ohne doch fortwandern zu können, wie das übrigens vielen Menschen des Revieres so geht – »Landschaft? Sieh es dir einmal von oben an.« Er lachte voll Hohn. »Ein lausiger Pelz von Häusern und Fabriken mit riesigen Mottenflecken dazwischen, eines Bettlers zerlumpter Mantel. Und du redest von Landschaft?«

Dennoch sprach ich davon, bis er mir preisgab, ihn bringe die Vielzahl der Überlandleitungen und Schornsteine, die Thermik und endlich die verzwickte Orientierung in Harnisch. »Zugegeben, man hat dreierlei«, gestand er mir schließlich ein, »drei Parallelen, wenn man vom Rhein gegen Osten fliegt; südlich, nun ja, die Ruhr, aber was ist das schon? Den Ruhrschnellweg inmitten macht man nur schwerlich aus. Gut, die Autobahn, die sich an des Revieres Nordrand hält. Aber meinst du, damit wüßte man, wo diese Konglomerate aus tausend ehemaligen Dörfern, Flecken und Städtchen, diese Treibfluten von Häusern aufhören oder beginnen? Da ist Duisburg – gewachsen oder geworfelte Spreu? Was frage ich überhaupt. Sofort ein neuer Nord-Süd-Riegel, Oberhausen und Mühlheim. Nun Gladbeck, Bottrop und gleich auch Essen – weiß Gott! Essen, das ist doch was. Darauf im Staccato des Accellerationen-Walzers Gelsenkirchen-Buer, Recklinghausen, Herne, Wanne-Eickel, Bochum, wie schön war es hier einmal, Castrop-Rauxel, eine ganze Herde von Nestern dazu, und erneut diese Häuserwüste, Dortmund. Dann endlich läßt die Schwemmflut einige Inseln von Wäldern und Saaten frei. Doch das Auge hat schon lange nichts mehr gesehen, geschweige geschaut, kaum noch registriert. Immerhin, wieviel Namen und doch, wie wenige, denkt man an die Unzahl derer, die der kommunale Ehrgeiz verschluckt hat. Aber Landschaft, Geographie? Was ist da noch Gäa, die heilige Erde?«

Er war aufgebracht und zudem in sein Elend verliebt, also ließ ich ihm seinen Ärger.

Ich entsann mich dieses Gespräches, als ich, trotz Abratens, etwas sehr Törichtes unternahm, das ich mir in den Kopf gesetzt hatte, um das Revier auf andere Weise von oben her zu betrachten. Es dunkelte schon, und ich stieg klopfenden Herzens im Steilhang einer mächtigen Halde herum. Unten, jenseits von Mauer und Stacheldraht, die das künstliche Gebirge umzogen, schob sich ein sommerlich duftendes Roggenfeld an den räudigen Aschenberg – eine der Dissonanzen, wie sie das Ruhrgebiet liebt. Der Weg empor war kahl, mühsam, rutschig gewesen. Man glaubt nicht, wieviel ausgewaschene Schrunden und Risse solch eine Halde enthält! Oben leuchtete mir, immerhin tröstlich, ein elektrisches Birnchen entgegen. Dort nämlich mündete eine ins Leere ragende Schiene der Lorenbahn, mit der man den Abraum bergan fährt.

Als ich innehielt, nach dem Taschentuch griff, um mir die Stirn zu trocknen, gewahrte ich im Aufschauen etwas, das nicht zu dieser Kulisse gehörte. Gelb, saftig, voll, eine sanfte Frucht, stieg das Nachtgestirn über den Horizont. Vor und hinter mir stürzten die Linien ins Tiefe. Selbst an Sitzen war kaum zu denken, damit sich das mühsam bewahrte Gleichgewicht nicht verschob. Stehenden Fußes, etwas beklommenen Herzens, aber doch Auge in Auge begrüßte ich den einsamen Sänftiger Himmels und der Erden in einer Umgebung, die verzweiflungsvoll Dantes Szenerie des Infernos glich, kalt, wüst, gefährlich, aber großartig doch.

Über allem der Mond! Über dem von den Feuern der Industriewerke gesäumten Horizont also des Himmels wandelbares, vieldeutiges Gestirn der Scheue, der Verklärung, der Einsamkeit. Gleich einer Vision hatte ich es vor mir; sänftigend, verschönend leuchtete der Mond die heroische Menschenwüste aus. Gab es ein überzeugenderes Bild, um das Wesen dieses Landes verständlich zu machen, dessen von Anstrengung und Erschöpfung gezeichnetes Antlitz stets eine Rune von Scheu zeigt?

Der Wind blies. In der Ferne rannen Feuerbäche aus den Schlackenwagen der Hochöfen. Auf der Straße neben dem Kornfeld hasteten plötzlich Lichter vorüber, mehr, immer mehr; Schichtwechsel. Das sind die Gezeiten, nach denen sich hier das Leben bemißt, die Pulsschläge, Tag und Nacht, des Daseins Ebbe und Flut …

VORSTADT

Die Straße keuchte müde dahin, verkroch sich plötzlich unter dem Prankenhieb einiger Brücken ins Dunkle, versuchte noch eine Flucht nach rechts, schien dann endgültig gefangen, eingekesselt. Mauern ragten ringsum. Schwaden, braun, grau, schwärzlich, durchsetzten die Luft. Links ein Stelldichein von Hinterhöfen, in denen ein Schwarm spielender Kinder auf umgeworfenen Mülltonnen ritt. Es war Frühling. War es Frühling? Immerhin, es keimte schüchtern im Gesträuch oberhalb der abgebröckelten Stützmauer. Häuser, vier Stockwerk hoch, lungerten auf einem Aschenplatz herum. In den Schmutzhimmel starrend ein Fördergerüst, in dem sich die Räder drehten. »Schachtanlage Westend«. Ringsum endlose Werksgefilde, Mauern, Schienen, Röhren, Dämpfe. Ein Inferno!

PAN AUS DER ASCHENGRUBE

Meine Fähigkeit, mir unter gewissen Existenzen Freunde zu erwerben, bewährte sich. Ich machte die Bekanntschaft eines jener Männer, die sich sehr delikat Händler in Rohprodukten nennen – mithin, wenn man es philosophisch nimmt, eine Art esoterischer Alchemisten sind, da ihnen der Dinge letzte Verwandlung obliegt.

Er saß vorn in seinem Dreirad und blies, indem er langsam, ganz langsam fuhr, auf der Blechflöte das bekannte ›Düdelüh‹ zum offenen Fenster hinaus. Ich vermochte fast Schritt zu halten.

Seit Oberhausen ging das nun so. Mal blieb ich zurück, mal er, wenn es um einen alten Herd zu feilschen galt. Bald hörte ich wieder das beruhigende Brummen hinter mir – schwungvoll passierte er eine häuserleere Stelle. Schon waren die riesigen Anlagen der ›Gute Hoffnungshütte‹ vorbeigeglitten. Der breite Fahrweg, Teutoburger Straße genannt, querte eine Bahn, deren schluchttiefe Hänge mit Akazienbüschen bestanden waren. Rechts zeigten sich einige Bungalowbauten mit großen Fenstern und kostbaren Schmiedegittern. Eines davon hieß ›Chez nous‹; des Kumpels Nachfahren waren weltläufig geworden. Sonst aber? Brave, alte Häuschen, im Hintergrund auch irgendwo Elendsquartiere, sodann ein Fernblick durch eine Lücke in die von Schornsteinen umstellte Weite. Selbstverständlich fehlte die bekannte Ruhrgebietskneipe nicht, ein breit übers Straßeneck gelagertes Etablissement, in Öl gestrichen und mit Jugendstilornamenten am Giebel. Auf sie stößt man im Gebiet der Vor- und Zwischenstädte unweigerlich.

Um genau zu sein, es gab auch Erdaufwürfe, lehmgelbe Dämme und Baustellen mit dem kleinen, windschiefen Aborthäuschen der Maurer nebenan. Kurz, es war die klassische Vorstadtlandschaft.

Auch die Form unserer Bekanntschaft mußte als klassisch gelten.

›Düdelüh‹ war vorausgefahren, stand miteins am Straßenrand und wuchtete an der Ladung herum, die sich verschoben hatte. Ein langes Rohr machte besonders zu schaffen, auf dem neben anderem ein verrostetes Eisenbett lastete. Ich trat hinzu und half die sperrige Fracht lüften, um das Rohr in die gehörige Lage zu bringen. Wortlos bot er mir eine Zigarette als Gegenleistung. Da ich nicht rauche, winkte ich ab.

Er sah mich prüfend aus dunklen Augen an, fing mich in seinem Schildkrötenblick – ein älterer Mann mit Faltenstirne, die Haut gelbgrau, etwas ledern, der sich nun selbst eine Zigarette anzündete und mit zusammengekniffenen Lidern ins Ferne sah. Besaß ich etwa kein Geld für die Straßenbahn? Er musterte mich. Wie lange lief ich schon neben ihm her? Dann direkter: »Nein, das ist es nicht. Schreiben Sie für die Zeitung?«

»Dies nein – oh, dies ganz gewiß nicht!« Das Schreiben indessen sei gleichwohl mein Amt.

»Schließlich«, gab er nach einigem Nachdenken preis, »kann man sein Brot auf jede Weise verdienen.« Dennoch schien meine Antwort ihm ungenügend. Was suchte ich hier?

Die Frage war heikel. Was sollte ich sagen: Begegnungen, Erkenntnisse, Einsichten? – Das klang allzu bildungsbeflissen. »Die Vorstadt möchte ich sehen«, erwiderte ich.

Er dachte angestrengt nach, brummte, erklärte dann plötzlich sehr überraschend: »Steigen Sie ein, wenn Sie wollen. Die Vorstadt kennt niemand so gut wie ich.«

Ich stieg ein. Im Staccato polterten wir über die häuserleeren Stellen und in sanftem Wiegen schaukelten wir dahin, wenn Häuser kamen. Ich schaute ihn von der Seite an, fand aber nichts Deutliches heraus; man mußte ihn von vorn anblicken; wenn seine dunklen Augen mitreden konnten. Dann sah sein faltiges, fast haarloses Antlitz mit den dunklen Augensternen aus wie geronnene Milch mit Backpflaumen darin. Mitdem vernahm ich, daß er seit geraumer Zeit in abgerissenen Fetzen sprach. Was? – Er gab seinen Werdegang zum Besten! »... war Schiffsjunge«, hörte ich, »kenne die weite Welt zwischen Ruhrort und Dortmund-Ems-Kanal wie meine Westentasche ... Augenblick mal.« Wir waren an einem Häuserblock angelangt. Er fingerte seine Flöte heraus, wobei es fäuselig aus der Tasche des Wagens roch, und blies ›Düdelüh‹ aus dem Fenster. Kinder kamen gelaufen. Er stieg aus, machte seinen Handel, stieg wieder ein und sagte: »Jeh, jeh, wenn ich an früher denke!«, wobei er bedauernd den Kopf wiegte. – Der Bauern und Händler Klagelied: früher!

Es erwies sich gleichwohl, daß ich eines Glückes teilhaftig geworden war. Er kannte wirklich alles. »Wenn man hier vierzig Jahre herumfährt...«, sagte er mit raspeliger Raucherstimme und summierender Handbewegung. Dann fuhr er fort, seines Lebens Erfahrung an den Mann zu bringen. »Als ich Schiffsjunge genug gewesen war«, schloß er endlich seinen Bericht, »stieß ich eines Tages im Hafen auf eine herrenlose Ankerkette. Ich verkaufte sie. Der Polizei war es nicht recht, und es kostete mich meine Stelle. Aber ich begriff, wo meine Talente lagen.« Er gab das selbstverständlich nicht flüssig hintereinander, sondern in Zwischenräumen von sich. Übrigens war er seit dieser Zeit Anarchist. Da, tief drinnen. Er sagte es dumpf und nahe an meinem Ohr, als gestände er eine fatale Krankheit ein. Seine Augen drohten. Die Folge davon? Mochte alles gehen, wie es wollte. Er kümmerte sich um nichts. Sonntags ging er manchmal ins Brachland hinaus, da hatte er seine Ruhe und blies sich ein Stückchen.

»Pan« dachte ich. »Pan, der Anarchist mit der Flöte.«

STRASSE OHNE ENDE

Pan, der aschenbestäubte, nach Asche riechende blies also auf seiner Flöte, während wir uns über die Straße nach Bottrop hinein wiegten. Es gab Häßlichkeiten von schmerzlicher Eindringlichkeit. Nicht, was den Zustand der Häuser, die Sauberkeit hinter den Gardinen anbetraf. Aber die Straßenzeile der Vorstadt war bar jeder Lebensfreude.

Die Vorstadt, sie ist alles hier. Von Zentrum zu Zentrum die Vorstadt, die Krebskrankheit der Städte, Straßenwucherung; noch inmitten der Felder, eins, zwei aneinandergebaute, mehrstöckige Häuser, die den Horizonten ihre Brandmauern hinhalten. Kein Beginnen, kein Aufhören; das ganze Land ist mit solchen Straßenzeilen übersponnen. Manchmal verknäueln sie sich, dann ist ein Stück Ortschaft entstanden, eine Werkssiedlung, eine Kolonie. Das Land dahinter? Gärtchen, ein wenig Feld, Brachäcker, abermals weiter das Werk. Solch ein Örtchen rückte heran. Nadelspitz stach ein Kirchturm über die Silhouette der Siedlungen. Rauch lag schwer auf den Dächern. Dahinter hob sich die Zwingburg.

War die erste Vorstadt verlassen, folgte die zweite sogleich.

Wie lebten die Menschen hier zwischen den Anpreisungen der Kolonialwarenläden, Reklamen von Waschmitteln, Zigaretten und Flaschenbier?

»Sehen Sie doch, wie die Kinos umlagert sind«, sagte der Lumpensammler. Es war Nachmittag, und in den Eingängen der Lichtspielhäuser lungerten junge Burschen und Mädchen. Aber es war auch am Abend so – Kino als Lebensersatz; es galt hier noch mehr als anderwärts.

Sein, was man nicht ist, des Jahrhunderts Krankheit. Das Zeitalter der Schauspieler, Filmes Talmi-Epoche, Unvermögen zur Wirklichkeit, seelisches Versagen vor sich selbst. Des Daseins Freudlosigkeit wäre Entschuldigung? Wir haben alle versagt. Nun suchen wir Trost bei den vorgespiegelten Dutzendgefühlen. Das Elend der Vorstädte: die unbewältigte Wirklichkeit. Das war es wohl, was sich im Grund darin ausdrückte.

Eine Zigarette hing qualmend in Düdelühs Fingern, der fäuselige Brodem stieg von neuem auf. Dennoch, meinte er, gebe es hier Erlebnisse, die man anderwärts wohl kaum kenne. Er zeigte zu einem kleinen Gärtchen hinüber. Ach Gott, was für ein Gärtchen! Gitterchen und Gatterchen, Blümchen und Beetchen, eine armselige, betonierte Vogeltränke, die paradiesische Teichlandschaften vortäuschte. Es war alles zu finden, was sich der Besitzer in seinem Leben nie leisten konnte. Eine Blume – seine Riviera, eine Aschenschlacke oder eine aufgebaute Grotte – sein Gebirge, seine Felslandschaft! Ein kleiner Tümpel – sein Meer. Ein Stückchen Rinne mit abfließendem Wasser – sein Bergbach; eine klappernde Mühle daran, geschnitzt in der Freizeit. Ich verstand, was der Lumpensammler mit alledem besagen wollte. Dieses Land, diese Öde der Häßlichkeit steckte voll romantischer Träume. Wir sprachen nicht darüber, aber jeder von uns wußte genau, was der andere meinte.

Dem Lumpensammler schien etwas einzufallen. Er trat auf den Gashebel seines humpelnden Gefährtes und wir ratterten los. Es ging an einem Felde neben einem Bahndamm entlang, über den alle Augenblicke ein Zug hinweg brauste. Elendshäuschen aus der Kriegszeit lagen daran, sie waren sehr gut erhalten, man hatte sogar den Versuch gemacht, das eintönige, kalte Grau der Mauern durch einen farbigen Anstrich der Türen und lukenartigen Fenster zu beleben. Weit und breit war nichts, was auf eine stadtähnliche Ansiedlung von Häusern hingewiesen hätte; vielmehr zeigte sich die übliche Ruhrsteppe.

In dieses Milieu der absoluten Gesichtslosigkeit führte von rechts ein erbärmlicher Weg. Wie er benannt war? Auf einem Schild stand ›Am Römerwall‹.

Auch ich glaubte jetzt, daß die Menschen hierzulande heimliche Romantiker, verkappte Träumer waren!

Das alles war selbstverständlich von längeren Pausen durchbrochen, während Düdelühs Geschäft sich genau so abwickelte wie in meiner Jugendzeit, wenn wir dem lang erwarteten ›Klüngelskerl‹ unsere Schätze überbrachten, eiserne Reifen, Bündel zusammengeknickten Drahtes, einen Stapel zerrissener Säcke, lauter Dinge, die schmutzig und rostig waren.

Eines gab es freilich nicht mehr – die bunten Spielzeuge, die uns so sehr entzückt hatten, das Männchen, das man zwischen zwei Stäben turnen lassen konnte, den Federhalter mit jenem kleinen Loch zum Durchschauen, darin es immerzu über eine Dorflandschaft schneite, oder Murmeln, Knicker genannt, die zum jährlichen Bestand der Spiele gehörten. Es gab nur noch bares, schnödes Geld. Die Leute wollten es so, behauptete der Lumpensammler. Wollten sie es wirklich, gönnten sie ihren Kindern die unschuldige Freude nicht? Er wehrte ab. Man sei hier sehr auf greifbare Ergebnisse bedacht.

Wir hielten an einer Kneipe. »Hier kehren Sie am besten um! Nehmen wir vorher einen?« – Als wir herauskamen, eine Stunde später, waren wir Freunde geworden und sagten Du zueinander.

Er klopfte mir auf die Schulter. »Mach es gut, Schreiber!«

»Auf Wiedersehn, Anarchist!«

Als ich mich umwandte, konnte ich sein watschelndes Dreirad eben noch sehen, ehe es um die Ecke bog. Ein letztes hauchzartes Düdelüh hing in der Luft.

ESSENER TRIPTYCHON

Für einen Augenblick reißen die tief hängenden Wolken des Wetterhimmels auf, verscheucht der Wind die treibenden Schwaden. Bleiches Licht geistert über die Dächer der Stadt, die Königin dieses Landes. Drei Kronen besitzt sie. Die erste ist gebildet aus blitzenden Lichterketten. Um sie schwillt das Hosianna der Kaufleute, wenn sich an den Dezembersonntagen die Massen dicht an dicht durch die Straßen schieben. Die zweite Krone ist die der Majestät, geschmückt mit den Reliefs eines Münsters und einer Gottesmutter, behängt mit kostbaren Medaillons aus Schmelzarbeit. Sie liegt verschollen in der Brandung des Alltags. Die dritte ist aus Blätterwerk geformt; ihr huldigt das Rauschen des Windes, der über die Hänge des Ruhrtales schweift. – Zu welcher Krone wird sich die Stadt bekennen? Was mich angeht, ich gestehe ihr alle drei zu.

LINKER FLÜGEL: GRISAILLE

Was uns treibt, eine Stadt, eine Landschaft, eine Welt im Worte sichtbar zu machen – ist es nicht der Versuch, des Stoffes Erdenschwere durch ein luzideres Mittel zu läutern? Nicht zugleich auch der Wunsch, mittels des Wortes, dieses Sendboten des Geistes, in den Vorhof der Erkenntnis zu gelangen? So oft ich nach Essen kam, bedrängte mich diese Frage. Es war mir um Erkenntnis zu tun. Boye, Emscher und der Rhein-Herne-Kanal waren überquert. Ein ganzer Befestigungsgürtel gewaltig dimensionierter Industriewerke begann, neben denen nichts anderes mehr Gewicht besaß. Das Bild war großartig, und es war auch bestürzend, wie man will – besonders, wenn das Herbstlaub von den ärmlichen Platanen fiel, die brachen Äcker mit vergilbtem Gras überzogen waren, und die nassen Straßen alles Helle und Dunkle spiegelten, das es in dieser Landschaft gab. Vor allem das Grau, das die beherrschende Farbe geworden war – Grau in allen Schattierungen. Selbst die aus roten Ziegelsteinen aufgeführte Fabrikmauer mit ihrem weißlichen Ausschlag und ihren törichten Kreidezeichnungen von Kinderhand wirkte grau. Grau waren die mächtigen Türme, Kühler, Gebäude, Röhren, Förderanlagen, die Eisengespinste, Brücken, Masten der Überlandleitungen und endlich auch, sogar am reinsten grau, der Schwaden, der alles überspielte, durch alles hindurch zog und der Industrielandschaft einen Hauch pathetischer Schönheit verlieh. Grau war der ganze Norden der Stadt. In der Tat, es war

Größe darin, Größe, die Ossian glich, Größe, die vielleicht auch Beethoven angerührt hätte. Wie elegisch sie auch in den Tagen des Herbstes stimmte, die Stadt besaß hier etwas Unerhörtes und Unbedingtes, war noch nicht im Zustand der Geschichte, vielmehr geschah sie, vollzog sie sich, war Prozeß und Aufbruch.

Aufbruch – wohin?

Wohin – die Frage, die sich hierzulande an jedem Tage, jedem Ort von neuem stellt. Was ist im Bannkreis der Industrie, die zu des Menschen Wohlfahrt entstand, noch Freiheit, was des Einzelnen Recht auf ein Stück Himmel und grüne Natur?

Sind es Zwingburgen, welche hier die Horizonte überragen? Wächst in ihrem Schatten eine neue Gesellschaft heran? – Daran kann doch kein Zweifel bestehen, daß das Ruhrgebiet einen Modellfall darstellt. Was gilt denn noch, wieviel Hilfe man auch versucht, des Menschen innerer Auftrag zu seines Lebens voller Entfaltung?

Bleiern, schwer und grau stehen die Werke gegen den Himmel. Über ihnen der Rauch der Chimäre, um sie das Schweigen des Schicksals.

MITTELBILD

Wie ergreifend das Nebeneinander der Zeugnisse aus zwei Zeitaltern in dieser Stadt, welche die Welt so unterschiedlich aufgefaßt haben! Die Kruppsche Fabrik mit dem kleinen, bescheidenen Häuschen ihres Urhebers – Keimzelle einer Landschaft der Industrie, entstanden in einer Zeit zuversichtlichen Selbstvertrauens, als die Schrecken noch unsichtbar waren, die eine im Grunde immer führungslos gebliebene Technik erzeugt hat – die Kruppsche Fabrik also ist das eine. Gar nicht sonderlich weitab liegt die Keimzelle einer anderen, neunhundert Jahre früher anhebenden Epoche, das ehemalige Damenstift mit der Münsterkirche, eine breit gelagerte Baugruppe aus der spitztürmigen Taufkapelle von ehedem, dem Atrium und dem Gotteshaus nebst dem massiven Westwerk.

Man muß sich klar machen, was das wollte. Vor dem Eingang zum Gotteshaus die Taufkapelle! Nur durch die Taufe fand man Aufnahme in die Reihen der Gläubigen. Sodann das Atrium, das die räumliche Vergegenwärtigung Christi bedeutet. »Niemand kommt zum Vater denn durch mich«, sagt der Herr im Johannesevangelium. Im Sinne der Zeit, in dem dieser Vorhof des Himmels entstand, ist noch nichts Heiteres daran. Viel eher mutet der von Säulen umstellte Platz finster und streng an. Feierlicher, asketischer Ernst liegt darüber. Wuchtige Würfelkapitelle krönen die Säulen.

Nun das frühromanische Westwerk, unter zweier Frauen Anleitung entstanden – unter den Äbtissinnen Mathilde, welche die Enkelin Kaiser Ottos des Großen war, und Theophanu, beide den bedeutsamen Gestalten des 11. Jahrhunderts angehörend. Wie wenig solcher Bauwerke haben sich in Deutschland erhalten! Aachen, man spürt es sofort, hat Pate gestanden. Wuchtig und schwer ist der Aufbau der Bruchsteinmauer im Äußeren, im Innern bekunden die Säulenstellungen die Lust der ottonischen Epoche an der Wiederholung antiker Formelemente – nicht in der Art von Übernahmen, sondern in einer besonders sorgfältigen Durchbildung des Baukörpers im Sinn der Antike. Wie aufgelockert das strenge Mauerwerk durch die Nischenbildung wirkt, wie abgestimmt und ausgeglichen die Proportionen sind! Damit man recht deutlich sieht, wohin die Neigung der ottonischen Zeit ging, sind die ionischen und korinthischen Kapitelle nicht vergessen. Allenthalben tauchen sie auf, ein fast heidnisches Element, eine artistische, künstliche Hinterlassenschaft gegenüber dem Langhaus, das doch die Orgelmusik der Gotik erfüllt, das weder drückend noch allzu hoch, sondern wohl proportioniert ist, ein schönes, volles Kirchenlied!

Man spricht davon, daß anfangs ein westfälischer Meister in Essen tätig war, später ein rheinischer. Das träfe vorzüglich die innere Situation der Stadt, die noch heute von rheinischem wie westfälischem Element geprägt ist.

1305 wurde der Bau endgültig fertig. Seither hat sich nichts mehr geändert. Daher ist der ottonische Bauteil der bestimmende geblieben – Strenge, Hoheit und Würde, Feierlichkeit und Ergriffenheit vor der Majestät des Höchsten ausstrahlend.

Noch etwas anderes hat hier den großen Atem bewahrt, die Kleinodien des Münsterschatzes, die ebenfalls auf die Äbtissinnen Mathilde und Theophanu zurückgehen. Auf dem Mathildenkreuz sieht man die Stifterin samt ihrem Bruder Herzog Otto abgebildet. Von der Äbtissin Theophanu sind keine Bildnisse auf uns gekommen, aber die Vortragekreuze, die sie uns hinterlassen hat. Da kann man ihres Geistes innewerden, und das ist vielleicht noch mehr als ein Gesicht.

Es gibt auch ein berühmtes Bildwerk, die Essener Madonna, die der gleichen Epoche zugehört wie die Kreuze. Man muß sich ein wenig an ihren idolhaften Charakter und an ihr starres Eulenantlitz gewöhnen, dann sieht man auch das Innige und Mütterliche darin. Stille Verhaltenheit liegt über dem Werk. Es scheint, daß hier derselbe Meister an der Arbeit war, der das erste der Mathildenkreuze schuf – ein Künstler, der sich auf die wundervoll weiche Modellierung des Goldbleches so außerordentlich verstand, daß uns der matte, beinahe seidige Schimmer des Metalls noch heute genau so entzückt, wie am Tage der Fertigstellung die adeligen Stiftsdamen.

DIE MÜNSTERKIRCHE ZU ESSEN

Aquarell um 1859
von Lohe-Altendorf
Ruhrland-Museum Essen

Inmitten von Essen trifft man das also. – Die wieder aufgebaute Stadt birgt ihre vom Schauer des Ergriffenseins durchpulsten Kleinodien legitim. Sie hat nichts von der Langeweile, die andere Städte zu Plansiedlungen macht. Wo es anging, sind Plätze, Trakte und Esplanaden geschaffen, zuweilen mit Treppen dazwischen. Man bewegt sich in dieser Stadt nahe dem Lärm des Bahnhofes und unmittelbar zwischen dem Münster und jenem Haus, in dem einst der Buchhändler Baedeker wirkte, ehe er nach Koblenz auswanderte – man lebt hier, geht hier umher wie in einem weitläufigen Raum. Diese Intimität ist gewollt. Wenn man es vor Weihnachten erlebt, wie sich die Ströme der Käufer dicht an dicht durch dieses Quartier schieben, das Essens Mittelpunkt ist, begreift man, daß dieses Herzstück der Stadt inmitten der düsteren Umgebung eine Insel des Auflebens bedeutet.

RECHTER FLÜGEL: VEDUTE IN GRÜN

Ich bin zu allen Stunden des Tages in Essen gewesen, in den Straßen, an den Fabriktoren und auch draußen im Grugapark, der sich, von der Höhe des Aussichtsturmes gesehen, weit hinaus wellt – so weit, wie man schauen kann. In anmutigen Schwüngen glitten die Wege durch Gehölze und Blumenfelder. Eine kleine Bahn schnaufte dahin, sanft in die Sonne gelagert ließ sich Damwild im Bachgrund sehen, zornig schlug der brunftende Rothirsch im Gatter mit dem Geweih Gras und Schlamm empor. Rabatten standen voll Blumen und Kräutern, die nach Honig dufteten. Essens drittes Bildnis: das Grün und das Bunt der Gärten und Anlagen.

Um zu erfahren, wie grün, wie völlig Natur der Stadtbereich sein kann, muß man in die waldigen Berge gehen, die zu dem Baldeneysee genannten Stau der Ruhr hinabwallen. Da ahnt man nichts mehr von der Industrie, der

Blick gleitet über eine unversehrte Landschaft der Wälder und Felder, zwischen die freundliche Siedlungen getupft sind. Drüben am andern Ufer sogleich Werden, das alte mit der schreinartigen Stiftskirche, etwas stromab Schloß Hugenpoet, Kettwig – lauter Schönheiten bis zum Krummenweg hin. Ausflugsumgebung einer Großstadt? Eine Woge von Grün, die anbrandet, um sich über das Häusermeer zu werfen. Da ahnt man, was das Ruhrgebiet hätte sein können, wäre es nicht ein Raub der Industrie geworden.

Ich bin in den Bergen oberhalb des Baldeneysees auch in Villa Hügel gewesen, damals, als sie noch kein Museum war. Die Anlagen inmitten der weitläufigen Parklandschaft muteten fürstlich, nein, sie muteten kaiserlich an. Vom Eingang aus betrat man eine gewaltige Halle mit den Porträts der Dynastie Krupp. Des großen Ahnen Alfred bekanntes Bildnis im Reitanzug bildete den Blickfang. Zur Rechten ging es eine Treppe hoch, die abermals in einen gewaltigen Saal hineinführte. Die Zimmer der bergwärts gelegenen Seite fand ich kostbar mit Gobelins oder schönen Bildern geschmückt. Eine Landschaft von Monet, ein Porträt von Samberger rührten besonders an.

Aber sonst? Holz überall, Täfelungen und Parkett, sehr aufwendig und doch in einer Distanz der Kühle. Vom unteren Hauptsaal schritt ich in die Bibliothek hinüber; sie bestand aus vier schönen Räumen hintereinander, war aber ebenfalls durch zuviel Holz um alles Geistige gebracht.

Da es mich interessierte, was da bunt durcheinander in den Regalen gestapelt stand, schlenderte ich mit den Augen an den Buchrücken vorbei. Bibliotheken, nicht wahr, sind noch verräterischer als eines Menschen Handschrift. Vielleicht, daß Rudolf Herzogs ›Die Stoltenkamps und ihre Frauen‹ hier wirklich nicht fehlen konnten; das

Buch ist schließlich für dieses Haus geschrieben. Aber seine Gegenwart öffnete doch einen Blick hinter die Kulissen. Man ist den Krupps nicht mehr so ganz gewogen, wenn man ihr Haus gesehen hat. Was bleibt da noch von der Schulmythe von Fleiß, Zähigkeit, Einfachheit? Es ist alles ein wenig bombastisch, zu mächtig, eine Mischung zwischen Opernhaus und Walhalla.

Aber die Lage innerhalb der hinabwallenden Parklandschaft söhnte mich aus. Die Welt war völlig versunken hinter Mauern herbstlichen Laubwaldes. Ab und an blänkerte auch ein Stück des Baldeneysees herauf, der sich zu Füßen des Sitzes entlangzieht.

Essen besitzt also alles, die heroischen Erinnerungen, die Größe, die Fragwürdigkeit der Industrie, die Probleme der Arbeitslandschaft und die Erquickungen einer unversehrten Natur. Essen ist ein Inbegriff des Ruhrgebietes. Aber es besitzt auch den großen Atem der Geschichte, der in seinem Münster steinerne Unvergänglichkeit geworden ist.

ALBUMBLÄTTER

Rotlicht. Die Autokolonne stoppt. Die schwarze Limousine mit dem uniformierten Chauffeur hält dicht am Bordstein. Im abgewandten Winkel des Fonds sitzt strengen Gesichtes der große Mann: ›Maschinen, Stahlwerke, Brücken‹.

Ein schlurfender Invalide auf dem Trottoir bleibt stehen, zwinkert ins Scheibendunkel. »Na, das ist doch . . . he, Kamerad!«, er winkt aufgeregt dem Chauffeur – zu spät! Grünlicht, der Wagen fährt an. »So was!«, sagt der Alte enttäuscht, wendet sich einem wildfremden Menschen zu: »Haben Sie gelesen, was die Zeitungen über ihn schreiben? Ob Sie's glauben oder nicht, der da hinten im

Wagen und ich, wir haben die gleiche Schulbank gedrückt, wir waren die gleichen Lausejungen.« Glänzenden Auges stapft er davon, eingesogen vom Menschenschwarm, der unaufhaltsam über den Gehsteig flutet. »So was«, lächelt er kopfschüttelnd, »— und an einem ganz gewöhnlichen Montag!«

HEROEN

Taucht man einmal zurück in die Vergangenheit, um auszumachen, wie die Idole und Leitgestalten der Diadochen aussehen, die heute herrscherlich oder redlich bemüht die Schwerindustrie regieren – ob sie's wollen oder nicht, noch immer Götter, die über Wohl und Wehe ungezählter Menschen befinden –, hält man einmal nach den Vorbildern Ausschau, scheinen der großen Ahnen nicht wenige. Ihre Namen, ihre Unternehmungen und die Wirtschaftsgeschichte der letzten Generationen sind eins.

Mir freilich scheint, ihrer aller Wesen liege in den Charakterzügen weniger Gestalten beschlossen, die universelle Menschen waren, Organisatoren, Kaufleute und Techniker zugleich, vielleicht auch ein wenig genialische Glücksritter von der Art des de Sasseney, möglicherweise Pfennigfuchser, am Ende sogar Erfinder.

Da ist, wie könnte er fehlen, Alfred Krupp, der energische Sohn des armen Fabrikanten aus Essen, der alle ihm zugefallene Fron mit der Unerbittlichkeit eines Stürmenden anging und bei seinem Tode ein Werk mit gut zwanzigtausend Arbeitern hinterließ – der Stahlfabrikant der preußischen Krone, der Geschützgießer der preußischen Armee, dem man einen Anteil am Siege von 1870/71 zuschreibt. Er besaß, was die Zeit von ihm forderte, die Zähigkeit, die Gewandtheit des Verhandelns, das kaufmännische Geschick, sogar die Fähigkeit der Repräsentation. Was in seinem Werk geschah, was ihm selber zu tun oblag, vermochte er alles in eigener Person, ein hagerer, rassig-langer Mann mit Zwinkerfältchen im Winkel der lächelnden Augen, der in dem Reitanzug des Porträts in Villa Hügel auch irgendein Philantrop, Grandseigneur oder Minister seiner Epoche sein könnte. So gut sieht er aus.

Der andere, Jakob Mayer, dessen Namen man allzu selten vernimmt, war ein Zugewanderter, ein Bauernsohn aus Dunningen auf der Rauhen Alb, grade ein Jahr jünger als sein Essener Konkurrent – von beiden der Schwerblütigere, dazu breit und derbknochig, vollends als er ins Altern kam. Er ist in seinem Unternehmen stets nur der technische Leiter geblieben, immer nur einer unter mehreren, niemals der einzige, der Kapitän des Schiffes gewesen. Aber er war das Genie, ein Mann der unermüdlichen Experimente, dessen größte Stunde 1855 auf der Weltausstellung in Paris schlug, als auf Betreiben Krupps eine von Mayers Gußstahlglocken zertrümmert werden mußte, weil Krupp den lästigen Mitbewerber aus Bochum über einem Schwindelmanöver zu entlarven hoffte – selbst Krupp hielt es damals für undenkbar, Glocken aus Gußstahl zu gießen.

Der Schwabe Mayer, der sich neben Krupp immer wie ein Westfale neben einem Rheinländer ausnimmt, eigensinnig und zäh, war keiner von jenen, die es verstanden, Riesenvermögen zu sammeln oder Werksgruppen zu gewaltigen Verbänden zu konzentrieren. Vielmehr einer der Großen, denen es um nichts als ihre Idee zu tun ist, abhold der Macht, ihrer Sache verschworen.

Die Wesenszüge dieser beiden und ein wenig von der rastlosen Unternehmungssucht des de Sasseney, nicht gar so verfänglich freilich, das gibt vielleicht noch immer die Mischung ab . . .

Zugegeben, sie haben in anderthalb harten Jahrhunderten eine Landschaft zugrunde gerichtet, aber auch eine Welt erobert. Kühle Köpfe, scharfe Rechner mit Namen wie Harkorten, Thyssen oder Stinnes! Anfangs kamen sie mit dem Knotenstock in der Hand zu den Aufsichtsratssitzungen. Einige trugen den blauen Leinenkittel der westfälischen Bauern, während ihre Frauen schon Cercle hielten und Bälle veranstalteten, zu denen erst naserümpfend, dann die Augenbrauen emporziehend, endlich mit geschmeidiger Verbeugung die adeligen Offiziere der preußischen Regimenter erschienen. Zugegeben auch, daß diese Männer, die eine ästhetische Flause ihrer Frauen mit einem »Apereien, Mathilde!« abtaten, den Idealtypus ihres Jahrhunderts prägten – sparsam, wie sie waren, unermüdlich und fleißig, gradezu, durchaus rücksichtslos, zugleich puritanisch rechtschaffen, kirchenfromm, national, familiär, alles dies zugegeben. Dennoch, für mich umweht sie immer der kühle Hauch der Nüchternheit und der Zwecke, die sie so unablässig und rigoros verfolgten, daß sie noch auf dem Sterbebett Anweisungen über den Ankauf von Aktien gaben.

Nein, mein Herz schlägt für die anderen, bei denen der Erwerbssinn nicht so ins Ungemessene anschwoll.

DENKSTEINE EINES FRIEDHOFES

Da ist dieser kauzige Karl Arnold Kortum aus Bochum, der 1824 am 15. August mit neunundsiebzig Jahren im Totenbuche als an Altersschwäche verstorben steht – ein Mann nach dem Herzen des Landes, ein Arzt, der an manchen Tagen siebzig Patienten zu versorgen hatte, Bergarzt zugleich, aber auch Botaniker, obendrein leidenschaftlicher Alchemist, welcher der etwas verrufenen ›Hermetischen Gesellschaft‹ angehörte, die doch immerhin – welche Voraussicht! – ihren auserwählten Adepten den Rat erteilte, das Goldmachen mit der ›materia prima‹, dem ›Grauen Mann‹, wie Kortum es nannte, der Steinkohle zu versuchen.

Nebenbei schrieb er – er schrieb über alles. Schrieb über brauchbaren Kaffee-Ersatz oder die gesundheitliche Unschädlichkeit der Friedhöfe, schrieb über die Wunderwirkung von Schrecken, die Literaturgeschichte der Arzneikunst seit Ursprungstagen oder die Grundsätze der Bienenzucht. Schaut man sich sein Porträt an, den kräftigen Kopf, den breitgeschwungenen, seitlich emporgebogenen Mund, das nachdrückliche Kinn, die gutmütig-schönen, etwas spöttischen Augen, die da immer zu sagen scheinen: »Allerliebst, schönste Dame, aber wie steht es mit der Verdauung?« – nimmt man die kräftig gebogene Nase mit den geblähten, merkwürdig kleinen Nasenflügeln hinzu, die diesem Antlitz etwas Spannungsvoll-Nachdrückliches verleihen, und sieht man dies alles unter einer gut bemessenen Stirn – mit anderen Worten, betrachtet man Kortums Antlitz mit dem Interesse der Sympathie, hält man es sehr wohl für möglich, daß aus dem Kramladen dieses vielseitigen Geistes auch etwas Besonderes hervorsprang. Es ist ein Gesicht voller Möglichkeiten. Selbstverständlich, daß sie ins komische Fach schlugen.

Kortums bedeutsames Werk, das ihm, wiewohl anonym erschienen, viel Feindschaft eintrug, und das er, nebenbei gesagt, auch selbst illustriert hatte, ist uns eigentlich nur noch in der Fassung von Wilhelm Busch bekannt, der den Stoff in seiner Weise umgeschmolzen hat. Das Buch heißt ›Die Jobsiade‹, oder genauer ›Ein komisches Heldengedicht in drei Theilen‹, und es beschreibt ›Leben, Meynungen und Thaten von Hieronymus Jobs dem Kandidaten und wie er sich weiland viel Ruhm erwarb und endlich als Nachtwächter zu Sulzburg starb‹ – eine Geschichte deutschen, kleinbürgerlichen Philisteriums, eine

Satire auf Sauf- und Raufbrüderei, bei der alle einschlägigen Lieblingsstoffe und -szenarien des Jahrhunderts zu ihrem Recht kamen, das Theater- und Falschspielen, Überfall nebst rührsamer Errettung, nicht zu vergessen der Geliebten schnöder Verrat. Das ist kein Spiegel heimatlicher Zustände, sondern eine kaustisch-scharfe Abbreviatur der gefühlvollen Epoche, antisentimentalisch und in derselben Weise westfälisch wie später die Sarkasmen des geistvollen, geistlichen, wenig zimperlichen Zoologieprofessors Landois aus Münster, sichtbar gemachte Skepsis gegen alle zur Schau getragenen Hochgefühle und Schwärmereien, eine der ungebärdigsten Seiten im Wesen des Westfalen, zweifellos, aber nicht die schlechteste.

Und der andere, dieses verschollene Gesicht, das im Dunkel der Jahrhunderte verschwindet? Nur seines Lebens Umriß besitzen wir noch, diese maßlos hinausschwingende Kontur von merkwürdiger Härte . . .

Heinrich Ostermann, 1687 in Bochum geboren, der Sohn und Enkel lutherischer Pastöre, Urenkel eines Bochumer Bürgermeisters. Mit fünfzehn Jahren bezog er die Universität Jena, wo das seltsame Unheil geschah, mit dem die Abenteuer seines Lebens anheben. In der Trunkenheit erstach er einen Kommilitonen und mußte entfliehen – fliehen über die Reichsgrenze hinaus nach Holland. Möglich, daß die Bluttat sein cholerisches Temperament wandelte und er sich zu zügeln lernte. Sprachgewandt, angenehm anzusehen, glänzend begabt, ging er mit einem holländischen Diplomaten nach Rußland, wo Peter der Große, bald aufmerksam geworden, ihn 1708 zu seinem Geheimschreiber machte. Es scheint alles ganz einfach zugegangen.

Aber welche Wirrnis und Bitterkeit der Umwege, welch ein Aufstieg und welch ein Fall!

Es begann 1721 mit dem Frieden von Nystad; der

Krieg zwischen Karl XII. von Schweden und Rußland dauerte seit 1700 und die nun anhebende Friedenszeit erschien den Menschen wie der ewige Frühling. Sie war das Verdienst Ostermanns; der beste Friede, den Rußland jemals geschlossen hatte, war sein Verdienst. Er vermählte sich mit einer Bojarentochter, wurde Baron, avancierte sogar zum Vizekanzler und Leiter der russischen Außenpolitik.

Die Jahre liefen darüber hin. Peter der Große starb; Katharina I. rauschte lärmenden Lachens über die Szene. Peter II. empfing die Krone gebeugter Stirn, starb schon 1733, und Ostermann stieg noch immer. Im Kabinettministerium der Thronfolgerin Anna, das aus drei Deutschen, dem Feldmarschall Graf Münnich, dem Balten Ernst Johann Bühren, dem Günstling der Zarin, der sich nun Biron nannte und Herzog von Kurland wurde, und ihm, dem neugebackenen Grafen Ostermann bestand, besaß er die Schlüsselstellung, die Aussicht auf lange Dauer versprach. Geben wir zu, es war die Zeit einer vielgehaßten Fremdherrschaft, gegen welche die nationalrussische Partei unter der Führung der Dolgoruki vergeblich aufbegehrte. Als die Zarin starb, Biron stürzte, trug die Geschichte den Bochumer Scholaren für einen Augenblick in eine schwindelnde Höhe, er wurde zum Großadmiral ernannt, und es gab in dem Riesenreich niemand, der sich den Weisungen des wortkarg gewordenen, hageren Menschen hätte entziehen können. Übrigens, er war dessen würdig. Friedrich II. von Preußen dachte sehr hoch von dem Mann, der Rußland sicher durch alle Palastrevolutionen steuerte.

Das Jahr 1741 brachte eine jähe Umwälzung. Peters des Großen jüngste Tochter Elisabeth, die Hoffnung der nationalen Russen, kam auf den Thron. Wir wissen nicht, wann, wo und wie die Nachricht von dieser Wendung der Dinge vor Ostermanns Ohren kam; sicherlich aber so, daß er keine Zeit mehr fand, sich in eine irdische oder ewige Zuflucht zu salvieren. Er wurde gefangen gesetzt, und – wie hätte es anders sein können – zum Tode verurteilt.

... ist es nicht so, als tauche aus diesem bitter gewordenen Schicksal das verlorene Antlitz hervor wie ein Gesicht aus der Tiefe des Brunnens? Der letzte Morgen: sehr nüchtern, sehr still, sehr schwer. Ostermann liegt in der Dunkelheit auf der Pritsche und, wie beherrscht er auch ist, etwas Widriges, Würgendes, Spannungsvoll-Schweres drückt auf seine Kehle. Jetzt nähern sich Schritte. Die Tür öffnet sich knarrend, Lichtschein fliegt über die Wand. Er erhebt sich mühsam, die Knochen steif und schwer von Gicht, aber man hört keine Klage, kein Ächzen. Sie könnten mißdeutet werden. Ein Großadmiral stirbt nicht wie ein Taschendieb. Nur seine Zungenspitze fährt ein-, zweimal über die trockenen Lippen. Dann geht er mit seiner Eskorte davon und ist gar nicht recht bei der Sache; er denkt an seine Frau, an einen Maimorgen auf dem Lande, und miteins ist dieses Bild wieder da, das ihn in den letzten Wochen so häufig besucht hat – ein taumelnder, junger Mensch, der ein Messer in seiner Hand hält und in atemlosem, jähem Erschrecken zu sich kommt, sich abwendet, flieht, immer weiter – jetzt haben sie mich, denkt er!

Der Hof? Gott im Himmel verlaß mich nicht! Da stehen sie, Soldaten, Offiziere, die Dolgoruki, der Henker. Er muß niederknien; über den kahlen Hals streicht ein leiser Wind. Dann hebt jemand zu sprechen an, eine nicht endende Stimme, die er durch einen Nebel vernimmt. Seine Stirn liegt auf dem Block, seine Augen sehen noch immer den forttaumelnden, jungen Menschen ... Eine neue Stimme! Was wollen sie noch? Die

Stimme schwillt an, wird mächtig, ruft aus: »Gott und die Zarin schenken dir das Leben!«

Gott und die Zarin – er sieht auf, kann einen Schwindel, ein Zittern der Schwäche nicht unterdrücken – er kommt sehr weit aus den Verliesen des Jenseits zurück...

Nachher, in Sibirien, weiß er, der Tod wäre gnädiger gewesen als diese Erweckung zum Leben. Gewiß, seine Frau, die wunderbare, muntert ihn auf; aber was bedeutet das noch? Am 31. Mai 1747 ist Heinrich Ostermann aus Bochum in Beresow am unteren Ob zum zweitenmal gestorben, diesmal den leiblichen Tod, ein klagloser, hagerer, gichtiger Mann, der in seinen letzten Tagen manchmal ratlos ins Ferne sah. Wäre er ein Mensch großer Worte gewesen – der Sohn jenes Landes, das später das Ruhrgebiet hieß, hätte von sich sagen dürfen, ich habe mitgebaut am Schicksal der Welt.

MIMUS

Füße trippeln, senken die Hacken, schreiten nun, federn erneut auf die Zehenspitzen, trippeln – Oh Luft sein, Hauch und Zephyr, Körper körperlos, leicht wie Schleier unterm Maienmonde – Haarschöpfe wippen nach vorn, fliegen zurück. Mit leidenschaftlichem Emporwerfen der Arme wogt der Schwarm schlanker Leiber der Saalecke entgegen, verharrt in ekstatischer Pose. »Aber das ist doch keine Bittgesandtschaft aus dem brennenden Troja, das ist Vater Jahns Turnverein von der Berliner Hasenheide«, schmollt eine Stimme und – »zurück, dasselbe noch einmal, die Damen!« – Vom Flügel tropft der bis zum Überdruß bekannte Rhythmus – Probesaal, Essen, die Folkwangschule oder ein Theater irgendwo im Revier, in Duisburg, Oberhausen, Essen, Bochum, Dortmund.

Du hier, taurische Iphigenie, hier dein Tauris, umtost von harter Hände Beifall?

Oder nein, sie halten ein, lassen die Hände sinken. Ist es möglich, daß Scham über sie kam, ein unverhofftes Verhoffen, wie hab ich mein Leben bis heute vertan – über jeden der vielen in dem weißgoldenen Saal von Recklinghausens Ruhrfestspielen?

Sich hinzugeben der Kunst, mußte das ihre angestrengten Gesichter nicht überfordern? Sie, die sich voll Scheu vor jeder Preisgabe verschließen? Oder war es nur eine Unsicherheit, weil es nicht mehr um die gewohnten Tatsächlichkeiten ging? – Gleichwohl, da saßen sie, Männer, um welche die Alltagspflicht wie eine Mauer stand, Arbeiter, Angestellte.

Das Theater, besser der Saalbau, den ich aus Jugendzeiten kannte und den ich nun, großen Zwecken entgegengewachsen, wiedererblickte, hatte sich schnell gefüllt. Das Publikum, dies war zu spüren, wußte nichts mit plaudersamen Begrüßungen von Bekannten anzufangen, mit denen wir anderen uns die Zeit bis zum Beginn der seltsamen Imagination vertrieben, die wir Theater nennen.

Sie setzten sich, saßen ein wenig steif, immerhin – dies war gut – nah bei- und hintereinander, eine Phalanx, unbestimmter Erwartungen voll, und vernahmen die großen Worte.

Denn ach! mich trennt das Meer von den Geliebten,
Und an dem Ufer steh' ich lange Tage,
Das Land der Griechen mit der Seele suchend.

. . . Du hier, nach Tauris entführtes Griechenmädchen mit deiner bangen, gar nicht zu sich selber gekommenen Seele, die nur das Schicksal von Eltern, Geschwistern bewegt, eines Dichters erlauchte Illusion, in lebendiges

Wort umgesetztes Verlangen nach Hellas' Traumesküste. Aber was tut das schon, Iphigenie?

Der großen Schauspielerin Stimme hob sich erneut, schwoll an und erstarb.

Und rette mich, die du vom Tod errettet,
Auch von dem Leben hier, dem zweiten Tode!

Das hätte argwöhnischen Gemütern, so dachte ich, fast wie eine Anspielung erscheinen können! Aber nun, da es im Parkett dunkel geworden war, sich niemand mehr vor dem andern verstecken mußte, war das Mißtrauen der Männer ausgelöscht, hockten sie gebannten Auges auf ihren Sitzen. Mittelmeerwind, klassische Brise umflügelte sie. Nie würden sie den seltsamen Schmerz, der sie bei diesem hinausgeklagten »rette mich« durchfuhr, eingestehen, nie aber auch vergessen – ein Wort, ein Kleinod, das in die Tiefen der Seelen hinabsank.

Des Mimus Magie: fortzuzeugen bis in die entlegenen Brautkammern der Seele, wo sich die Gedanken den zarten Schattenwesen, den Bildern des Erinnerns vermählen.

Theater des Ruhrgebietes, Arkadien unter der Fördertürme Schatten. Ich spreche davon mit der Begeisterung über eine vergangene Epoche. Aber welch ein Theater noch heute! Welches Theater spielten sie selbst in Trümmerwüsten der Nachkriegszeit – ah, García Lorcas ›Haus der Bernarda Alba‹ in Steele, Křeneks ›Karl V.‹ im Werdener Saalbau. Oder in den dreißiger Jahren, des großen Saladin Schmitt Shakespeare-Zyklen in Bochum – nein, der Kleistwoche erinnere ich mich vor allem. Ein ganzer Schwarm junger Studenten, waren wir hingefahren, um die stets halb somnambulen Verse des ›Homburg‹ und die selten aufgeführte ›Penthesilea‹ zu erleben. Wie liebten wir Kleist seitdem. Ein Blatt von seinem Grabe draußen am Wannsee trug ich im Kriege lange Zeit mit mir herum.

Wurde uns der zwiespältige ›Amphitryon‹ nicht zu einem Symbol unserer eigenen Epoche – diese mit einer Spur Auflehnung gewürzte Ratlosigkeit des Schlusses, in die soviel Ergebung gemischt ist, das vieldeutige »Ach« der Alkmene. Umriß es nicht der Menschheit ganzes Schicksal, des Daseins Doppelzüngigkeit und Unbegreiflichkeit?

Abermals des Mimus Magie: Iphigenie und Alkmene, des Lebens Traum und gesegnete Wirrnis, Botinnen einer anderen, inneren Wirklichkeit in den Schwaden der grauen Landschaft. Oh begnadete Stunden!

BAHNHÖFE UM MITTERNACHT

Hamm, Güterbahnhof, eiskalter Winter. Ferner Züge Rollen vibriert im matt blinkenden Geäder der Schienen. An den Weichen rotglühende Körbe mit Koks – lauter Sonnen im Untergehen. Darüber eine Sternendecke von Lichtern und Signalen, weiß, grün und rot. Wieder darüber die Nacht, schweigsam, dunkel. Lang und gedehnt hallt ein Pfiff. Das ausrollende Rumpeln von Güterwagen ertönt, nunmehr Anprall, Klickern von Eisen, ruckendes Zerren und wieder ein Pfiff. Schnaufend holt der Zug Atem, dampft davon.

Zwei langbemäntelte Gestalten, die querbeet auf das Stellwerk zu stapfen, große Lampentaschen an Riemen über die Schulter gehängt.

»Hör mal, Karl, – weißt du, in meinem Urlaub – ich will nicht zuviel sagen, aber diesmal wird meine Laube fertig.«

»Glaub ich – Urlaub, Mensch – Urlaub!« Ihre Augen glänzen.

Vorüber die Zeit, da es in den Gastwirtschaften wild herging, und die Kneipenbrüder abends von Lokal zu Lokal zogen, immer noch einen nahmen, bis sie um Mitternacht am Bahnhof landeten, wo zwar um diese Zeit kaum noch Züge fuhren, aber der Wartesaal offen hielt.

Ach, diese Stationen der Öde und Einsamkeit, des verlorenen Lebens und der verlorenen Hoffnung! Bahnhöfe, ihr äußerste, letzte Gestade der Saufreisen und der müde gewordenen Erwartung, die wütend gesuchte Betäubung des Inneren werde wenigstens für Stunden eine Illusion finden, Befriedigung spenden! Da standen sie herum, schwankend, gekrümmt von Übelkeit, Männer, deren Frauen ängstlich zu Hause saßen. Es geschah wohl, daß sich spät, sehr spät, ein vorgeschicktes blasses Kind an die Theke stahl. »Kommst du nach Hause, Vater?« – »Na, da sieh doch – sieh mal, mein Ältester, Heinrich. Nehmen wir noch einen allerletzten? – Geh schon vor, Fritz, Vater kommt gleich.«

Das alles hat sich geändert. Das Ruhrgebiet ist bürgerlich geworden, und die Bahnhöfe, deren Bahnsteige allmorgendlich im ungewissen Schein sparsamer Lampen von Leben bersten und die so unabänderlich zum Wesen des Ruhrgebietes gehören, gleichgültig, ob die Station Waltrop, Brambauer, Holzwickede, Unna oder Wetter heißt – die Bahnhöfe mit den weißgeklinkerten Durchgängen und den nach Teer riechenden Aborten liegen so vereinsamt, daß sie inmitten des volkreichen Landes wie Personifikationen der Verlassenheit wirken.

...Bochum, Bahnhof Präsident um Mitternacht, Samstagabend. Längst liegen die Straßen verödet, die hier in raschem Übergang den Charakter des Vorstädtischen annehmen. Schwer und lang fallen Schatten über erleuchtete Trottoirs. Im Wartesaal, der nach jener Bürgerfasson eingerichtet ist, die den Gipfel der Behaglichkeit in bunt gedeckten, übereck gestellten Tischchen erblickt, sitzen die Wirtsleute und ein befreundetes Ehepaar beieinander. Das Fernsehgerät in der Ecke erzählt, blaugrau blinkend, fade Novitäten jener Art, die in den Groschen-Zeitungen als Schlagzeile erscheinen. Draußen ist Ruhe. Für einen Augenblick allerdings wird die Stille unterbrochen, schrille Rufe klingen auf, Stimmen von Burschen, die die Kirmes jenseits der Bahn besucht haben und nun, mit Federn und künstlichen Blumen, Emblemen ihrer Schießkunst, beladen, heimwärts ziehen. Höhnische Worte fliegen nach hinten zu jenem letzten von ihnen, der im grölenden Zorn des betrunkenen Randalierers alles zu Schlägereien herausfordert. Einer, der schmächtigste unter allen, hat seinen Arm eng um eine vierschrötige, blonde Hure mit kurzem Rock gepreßt, die in roten Pantoffeln neben ihm herschlurft.

... Wanne, Hauptbahnhof, ein Uhr nachts. Schon liegt der Bahnsteig verödet. Ein letztes Licht brennt. Der Wartesaal ist allein. Auf dem Vorplatz regt sich nichts. In der Bahnhofshalle schweigen sich die Plakate und Bekanntmachungen an. ›Mission.‹ ›Capri.‹ ›Gefunden.‹

... im Eisenbahnabteil zwischen Waltrop und Datteln, nachts ein Uhr dreißig. Schlotterndes Eisen rüttelt hin und her. Hinter den Scheiben des Abteils steht schweigend die Nacht. Die Gespräche tröpfeln langsam in die gedehnte Zeit. »Jetzt hab ich mich krank schreiben lassen.« – »Was sollst du schon anders machen?« antwortet jemand. – »Aber meinen Platz, den behalte ich«, ruft der erste erregt, »fünfundzwanzig Jahre, und keinen Tag blau gemacht – meinen Platz habe ich immer, hat mir der Alte gesagt.« – »Wenn du nur daran glaubst. Kann ja sein«, fährt die zweite Stimme begütigend fort. Kreischen der Bremsen. Eine Tür schlägt auf, knallt zu. Des Zugführers hallende Stimme ruft einen unverständlichen Namen, dann, sehr vernehmlich, »Fertig!« Der Zug ruckt an.

... Recklinghausen, Hauptbahnhof, nachts zwei Uhr. Kalt weht es durch die hin und her schwingenden Türen der Bahnhofshalle. Ein Ehepaar, gekleidet in der üblichen Kaufhauseleganz, das sich mit seinen Kindern verspätet hat, tritt ins Dunkel hinaus. »Karl, gib Mutter die Hand! – Warte mal, Lisbeth, jetzt habe ich die Brieftasche . . . Gott sei Dank, da ist sie. Los, Fritzchen, komm auf den Arm.« – Über den Bahnhofsvorplatz mit seinen Pfützen, in denen das Licht der Neonleuchten blänkert, ziehen sie fort. Es folgt ein stummer Trupp müder Bahnbediensteter, stapft, verdrückte Mützen auf dem Kopf, offenhängende Mäntel, unter Pfeifengeschmauch davon. Dann ist endgültig Nacht über dem Ruhrgebiet, höchstens hier und dort von einem hastig gleitenden Auto oder einem einsamen Schritt unterbrochen.

Es ist die Zeit, in der das Revier für jene wenigen Stunden, die ihm allwöchentlich gewährt sind, Frieden findet. – Stürmt weiter, ihr Rosse der Nacht, die Lichter der Hochöfen freilich erlöschen niemals, und die Fernzüge rasseln im Schuppenkleid ihrer erleuchteten Fenster über die Schienen. Stürmt fort, ihr Rosse, stürmt dennoch weiter, Vergessen zu säen; es schlafen die Städte landauf und landab, sie schlafen den tiefen erschöpften Schlaf der Ermattung und des Verbrauches.

EIN MORGEN, EIN ABEND AM WASSER

Schiffer von Holland, der Schweiz, Frankreich, Schiffer aus Deutschland, ruht aus im Schutz der winkligen Hafendämme, zwischen denen, dicht an dicht, eure Schiffe lagern wie eine Herde gefangener Wale. Verschmähen sie es nicht aus purer Gutmütigkeit, uns durch ihr Forttauchen in Bedauern zu versetzen? Menschen der schwerbauchigen Lastkähne, laßt die Fahne des Kaffeeduftes von euren Kombüsen wehen! Ihr seht, was es heißt, in den Häuserzeilen am Horizont zu leben oder in den Hüttenwerken zu arbeiten, die ihre orangefarbene Qualmwolke ins grüne Frühlicht blasen.

Sendboten der Ozeane, man redet mir ein, eure gefurchte Stirn sänne nur über Fracht und Tarife nach. Aber so oft ihr am Steuerruder steht, verrät euer Blick, es verrät die vom Bug bis zum Heck flatternde Wäsche, daß ihr von Freiheit und Ferne träumt.

DUISBURGER HAFEN

Gegen fünf Uhr früh kam ich im alten Hafenviertel seitab der Ruhrorter Brücke an. Es gab hier Straßennamen wie ›Unter den Ulmen‹. Das sagte mir zu. Ich war überdrüssig der großen Zahlen von Bevölkerungsziffern und Tonnage, mit denen man mich gefüttert hatte, überdrüssig der endlosen Graden neuer Kaianlagen, deren Perspektiven selbst die Möwen nichts abgewinnen. In dieser armseligen Umgebung aber, die höchstens einem Kriminalstück als Staffage dienen konnte, fühlte ich mich sofort wohl.

Armselig? Welch eine Poesie der Requisiten! Man denke sich den Mond eines vorfrühen Morgens gleich einer abgegriffenen, mitten durchgebrochenen, leuchtenden Messingmünze himmelhoch, sehr irdisch dagegen das Stahlgerüst eines Kranes, aus dessen hoch aufgerecktem Kopf böse Lichtaugen blickten und Bannkreise auf den nachtdunklen Boden zirkelten. Das bissige, zugreifende Maul lag noch mit trügerisch geschlossenen Kiefern am Boden. Ein gepflasterter Weg, ein kleiner Platz, den eine rohe Eisenbrüstung umzog, sodann ein Häuserwinkel mit entlaubtem Kastanienbaum bildeten die Kulisse der ereignisschwangeren Rampe. Davor, anderthalb Mann treppab, zerklüftete Kieshaufen. Abermals davor, nun gleich fünf Meter tiefer, der Kanal oder das Hafenbecken, wie man will. Das Wasser schiebt hier so viel dünne Finger ins Land, daß man unmöglich wissen kann, welche Titel ihnen der Hafenmeister verliehen hat. Ließe sich nicht genau so gut von den Saiten einer Harfenbespannung reden? In der Tat, wieviel Poesie wohnt in diesen Dingen! In dem rotgeränderten Warnschild auf der Böschung, dem wuchernden Unkraut wie dem Steinsaum am Wasser. Selbstverständlich auch in all dem Technischen, Unfertigen, Ungenügenden, Rastlosen dieser Landschaft, deren Horizonte nicht Felder, Berge oder Kirchtürme, sondern Schornsteine, Kranbrücken und Überlandleitungen umstellen. Zugegeben, auch einige Bäume, dafür ebensoviel auf hohe Stelzen gesetzte Metallkugeln, in denen Gott weiß was bewahrt wird. Seht nur, wie die ratlos herumstehenden Häuser, die lauten Straßen sich dieses Milieus bedienen, um eine Leidensmiene aufzustecken!

Was, hier finden sich Menschenhausungen, in denen sich Männerhände um weiße Schulter muscheln und der müde Zwinkerblick von Großstadtkindern die Sonne sucht? In der Tat, es gibt Wohnhäuser hier, sehr rührende, sehr törichte, neue und bunte Bauten mit hoch in die Schwaden gereckten Balkonen, steingewordene Gegensätze zu den schwimmenden Wohnungen der Schiffer, die in tiefer Kanalschlucht vorübergleiten an Betontrümmern, Haufen rostiger Anker und den stiebenden Funkenströmen der Hüttenwerke – Schiffen, die Triton oder Isolde II heißen.

Der Morgen! Eine bleiche Ankündigung des Tages steigt über den Platz. Wäre dies nicht der Ort, Chimären oder bösen Dämonen des Mangels zu begegnen? Vielleicht genügte schon ein verschrumpeltes Weiblein, das freundliche Grüße mit obszönen Verwünschungen erwidert. Oder eine käufliche Person, welche die Lippen zu einem einladenden Lächeln öffnet – über zahnlosem Munde, versteht sich. Irgendein Ausdruck jener heillosen Entbehrung, welche die Poesie dieser Örtlichkeit ausmacht, müßte es sein. Doch dringt nur das Lachen der Chauffeure von der Verladestation heran – breit, von langen Gesprächsfetzen durchsetzt, geruhsam, und einzig der Wind verrät seine Ungeduld über diese beschämende Selbstzufriedenheit. Was will er schon machen? Er, der weiter landein bögig über die Straßen fällt und die Bäume zaust, muß sich mit zerknüllten Zeitungspapieren und welken Blättern vom letzten Herbst begnügen.

. . . Aber der Morgen, der Morgen! Natürlich wäre es mir ein Leichtes, zur Feier dieses erhabenen Augenblikkes Helios oder Apoll auftreten zu lassen; meinethalben ein wenig heruntergekommen oder so bestürzend anzusehn wie der Erdgeist in Hamsuns ›Spiel des Lebens‹ – nach Asche riechend und mit vorquellenden, bleichen Augäpfeln. Jedoch, ich verzichte! Ich bestehe darauf, die Requisiten die Hauptakteure sein zu lassen.

Es fliegt also ein blasser Schein über den Horizont, etwas Gewölk wird kenntlich, dessen niederhängende Zotten sich rosa färben. Die Stunde der Verzauberung hebt an. Alle Straßen im Umkreis sind vollgestopft mit hastenden Straßenbahnen, Dreirädern und Lastautos. Hier sieht man rote Schlußleuchten entschweben, dort grelle, gleißende, weiße Lichter über die Fahrdämme und Brücken jagen. Die Luft bebt von einem mahlenden, schnarchenden Lärm. Der Platz indessen liegt leer, völlig verlassen, schweigt, ein Vakuum, bereit zu allem – selbst für das Wunder des Morgens. Und es ereignet sich. Zuerst gibt das Wasser seine trübe Gleichgültigkeit auf, nimmt das Rot des Himmels in seine Arme und hätschelt es in den zahllosen Wiegen der kleinen Wellen. Ganz langsam erblüht auch der Platz, gleicht einer ausgedarbten Frau, der das Blut der Freude in die Wangen steigt. Selbst der salpeterfarbene Ausschlag der Mauern färbt sich rosenfarbig. Ah, ergreifend zu sehen, wie sich die trostlose Öde dieses gottverlassenen Winkels für Augenblicke in schüchterne Schönheit verwandelt! Wie grandios die aufbegehrende, formhungrige Dinglichkeit, die nach der Unbestimmtheit der Dämmerung miteins über Anker, Steine, Laternen und Schiffsketten kommt! Sogar auf den Schiffen beginnt das Leben; die Lämpchen in den Kombüsen erglimmen. Kein Vergleich natürlich mit den Lichtern der Straße; es sind armselige Fünzelchen, zu deren Häupten sich die Klappen der Entlüfter zu drehen beginnen und kleine Rauchschwaden davonflattern. Inmitten der wilden Schönheit, welche die zerklüftete, winddurchrauschte Bühne der Hafenlandschaft darstellt, auf welcher Mauern und sperrige Eisenteile die Hauptrolle spielen, führen die Schiffe ihr friedliches Leben der Idylle.

So hebt also der Morgen an, dieser bald in das gewöhnliche Grau übergehende frühe Tag, durch den die Angestellten zu ihren Büros eilen werden, dieser Alltagsmorgen, aus dessen Luft alle Farbe weichen wird und der nichts als das trostlose Einerlei des Hafens zu bieten hat, bis die andere Stunde der Verzauberung, die Abenddämmerung, anhebt. Das sind die beiden Augenblicke, auf welche diese Landschaft wartet, die jetzt endgültig in den Geräuschen des Tages versinkt, dem Knarren und Ächzen der Kräne, dem Aufheulen oder Surren der Motoren, dem Singen der Straßenbahnen – Wogen von Lärm, in die ab und an das leichte Tuckern der Schiffe einstimmt, welche überall in den Häfen liegen.

Indessen auch jetzt noch, welch eine phantastische Kulisse! Jenseits von Hafen und Ruhrmündung umzieht sich der Horizont mit Mammutwerken. Alpträume von einer vollkommen industrialisierten Welt? Nehmt alles in allem, die langen Fluchten oder die wirren Verschachtelungen der Häfen, in denen sich ganze Flotten von

RUHRORT

Kolorierter Stahlstich um 1840
von J. M. Kolb nach einer Zeichnung
von L. Rohbock
Ruhrland-Museum Essen

Schiffen bergen, die Industrieriesen, die ihr Geröhr und Gestänge in den Himmel bohren, und die Hüttenwerke mit ihren bunten Dämpfen; vergeßt nicht die Eisenbahnen und, wenn es angeht, die an den Haltestellen wartenden Menschen nicht; denkt das unselige Grau der Häusersteppe, die Röte des Morgens, des Abends hinzu, die Stürme und den Schnee, die Hoffnungen und Schmerzen eures Lebens, Übersättigung und bitteres Darben – Welt von morgen? Schön oder häßlich, hart oder schwer, die Welt, die euer Herz zu bestehen hat. Wer will ihr die Größe absprechen?

Duisburg, die Stadt papierener Superlative. »Der größte Binnenhafen der Erde.« »Die größte Stahlerzeugung in Deutschland.« Nun ja. Wie merkwürdig preziös es sich auf den Ortsschildern »die Stadt Montan« nennen läßt, als entstamme es einem Stück von Ernst Hardt. Weht nicht auch Geisteshauch durch die Stadt, in der einmal für gute hundertundfünfzig Jahre eine vom Großen Kurfürsten gegründete Universität zu Hause war? In der Gerhard Mercator, der Geograph, wirkte und 1594 verstarb, dessen Epitaph im Chor der Salvatorkirche hängt? Zählt nicht auch der Bergmannssohn aus Meiderich, Wilhelm Lehmbruck, hierzu, jener der Gotik wahlverwandte Bildhauer, der sich zu lauterster Geistesflamme läuterte, bis er 1919 an seiner Zeit zerbrach? Wie man das nachleben kann in der Kunstsammlung draußen jenseits des Bahnhofs, die kurze, rauschhafte, von 1910 bis 1914 währende Periode der Reife in Lehmbrucks Leben, als die Haut seiner Tonentwürfe ihm unter den Händen zu schwellen, zu atmen begann! Ach, dieser ›Ermüdete Krieger‹ von 1918 dagegen, diese um einen Hohlraum geformte, ganz spirituell gewordene Aufhebung des Körperlichen!

Vielleicht steht am Ende aller Lebensanschauungen, die

das Tatsächliche zu einer Religion erhoben haben, die Umkehr zum Geist – gleichgültig, wohin sie führt. Welchen Sinn besäßen denn sonst die Sisyphosmühen von Generationen? Mit dem Leben für den täglichen Aufwand, das steht doch fest, ist gar nichts getan. Oder hat sich des Daseins Aufgabe darin erschöpft, ein Eigenheim zu erwerben, Kinder zu zeugen, die wiederum kein anderes Lebensziel kennen, als diesen Nestbau? Was trägt, was bewegt die Menschen dieses Landes, wohin sind sie unterwegs?

ZIGEUNERLAGER AM KANAL

So oft ich vorbeilief – und es geschah täglich in dieser Zeit, als ich der Ruhrgebietsmenschen tieferen Wurzelgrund zu erkennen versuchte, stets angezogen vom Wasser, dessen kategorische Absage an alles Beharren mir ehrlicher schien, als die trügerische Sicherheit und Selbstbescheidung der Neubauten zwischen Kühlturm und Förderanlage –, wie oft ich abends am Stadtrand von Wanne vorbeiwanderte, stets lockte mich etwas auf unerklärliche Weise an …

Dunst lag über dem Rhein-Herne-Kanal, mischte sich mit spätem, milchigem Licht auf den Wassern. Nun kam greifbarer Nebel auf, füllte das Bett des Kanals randvoll, kroch über die Straße, auf der noch immer die Lastwagen fauchten und schepperten. Wie allabendlich erregte das Stück Niemandsland zwischen den Städten meine Aufmerksamkeit. Wem gehörte es? Gebüsch hatte sich hier breit gemacht, Akaziengestrüpp, schnellwüchsig und robust. Dazwischen Plätze, aschenschwarz, hier eine Pfütze, dort ein Stapel ungenutzter Pflastersteine. Weiß Gott, wer sie hierhin brachte. Alles hinter Buschwerk verborgen. Ein leerer Raum inmitten grüner Umzäunung.

Wagen standen dort herum, Zigeunerwagen. Nicht mehr die Elendskarren, vor denen früher ein paar ausgehungerte Pferde keuchten, sondern gummibereifte Hausungen. Der Traktor stand nebenan oder auch ein alter, großer Personenwagen. Hier hausten sie also, die Unbehausten, der leibhaftige Gegensatz zu den Menschen dieses Landes, die kein brennenderes Begehren kennen als seßhaft zu sein – gleichgültig wo. Seht doch nur, wie ihre Siedlungen hinauswachsen in dieses Eden zwischen Kanalböschungen und Eisenbahn. Aber die Zigeuner nicht! Sie besitzen die Weisheit der Fahrenden; nie werden sie sich mit der Erde einlassen. Sie wollen die Straße, nur die Straße, nichts anderes.

Wie es dem Wesen alter Völker entspricht, den Sinn des Passiven und des Leidens zu bejahen, hingegen dem Tun mit Mißtrauen zu begegnen, trug sich hier auch nichts zu. Wenigstens schien es so. Und doch glaubte ich von Abend zu Abend eine geheime Veränderung zu erkennen. Dies war eben das Wunderbare, das Unerhörte: der Gegensatz zu der umgebenden Industriewelt, in der fortwährend greifbare Dinge passierten, in der fortwährend produziert und erzeugt wurde. Hier? Nichts davon! Und doch umgab eine sich stets wandelnde, von geheimer Klage getränkte Aufbruchstimmung jede Gebärde. Mal sang eine Geige während des ganzen Abends, dann wieder herrschte schweigende Verstörtheit, ein drittes Mal stand blitzender Übermut in den Augen, wieder ein anderes Mal Empörung, Verschlagenheit.

Lag nicht eine tiefe Bedeutung in jener ewig-gültigen Szene, die ich – wie oft! – gewahrte? Man hatte in einem Winkel des Platzes ein Feuer entfacht. Zusehends schmolz der Nebel in seinem Umkreis. Hier hockten sie beieinander, junge und alte Männer, während die Frauen von den Wagen herüber sahen – höchstens, daß eine, die einen Säugling im Tuch auf der Seite trug, sich die Freiheit erlaubte, näherzutreten und Wärme zu genießen. Mit einschläfernd wiegenden Hüften stand sie da, eine flüchtig beschienene Gestalt vor nebligem Hintergrund und doch eine Gestalt von Dauer. Die Männer kauerten, hockten, saßen als Silhouetten um das Feuer, um dessen flüchtige Flammen noch flüchtigere Schwaden von Nebel brauten. Auch dies war von Dauer. Die Männer sprachen, endlos und mit beschwörender Gebärde. Einer vor allem, der etwas wie ein Anführer zu sein schien. Seine Hand durchschnitt sichelnd die Luft, sein Arm beschrieb schwungvolle rhetorische Gebärden; die Frauen starrten entzückt auf ihn und die Männer glaubten an ihn. In seiner Gestalt wurden sie sich ihrer selber inne. All dies besaß, wie vergänglich es auch war, dauernde Gültigkeit...

Und in den Siedlungshäusern mit den sauber gezirkelten Gärtchen seitab des Busches? Dort hockten sie um diese Stunde vor ihren Amüsiermaschinen, Arbeiter, Angestellte zwischen Schicht und Schicht. Von draußen konnte man sie in den erleuchteten Wohnstuben gähnen und in der Zeitung blättern sehn.

Wer besaß das Leben wirklich – sie oder die Fahrenden im nebligen Busch zwischen den Städten?

Ich ging erneut den Weg zu den Zigeunern hinaus. Das Feuer war niedergebrannt, warf einen letzten, fahlen Schein, und noch immer hörte ich ihre Gespräche, während gewaltig schwankende Schatten an den Lampen im Innern der Wagen vorüberhuschten. Jeder Schatten Umriß und Inbegriff ganzer Menschenzüge, die im Schicksalswind von Land zu Land über die Erde trieben, jeder Schatten eine Vision künftiger Wanderungen.

Jahrein, jahraus dieselbe Toreinfahrt an der großen Straße, dieselben Handgriffe an der Maschine. Manchmal ein neues Gesicht neben dir oder ein neuer Aufpasser. Eines Tages steht auch an deinem Platz ein anderer. Alles ohne Bedeutung! Irgend jemand findet sich schon bereit, die schönen Maschinentiere mit elektrischem Strom zu füttern oder mit Öl zu hätscheln, damit sie gleiten und sich drehen. Mein Leben, dein Leben, unser aller Leben dafür, daß sie gleiten und sich drehen, gleiten, sich drehen.

In seinem getäfelten Büro sitzt Gott im dunklen Anzug. Er hält Konferenzen, unterschreibt, plant, überlegt, telefoniert, drückt auf die Klingel, »Diktat, Fräulein Zielinsky«, damit die Maschinen sich drehen, gleiten, sich drehen, gleiten. Es ist uns schon schlechter gegangen, Bruder. Aber ein Leben dafür, daß sie sich drehen, gleiten, sich drehen, gleiten ...? Meine Kinder sollen es einmal besser haben. – Besser? Anders, nur anders!

Der Oberingenieur sah auf die Uhr, erhob sich. »Gehen wir?«

Wir gingen. Sie waren in dieser Fabrik, wo man Maschinen und Vorrichtungen baute, wie sie der Bergbau braucht, alle ungemein höflich, liebenswürdig, wohlerzogen.

»Sehen Sie sich alles gut an.«

Ich sah.

Der Ingenieur sprach nachsichtig mit mir, ein netter Mensch.

»Der Lärm drüben – Schleifarbeiten an einer Turbine.«

Ich hörte.

»Übrigens, wir haben es durchaus gern, wenn man uns etwas fragt«, fuhr er mit ganz leichtem Nachdruck fort.

Dieser rührenden Besorgnis, nicht verstanden zu werden, begegnet man in der Industrie immer wieder. »Wenn Sie also etwas zu wissen wünschen . . ?« – Ich wollte durchaus.

Aber es stand nicht in meiner Macht. Meine Lage war gewiß lächerlich, ich wollte, sollte fragen und mußte mir eingestehen, daß ich nichts fragen konnte. Alles lag viel zu offen am Tag, war ganz einleuchtend, ganz durchsichtig. Höchstens, was ist dies, was wird jenes? Die Antwort lautete, mit hörbarem Seufzen, daß ich nichts Besseres zu fragen verstand, Förderkörbe, Rutschen, Siebe, Flotationsvorrichtungen, Geräte zum Brechen des Gesteines.

Die Fabrik dehnte sich endlos aus; eine Halle folgte hinter der anderen. In der ersten standen Maschinen, in der zweiten rollten Pressen, dann kamen wieder Maschinen, darauf dröhnende Hämmer und abermals folgten Maschinen.

Nein, ich wußte nichts zu fragen, wußte partout nichts. Man hätte eine fachliche Frage aufwerfen sollen, doch davon verstand ich nichts. Ich starrte auf öltriefende, blanke Laufschienen, Steuergeräte, Lämpchen, Handräder und Schrauben. Die Apparate schwiegen mich genauso an wie ich sie. Das Schweigen wurde beklemmend. Die Maschinen, grün gestrichen, sanft gerundet wie lauernde Tiger, glitten lautlos vor und zurück. An jeder von ihnen saß, ganz genau eingerichtet, ein langsam, ganz langsam vorrückender Dorn aus gehärtetem Stahl, der von dem entstehenden Werkstück spiralige, sich unter dem ungeheueren Druck sofort blau verfärbende Metallspäne hobelte. Es gab andere Maschinen, die Löcher in mannsdicke Stahlstücke bohrten oder an riesigen, gegossenen Wellen schliffen und rundeten. Überall sprangen mit heißem Knistern die blau verfärbten, glühheißen Metallspiralen ab. Ich stand dabei, bewunderte es und wußte nichts zu sagen. Der Vorgang, die Bewegung waren vollkommen, so vollkommen, daß man nichts mehr empfand.

Als ich am Ende des Rundweges eine altmodische Schmiede entdeckte, in der fauchende Fallhämmer auf glühendes Metall niederwuchteten, schlug mein Herz sofort hochauf; mein Mund sprudelte Entzückungen, war wie gelöst. Aber ein erstaunter Blick wies mich zurecht. Nun ja, man hatte Tradition, erkannte auch alte Arbeitsverfahren an, aber was war das schon? Ich blieb also den Maschinen ausgeliefert.

Manche von ihnen brauchte man nur noch an- und einzustellen, sie regelten alles weitere von selbst. Eine Welt der Wunder . . . eine langweilige Welt.

Und der Mensch? Er hegte, wartete die liegenden Kolosse, wie Ärzte um das Bett eines erlauchten Kranken stehen. Viel zu tun gab es nicht, höchstens ein Werkstück einzuspannen, die Einstellung zu regulieren, hier und dort ein Rad zu drehen und aufzupassen. Es war alles genau ausgeklügelt. Zu jedem Werkstück gehörte sogar ein Zettel, auf dem die Zeitdauer vermerkt stand, die zu seiner Bearbeitung nötig war. Zurüstungen und Handgriffe brauchten sich nicht einmal sonderlich schnell zu folgen; es mußte lediglich die für sie gewährte Zeit eingehalten und innerhalb einer gesetzten Spanne möglichst unterboten werden, das entschied über des Lohnes Höhe.

Ich, der ich der Schreibenden Narrenfreiheit genieße und darauf bestehe, daß der Mensch ein natürliches Recht auf Eigensinn, Trägheit, List, kurz auf Selbstbehauptung, auf die lebenserhaltenden, Genie zeugenden Minusseiten in seinem inneren Haushalt besitzt, wehrte mich gegen das Moralische, das die Maschine dergestalt ihrem Wärter abverlangt. Ich empfand einen heftigen

Widerwillen gegen den Hauch von Sklaverei, der mich hier anwehte. Freilich schienen selbst die Betroffenen nicht einmal zu ahnen, was mich bewegte, nicht meine Empörung darüber zu begreifen, daß des Menschen Hammerschlag nicht mehr in sein Belieben gestellt war, sondern zu vorbestimmten Zeitpunkten zu erfolgen hatte.

Welch eine Schwindsucht an Freiheit! Erinnert man sich noch, daß die Brüder Goncourt die Anlage festgemauerter Waschbecken beklagten, weil man sich nun nicht mehr säubern konnte, wo es einem gerade beliebte? Weil man in des Waschbeckens Abhängigkeit geraten war? Seht den Präzeptor unseres Jahrhunderts, die Maschine, wie sie mit Lohnschwund droht, wenn ihr euch nicht in ihre Ordnung fügt ...

ANABASIS

Schimmernder Frühsommermorgen. Kubisch ragt die Kirche aus rotem Klinkerstein über den Jasmin der verkommenen Villa, die heute als Massenquartier dient, ins dunstige Leuchten. Durch die verlassene Vorstadt geht der Engel des Schweigens – es ist die Morgenstunde, die nur ihm, dem Lautlosen, gehört, der jetzt am Ende der Straße ankommt und sich in Durchsichtigkeit auflöst. In die atemlose Leere hinter ihm fällt rauhmundig das Sonntags-Bambam der Glocken. Blaugewandete Jungen, weißgekleidete Mädchen treten aus erwachenden Häusern. In den Händen tragen sie goldgeschnittene Gebetbücher, aus denen bunte Enden von Bändern hängen – Wimpel, mit denen verklungene Maiengesänge den Frieden des Junisonntages grüßen.

AM WALDRAND

Die Sonne, ein wenig getrübt, wie das hierzulande so ihre Art ist, steht schon halbhoch. Immer noch fahren sie von den Türen der Siedlungshäuser, der Wohnblocks, den Einfahrten der Garagen davon – Wagen, große und kleine, Motorräder, Mopeds. Wohin es sie grade lockt, ins Sauerland, an den Möhnesee, an den Baldeneysee, zum Krummenweg, an den Rhein von Düsseldorf, an den Niederrhein, in die Hohe Mark, die Borkenberge, an den Stausee von Haltern oder gar ins Münsterland und nach Kappenberg. Ganze Kolonnen von Fahrzeugen schieben sich auf der Chaussee über den heiß gewordenen Teer, dessen Dünste sich mit den Benzingerüchen vermischen.

Die da fahren, bewegt zweierlei, die Seligkeit des Aufbruchs und die Angst, das sonntägliche Ziel besetzt zu finden. Jedenfalls kenne ich eine ganze Reihe von Leuten, die an jedem freien Sonntag den nämlichen Platz aufsuchen, ein Waldstück an einer beliebigen Straße – jener beispielsweise, die von Dorsten nach Nordosten auf Schloß Raesfeld zuführt, das mit seinen Teichen, der Vorburg, den rotbunten Ziegeln, barocken Türmchen samt dem Kirchlein und den Gesindehäuschen wie eine richtige Stadt aussieht ... auf jener Straße, lange vor Raesfeld natürlich, versickern bereits die Ströme der Motorisierten. Man will weder hier noch anderwärts hin, man will in die Natur, die nichts kostet. Neben dem Fahrradweg findet sich genau soviel Raum, wie man zum Parken benötigt. Oder da ist auch ein Weg, eine kleine Sandbucht. Hier rasten, hier lagern sie. Kiefern und kleine Birken beschatten die Herrlichkeit. Vielmehr, ihr dünnes Geäst filtert von der Sonne grade so viel, daß sie nicht brennt, aber den Lichthungrigen dennoch ihren Schein gewährt.

Hier haben sie nun eine Waldheimat für einen Tag. Das Liebespärchen, das sich stets ein wenig abseits von den anderen hält. Die Rotte junger Männer, die mit einem ganzen Rudel von Motorrädern angelangt sind und die Gelegenheit zu einem Ballspiel nutzen. Die Ruhrgebietsfamilie, bestehend aus der etwas füllig geratenen Mutter, die sofort den Vorratskoffer auspackt und »Wer hat Hunger?« fragt, dem Vater, der in Hosenträgern gewichtig auf und ab spaziert, dem Sohn, der sich ein wenig blasiert gibt, weil er schon an die Fünfzehn zählt, und dem friedlichen Großvater. Das Töchterchen – bei Gott, wie sie bloß alle Platz in dem kleinen Wagen hatten! –, etwa elf Jahre alt, trägt all die laut-bunten Sachen, die man im Textilhaus der heimatlichen Stadt als neueste Mode zu günstigen Preisen angeboten bekommt. Kurz, das Liebespaar, die Burschen, die Familie, sie allesamt gehören zu jener Kategorie von Menschen, die nicht viel ausgeben wollen oder auch können. Sie weilen hier so lange, bis alle Vorräte aufgezehrt sind und sie es alle gründlich satt haben. Wenn sie davon fahren, bleibt ein wenig Eierschale und ein wenig zerknülltes Papier zurück. Aber der Wald hierzulande ist viel gewöhnt!

Und die anderen, die ohne Gefährt? Sie sind möglicherweise auf dem Sportplatz zu finden, am sichersten aber daheim, wenn dieses Zuhause ein Stück Garten, einen Mauerwinkel zum Sitzen, einen Stall für das Vieh oder einen Schlag für die geliebten Tauben einschließt, die sommers am Sonntag auf große Reise gehen. Oder sie finden sich, wenn sie noch jünger sind und die Sonne heiß herniederbrennt, an den Kanälen, die kreuz und quer durch das Land ziehen. Was haben sie auf den grünen Uferwiesen oder entlang des Treidelpfades nicht alles aufgebaut! Bunte Zelte, Fahrzeuge, Tische, Stühle, Kofferradios, lauter Gegenstände, die Ferienseligkeit vorgaukeln. Dazwischen spielen, lagern, springen, baden zahllose Gestalten. Leben allüberall – das Ruhrgebiet an jedem der heißen Sonntage des Sommers.

Wäre es nicht an der Zeit, sich des Flusses zu erinnern, zu dem sie hinauswandern wie an kein anderes Ziel? Wie könnte man ihn vergessen, der diesem Land zu seinem Namen verhalf!

Ich erinnere mich, daß ich einmal seitab der Straße von Winterberg nach Medebach eine Entdeckung zu machen glaubte. Sorglich gefaßt in ein Steinrund mit Sitzplätzen rann da ein dünnes Strählchen aus dem Erdenschoß. Ringsum war Wald, standen Bänke zum andächtigen Meditieren. Ich schloß daraus, es könne kein gewöhnliches Wasser sein – da sprang mir der Name schon von einer Inschrift entgegen: die Ruhr! Namen haben ihre eigene Glorie. Doch war es so eine Sache. Hielt ich meine Hand unter das Rinnsal, um einen Schluck zu trinken, hörte die Ruhr für Augenblicke zu existieren auf, bis sie wieder durch ihre Rinne in das Waldtälchen hinab rann. Wie rührend! Man hatte vielleicht etwas wie einen Mythos schaffen wollen. Doch den begründet nur des Göttlichen Gegenwart.

Später freilich, das muß man zugeben, hat die Ruhr ihre großen Augenblicke!

Welch ein anmutiger Flußgrund, über dessen Triften die Schafherden ziehen. Was tut es schon, daß sich die Industrie südlich Bochum bis an die Ufer vorschiebt – eine Batterie von Schornsteinen und jene pathetisch auffahrenden Gestänge, die für den Laien immer etwas Rätselhaftes besitzen, rostig und unschön sind, aber voll Zweck und Bedeutung. Eine Flußschleife weiter regt sich doch wieder das Staunen; dieser Fluß, dessen Name auf des Kontinents größten Industriebezirk überging, nimmt sich noch heute wie eine Geburtsstätte der Romantik aus. Wo sich Blankenstein mit Burg und Kirchlein über den Berg zieht, weiter stromab auf einem anderen Hügel

Hattingen folgt, besitzt das Ruhrtal alles, was seine Besonderheit ausmacht – begrenzte Weite, durchwehten Raum, Wolkenhöhe und die scheue Anmut der Flußauen.

Ich stand hoch auf dem Burgplateau von Blankenstein, das sich über dem linken Ufer erhebt, um nach Norden hinauszublicken. Wind sang hoch durch die Luft, geballte Haufen von Wolken segelten über den Himmel und Bündel blitzenden Lichtes fielen hernieder. Mächtig warf sich der Flußrand auf, einer grob gehenden See vergleichbar, gemildert durch des Wassers gewundenen, grün umrankten Lauf, belebt durch Häuserzeilen, Siedlungen, Ortschaften, die sich samt Buschreihen und kleinen Wäldern allenthalben über die Höhen ziehen. Von der Industrie, deren harter Zwang wenig weiter die Erde vergewaltigt, ahnte man nichts. Sie existierte nicht. Es war ein Anblick von gelöster Großzügigkeit, wie ich es liebe, und, nicht unwillkommen, ein wenig Idylle hinein gemischt. Blankenstein selbst schien zum Gernhaben erbaut. Schaute man vom Kirchlein des Ortes nach Süden, senkte sich ein hastiges, enges Tälchen nach unten, in dem sich von Stufe zu Stufe einige blitzsaubere Häuschen mit fröhlichem Anstrich niedergelassen hatten. Kaum anders nach der anderen Seite der Kirche. Hier spann sich die Erdfalte in Grün ein, ehe sie sich, von einem Gärtchen überblüht, in die Tiefe warf. Im Grunde klagte, halb unter Gebüsch verloren, anhaltend ein Schaf in den Tönen des Pan. Alles war Friede, Sommerfriede. Die steigende Luft zitterte über der Erde.

Hattingen, wenig weiter stromab, ließ das Staunen dann noch einmal hoch aufwallen. Haben sie vielleicht alle einmal in ihrem Kern so ausgesehen, die Ruhrstädtchen von Kettwig bis Schwerte? Zwischen den Häuserzeilen ließ sich die ursprüngliche Stadt ungern finden, zugegeben. Auch war es nichts Großartiges, was sich dann bot, eher ein Bild zum Nachdenken, vielleicht gar zum Träumen. Die Kirche umzieht ein ovaler Platz, ihn wiederum umstehen engbrüstige Fachwerkbauten. Einen Durchgang vom Kirchplatz zur Stadt gab es, bei dem für das überbrückende Häuschen nur eine enge Stiege übrig geblieben war. Es besaß mithin gar kein Erdgeschoß, glich einem Puppenhäuschen, das auf seiner Treppe wie auf einer Stelze balancierte. In der allgemeinen Enge stand es noch einmal um die Hälfte schmäler. Diesen Bezirk umgürtet eine Straße, an der abermals Fachwerk folgt, das an Gäßchen hierhin und dorthin hinauswandert. Manchmal eng, winklig, heruntergekommen, manchmal großzügig und leuchtend im bunten Anstrich der Fassadenbalken, stets jedoch kauzig und eigenwillig, eine seltsam zusammengerückte, seltsam anrührende Welt über dem Ruhrtal, auf dessen Brücken die Motoren der nach Norden fahrenden Wagen zu schnauben beginnen – begierig, in das kochende Lärmen des Industrierevieres hineinzujagen.

Wie köstlich das ist, dieses Ruhrtal von Schwerte, Hattingen, Kettwig, eine Welt eingesponnen in grünliche, schwärzliche Töne, der anmutige Solosatz einer Symphonie pathétique, frisch, spröd, allegro moderato auf dem Cello zu spielen. Stromab freilich wird es anders, ganz anders . . .

DIE SÖHNE DES PROMETHEUS

Fern in der Halle Schoß ein rot glühender Schein, Dröhnen und Stampfen. Die Erde schüttert. Je näher man kommt, desto mehr. Der Hammer der Gesenkschmiede, die aus Stahlscheiben Räder, Eisenbahnräder schlägt, faucht nieder. Tagein, tagaus, ein Schlag, ein Rad. Sie besitzt die Kraft von hundert Elefanten und die wütende Leidenschaft von hundert Tigern. Aber die Männer in ihrem Umkreis ängstigt sie nicht. Sie gehen mit ihr wie mit einem Spielzeug um. Manchmal machen sie sich einen Spaß, halten sie mitten im Schlage an. Dann ist sie der Tod, der Maß nimmt. Oder das Schicksal, das lächelnd mit seinem Finger droht. Scherzo gigantico.

AM HOCHOFEN

Ein Tag, wie viele über das Ruhrgebiet gehen, grau und trüb, die Luft von Regen durchschauert, von Wind durchblasen. Der kräftige Atem der großen Ebenen schläft hier ja niemals ein; geheime Erregung ist immer.

Voller Erwartung war ich durch den Morgen gefahren, durch graue, schlecht gepflasterte Straßen, vorüber an Mülltonnen und spielenden Kindern – in eine der gewaltigen Werkstätten des Landes. Man ging endlos über einsame Plätze, die von Hallen gesäumt waren, durchkreuzt von Bahngleisen. Manchmal dienten sie als kaum überschaubare Vorratslager von Metallen, Werkstücken oder Koks. Menschen gewahrte man selten, hingegen dröhnte es nahe von wuchtigen Schlägen, die die Erde ringsum erbeben machten, oder es schrillte, pfiff und knisterte – geheimes, oft kaum wahrnehmbares Leben, Innenleben, Seelentöne der Industrie.

Daß hier im Herzen der Dinge das Feuer wohnt, dieses erhabene Mysterium der Natur, wurde dann unvermittelt sehr deutlich. An den Hochöfen war es, einer mächtigen Batterie runder Stahltürme, um deren Fuß, trotz niederströmender Kühlfluten, eine sengende Hitze hing.

Von der Bühne, der gemeinsamen Plattform der Feuerriesen, die, stört keine Katastrophe, kein Krieg, Tag und Nacht brennen, jahrein, jahraus – von der

Bühne sah man ins Land wie von einem Berg. Eisenbahnzüge rannten dort unten, Wagen rollten und Regenschauer zeichneten eine dunkle Schraffur vor den Horizont. Wütend stürmte der Wind heran, zerrte mit raubgierigen Händen an Kleidern und Haaren.

Im Schutz bergender Mauern war es anfangs – auf andere Weise – kaum besser. Hier suchte das Auge vergeblich Ordnung in das Gewirr von Röhren, Eisengetrepp, Gittern und jähen Tiefen zu bringen, bis es sich plötzlich magisch verführt fand; markstückgroß und bläulich schimmerte das Sehloch des ins Ofeninnere führenden Blickrohrs. Man konnte gradewegs in die Glut sehen, die das mit Koks und Kalken vermischte Erz in das gewünschte Metall verwandelt. Dort drinnen waberte, tobte, explodierte es, als sei die Welt in das Anfangsstadium ihrer Entstehung zurückversetzt. Schaute man durch diesen kleinen Blickkanal, begriff man etwas von der Gewalt und Maßlosigkeit, die hinter dem nüchternen Alltag dieser Landschaft steht, man begriff körperfaßlich, daß unter ihrer rußigen Schale das Glühen lebt, ein Glühen von elementarer Kraft. Was hier geschah, hatte nichts mit Pathos, nichts mit Schönheit, nichts mit Empfindungen zu tun. Es entzog sich dem. Es war ein Geschehnis wie der Ausbruch eines Vulkans.

Längst lagen die Gerätschaften zum Abstich des Ofens bereit; schon war die Schlacke abgelassen, waren Sandgräben für das rinnende Metall aufgeworfen, fuhren unter der Brücke des Hochofens die Kübelwagen heran, die Ströme glühenden Eisens aufzufangen. Männer, durch weiße Helme und rote, kegelförmige Asbestmäntel geschützt, begannen den Ofen aufzubohren und die gewonnene Öffnung aufzustoßen. Anfangs mit vorschnellem Zischen, später mit mächtigem Schwung quoll die

Masse heraus und warf Schauer blendender Helligkeit in das qualmige Dunkel. Einen Augenblick hielt der glühende Strom an, während sich Garben sprühender Funken nach allen Seiten entluden, um sich sogleich mit vermehrter Wucht in die bereit stehenden Kübel zu stürzen. Es war eine halbe Stunde voller Phantastik und Erschauern, gemischt aus Größe des Eindrucks und Schrekken. Einem kindlichen Entzücken über die aufspritzenden Funken folgte das Zurücktaumeln vor der beißenden Hitze, die Bäche von Schweiß aus den Gesichtern der Männer strömen ließ – sie waren dabei, das weißflüssige Eisen von der sich stets von neuem bildenden Schlackenkruste zu befreien. Trotz alles Bedrängenden eignete diesem Anblick etwas Hochgestimmtes, Ermunterndes; das bloße Anschauen genügte, um den Betrachter zuversichtlicher, seines eigenen Daseins gewisser zu machen. Ein starkes menschliches Machtgefühl quoll auf, wenn man der Tätigkeit dieser Männer zusah, die unter angemessenen Bewegungen, Schattenbildern vergleichbar, zwischen dem Metallstrom und den Rauchwolken hin und her schwankten. Der Vorgang war Vollzug und Geschehnis; es haftete ihm die Unmittelbarkeit des Schöpferischen an. Wenn ich ein wirkliches Zeugnis von dieser Stunde geben will, muß ich auf dem Wort Schöpfung bestehen, denn was ihre Größe ausmacht, war gleichsam atemlos, unerbittlich und unmittelbar, wie alle Dinge dieser Erde, die dem Urgeheimnis des Werdens, des Vergehens und der Verwandlung nahe sind.

Ob ich später durch rußige, lange Gänge wanderte, vorbei an mannsdicken Abgasrohren oder unter den Baldachinen ragender Bühnen dahin, ob ich die drohenden Aufzüge der Hochöfen erblickte oder strömende Kühlwasser ins Tiefe stürzen sah, ob Maschinen neben mir lautlos schütterten oder dröhnend stampften – ich wurde den Anblick ins Innere des Hochofens, den Anblick der ausströmenden, weißen Metallflut nicht mehr los. Der Welträtsel erstes und letztes: das Feuer!

IN DEN STAHLWERKEN

Noch ein anderes Mal ist mir die verwandelnde Gewalt des Feuers vor Augen getreten. In den gewaltigen Stahlwerken war es, die sich – wie lang, wie breit?, immer wachsen die Maße hier ins Gigantische – über den zernarbten Boden spannen. In ihrem Innern stehen Batterien haushoher Öfen, angefüllt mit der wabernden Glut des Roheisens, das hier zu Stahl oder Edelstählen verschmolzen wird. Man konnte sie in jeder Gestalt erblicken. Einer Birne gleich und in schweren Angeln aufgehängt, Schwärme von Funken versprühend, bis das flüssige Metall unter dem Einfluß von eingeblasenem Sauerstoff geläutert war und sich das sengende Maul neigte, um die Glutströme in Gußpfannen zu entleeren. Oder als Rundöfen, in denen schürende Lichtbögen zwischen mannsdicken Graphitstäben übersprangen. Sie kochten voll wabernder Glut, während man benötigte Zusätze wie Kalk mit Schaufeln in ihren sich öffnenden Schlund warf. Oder ich umwanderte auf halbhoch an den Mauern angebrachten Stegen die riesigen Hallen der Siemens-Martin-Öfen, deren Schmelzbatterien, groß wie Wohnblocks, durch Gas- und Luftzufuhr beheizt und angetrieben werden. Vielleicht war dies von allem der elementarste Anblick! Es zischte und loderte immer aus vier gewaltigen Ofentürmen nebeneinander. Öffnete sich ein Ofentor, blickte man durch die blaue Scheibe, deren man sich zum Schutz der Augen bedienen mußte, in eine Hölle unsagbar hoher Temperaturen. Kam die Stunde des Abstichs, durchstieß ein langer Eisenhaken die Ausflußöffnung, das Riesengebäude neigte sich unter Knarren, Fauchen und Stieben zur Seite, und der weiß glühende Stahl rann in die bereitstehenden Pfannen hinab, eine sich gleich überkrustende Masse.

Alles sah urtümlich aus! Rauch qualmte nach oben, unten standen Kokillen in endloser Zahl, teils mit glühenden Stahlblöcken gefüllt, teils schon wieder entleert. Über alles dahin aber glitten durch das unendliche Gestänge der Decken und Bühnen, zwischen Qualm, Dunst und blendendem Licht die Kräne mit Lasten, die sie an Haken hierhin und dorthin trugen wie Spielzeug.

Nebenan aber vollzog sich sogleich eine neue Verwandlung. Das war die Region der Walzenstraßen, wo sich die eben gegossenen Stahlblöcke längten und dehnten, wie die stoßenden, pressenden Seitenwände oder die mächtige, von Wasser umsprühte Kopfwalze es wollten. Menschen steuerten sie von gläserner Bühne mit wenigen Hebelgriffen, bis der ratlos hin- und herpolternde Block sich ins Unvermeidliche schickte und in das gewünschte Werkstück verwandelte. Es gab hier ganze Systeme kleinerer Walzenstraßen, ganze Felder rollender Walzen. Je länger, je mehr die Stahlstücke sich dehnten, desto schneller ging die Verwandlung vonstatten. Hinter Brustwehren standen Trupps von Männern bereit, die den in rasender Eile vorstoßenden, glühend hell durch den Raum züngelnden Metallschlangen mit Greifzangen zu Leibe rückten. Schossen sie endlich in der Dünne von Drähten einher, waren sie mit blitzartiger Schnelle zu ergreifen und mit Schwung sofort in die gegenläufige Walze einzuführen. Eine ganze Legende von Mühe, Anspannung, Geschicklichkeit, ja, Artistik schwang in der Tätigkeit dieser Männer mit. Was sie trieben, war eine hohe, schwierig erlernbare Kunst. Aber es haftete ihrer Handfertigkeit auch der Segen des Schaffens an; ob nicht am Ende doch das Zupacken, das handgreifliche Verwandeln den Menschen am glücklichsten macht? Man war jovial, heiter, kräftig, trug bunte Mützchen auf dem Kopf. Zum ersten Mal in der Schwerindustrie des Revieres sah ich Menschen lachen und sich ein Scherzwort zurufen.

Es war wirklich Kunst im Spiele; großer Atem wehte. Die Schöpfungstage schienen anzudauern im Reich des Vulkan, der im rußigen Kittel einhergeht und die Musik der dröhnenden Hämmer liebt. Jenes Gottes, unter dessen Händen sich das Klobige, Ungefüge fast leicht und beiläufig in gebildete Form verwandelt.

DIE ENKEL DES PROMETHEUS

Nacht. Sanftes Dämmern erfüllt den Raum. Kein Ton, nicht einmal der Füße Schlurfen oder des Atems Hauch. Der Mann steht breitbeinig und reglos, die Arme auf dem Rücken zusammengelegt. »Ob Frieda es diesmal wieder so schwer hat?« Die Augen der Instrumente sehen ihn an, sanft leuchtend und teilnahmslos, eine ganze Wand. Lautlose Stifte in Glasgehäusen krakeln gezackte Runen auf Papierrollen, Zeiger schwanken über Skalen, Meßsäulen steigen und fallen. »Wenn's ein Mädchen wird, nenne ich es nach Mutter.« Sein Blick gleitet über die Uhr. »Lieber Gott, fünf Stunden noch, und keiner sagt mir, wie es mit Frieda steht.« Kalter Schweiß perlt auf seiner Stirne. Stifte krakeln, Zeiger pendeln und Meßsäulen schwanken. Er hat sie alle im Auge und rührt sich nicht.

Da ich Steg und Weg wußte, bin ich von Recklinghausen zu Fuß nach Marl gegangen. Querfeldein. Ich erkannte alles wieder, den kahlen Felderrücken, eine weit gezogene Bauerschaft, nun linkerhand den Wasserturm, die Grube, beide auf öder Höhe gelegen; dann kam der nur allzu bekannte Wald. Im empfindsamsten Alter hatte ich hier aus Mitleid einer Amsel, die mit gebrochener Schwinge am Boden lag und von Ameisen befallen war, das Lebenslicht ausgeblasen, geschüttelt von einem Sturm des Erschauerns über des Daseins wahres Gesicht. Weil sich meine Eindrücke mit dem Leiden stärker verbinden als mit der Freude, blieb es mir unvergessen. Doch vergaß ich nun überm Erinnern etwas anderes – daß die Gegend armselig war. Auch fand ich mich plötzlich schlecht zurecht. Marl erkannte ich noch, dann wurde alles sehr neu, sehr anders. Inmitten von Feldern und Wäldern wuchsen Wohnsiedlungen auf. Tausenderlei war im Bau. Eine weitläufige Reißbrettstadt entstand, und inmitten lag die Zitadelle, die Festung, ein chemisches Werk, das mit allem, was gegen den Himmel zu ragen und dampfen vermochte, seinen Salut nach oben entbot. Ein sehr berühmtes Industriewerk, in dem man Kunststoffe erzeugt, künstlichen Kautschuk und anderes.

Die Überlegung, nach der dies hier geschieht, mutet ganz einfach an. Man zwingt die Moleküle eines bei allerlei Gelegenheiten in der Industrie frei werdenden Gases, sich voneinander zu trennen und neue Verbindungen einzugehen. Natürlich bereitet die Verwirklichung dieses Kalküls mehr Umstände.

Ich bin mit der brennenden Neugier des Schülers aus dem Faust in das Werk gezogen, dessen Herz die Schaltwarte des Kraftwerkes ist, ein großer Kommandostand in mächtigem Raum, den das Halbrund einer Wand umzieht. Auf ihr leuchtet ein Schema des weitschweifigen Kabelnetzes und der wichtigsten Bedarfstellen weiß, rot und grün auf, je nachdem sie ein-, abgeschaltet oder nicht in Betrieb sind. Diese Befehlsstelle dient dazu, die Stromenergie dorthin zu leiten, wo man sie grade braucht, ist also der Feldherrnhügel.

Welch eine verwirrende Lautlosigkeit! Gedämpft klingt höchstens ein Telefon auf, eine Stimme spricht in den Hörer, sonst aber ist alles Schweigen, tiefes Schweigen und unklares Dämmern des Lichtes, in dem unaufhörlich einige Augenpaare die Meßskalen, Orientierungslämpchen und Schaltwege überwachen.

Daß sich der Mensch die unsichtbare Kraft sichtbar macht, um sie lenken zu können, ist eines der wichtigsten Prinzipe der Neuzeit überhaupt. Auch kämpft man nicht mehr mit den Mächten der Natur – man zwingt sie in vorbestimmte Bahnen, gibt ihnen Anstöße und lenkt die entfesselten, umgewandelten oder sich wandelnden Kräfte in eine Reihe von Apparaturen. Nur die Technik von gestern brüstet sich noch ihres Handgemenges mit den Elementen. Eine neue Technik hat die Natur überlistet und bedient sich ihrer gelassen. Beschwörung, Zitierung dienstbarer Geister durch eines Schalters magische Kraft.

Was im Eigentlichen geschieht, trägt sich folgendermaßen zu. Dicke Rohrleitungen führen den Rohstoff, das Methangas heran. Man betrommelt die Moleküle dieses Gases in Lichtbogenöfen mit Hitzegraden von enormer Höhe, reißt sie dergestalt auseinander und gewinnt neue Stoffe, die man mittels verschiedener Verfahren, erneuter Erhitzung oder starker Abkühlung, mit anderen Molekülen oder Verbindungen vermählt. Der Vorgang ist also unaufhörliche Trennung und unaufhörliche Hochzeit, bewirkt durch Temperaturen, die von den Graden der Sonnenhitze bis zu jenen der äußerst möglichen Kälte reichen.

Übrigens, es geht ohne pathetischen Aufwand zu. Überall stänkert es ein wenig nach Gas. Geht man an den Brücken der Lichtbogenöfen oder der Destillatoren entlang, die man mit Eisentreppen und -leitern erklimmen und auf eisernen Stegen umwandern kann, rauscht es wohl auch ein wenig im Röhrenwald. Aber man sieht nichts von dem, was vorgeht, den beiläufigen Blick in ein trübes Schauglas ausgenommen. Die Geschehnisse sind anonym. Auch von den Menschen, die diese Apparaturen bewachen oder bedienen, sieht man fast nichts. Sie hokken oder wandern in langen Hallen auf und ab, deren dicke Schutzwände dicht mit Meßinstrumenten besetzt sind – jeder in seinem zugemessenen Bereich, die Hände nach einer geheimen Übereinkunft auf den Rücken gelegt. Was sie treiben? Sie schauen zu, passen auf, Kontrolleure im Geisterreich.

WELT VON MORGEN

Es gab eine Werksgruppe, in der man zu ahnen vermochte, wie es morgen auf Erden zugehen wird. Eine vollautomatische Anlage zur Erzeugung gefährlicher Gase. Zur Linken erhoben sich mächtige Öfen und Türme, zur Rechten lag, sehr rührend in eine von Krokussen überblühte Wiese gebettet, eine Art Kommandobrücke – ein Haus, hinter dessen Glaswand drei, vier Leute auf Posten standen. Es war eine der Werkstellen, wo alles von selbst ging. Auf welche Weise? Durch elektrische Motoren, die für Zufuhr und Drosselung sorgten, durch Ventile oder was weiß ich. Ein Knopfdruck genügte, um die ganze Werksgruppe in Betrieb zu setzen, ein anderer, um sie still zu legen. Selbst kleinere Reparaturen regelten sich automatisch. Es war das Paradestück dieses Werkes. Man hörte und sah von den Vorgängen überhaupt nichts mehr. Aber Instrumente verrieten, daß unaufhörlich etwas geschah.

Und die Menschen? »Sind sie nicht Herren der Automaten«, sagte ein Chemiker mir und zog erstaunt seine Schultern hoch, als ich gelinde zweifelte. Die Menschen standen mit angespannten Mienen da. Standen vor ihren Instrumenten, von denen die Wand voll war, eine Brunnenstube der Zukunft. Sei nicht der Mensch, fuhr der Chemiker fort zu dozieren, solcherart zum richtenden, wachenden Gott über die Elemente erhoben, die sich in blindem Muß nach seinem Willen verwandeln – sei der Mensch mithin nicht vom Zwang der Materie erlöst?

Das war nun Mär und Legende. Aber wahr muß es bleiben, man traf hier auf einen anderen Arbeitertypus als den, der sonst das Bild des Ruhrgebietes bestimmt. Es waren schlanke, besonnene, intellektuell wirkende Menschen mit ernsten und schmalen Gesichtern, überlegene und überlegte Nachfahren des aufbegehrenden Prometheus, der einst das Feuer zur Erde gebracht hatte.

IN DORTMUND

Inmitten der rauhen Stadt: der Auserwählte, der Maler, von goldener Aura umflossen. Vor fünfhundert Jahren gestorben. Was tut's? Schicht um Schicht hat die Stadt ihre zerstampften Mauern und Aschenreste als Sedimente abgelagert, die den Archäologen in dreitausend Jahren die Köpfe heiß machen werden; sie ist untergegangen und anders auferstanden. Aber der Auserwählte lebt fort. Unverändert. Heute, morgen, solange Menschen sind. Niemand kennt sein Antlitz. Sein Name ist nur ein fragwürdiger Schnörkel aus Zufall und Vermutung. Dennoch, er lebt, lebt inmitten der rauhen Stadt, eingehüllt in eine Wolke von Goldstaub; sein Brot ist Glaube und die Geschenke, die er wahllos verstreut, sind Süßigkeit.

VARIATIONEN

Um die Szenerie kennenzulernen, auf der sich das wirtschaftliche Schauspiel einer Nation zuträgt, das manchmal ein pathetisches Drama, gelegentlich auch Tragödie

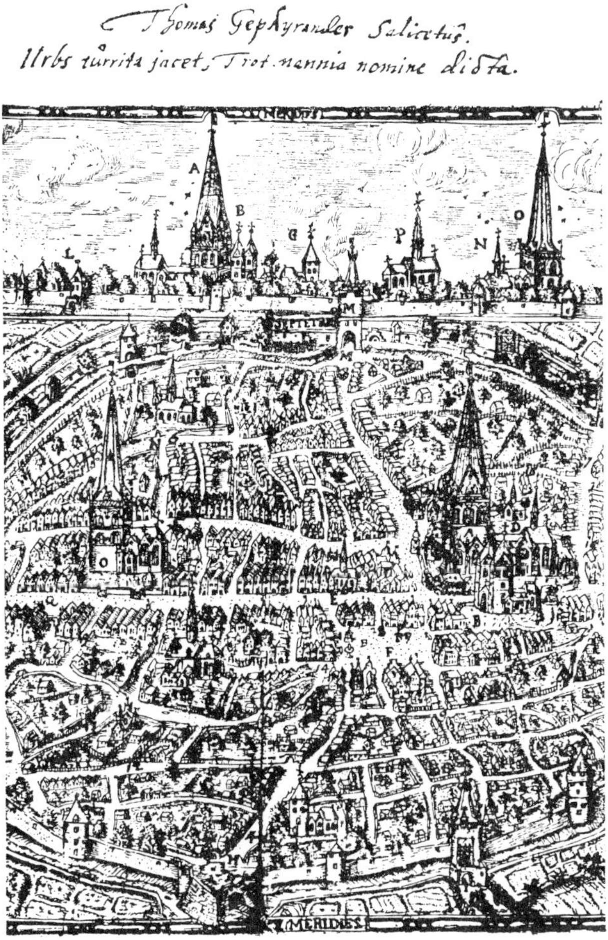

DAS ALTE DORTMUND

Ausschnitt aus dem Stadtplan von 1611 von Detmar Mülher

ist, muß man auf dem Ruhrschnellweg von Essen nach Dortmund fahren. Er ist allseits mit den Kulissen des Theaters auf Leben und Tod umstellt.

Der Ruhrschnellweg, diese von fernen Rauchschwaden begleitete, von unaufhörlichem Fauchen und Dröhnen der Motoren bebende Straße, führt durch alles, über alles hinweg; durch die Haupt- und Vorstädte, die Randsiedlungen, Felder und Hügel, über Bahnen, Bäche und Kanäle, bis er vor der Silhouette von Dortmund mündet, das Westfalens größte und zugleich eine uralte Stadt auf roter, das will sagen gerodeter Erde ist.

Wie wenig diese Metropolen des Ruhrrevieres doch aus den Feuern, die nächtens vom Himmel fielen, zu retten vermochten!

»Ach, lieber Herr«, sagte mir eine alte Lehrerin, das Gesicht in tausend freundliche Klagefältchen gezogen, »der Krieg – wie schonungslos hat er gewütet! Wie hat er dafür gesorgt, daß von unserer Stadt, von dem, was wir liebten, nichts übrig blieb als eine blasse Legende! Was gab es denn noch, als alles vorüber war? Zertrümmerte, pulverisierte Scherben aus zahllosen Häusern und Schicksalen. Die Opfer, schön säuberlich eines neben dem anderen in die Erde gebettet, waren beinahe noch am besten dran.«

Ich wußte. Noch lange Jahre hernach hingen von notdürftig geflickten Hausungen jene Betonlappen, die einstmals die Fußböden verschwundener Nachbarhäuser gewesen waren. Doch wer erlebte das nicht? Aber macht man sich wohl genügend deutlich, welchen Nachhall das einst in den Kunsthandbüchern der Zukunft besitzen wird, wenn diese Epoche den Nachfahren entschwunden ist, wie uns Heutigen der spanische Erbfolgekrieg? Die Jahre 43, 44, 45 – fröhliche Totschlägerzeiten. Und welch eine tiefe Zäsur! Auf Trümmerbergen, Massengräbern und festgestampften Ascheschichten ganz neue Städte; davon werden sie später sagen, ein anderes Zeitalter brach an. Ein Klöppelanschlag der großen Totenglocke, die wir Zeitlichkeit nennen! Was weiter?

Ich hatte mir geschworen, von den grauen Augenbrutalitäten dieses Landes an dem warmen Frühlingsnachmittag, den ich durchschritt, nicht Notiz zu nehmen. Draußen am mächtigen Glasrund der Westfalenhalle hatten ganz zart die Forsythien zu blühen begonnen, deren erste Entfaltung ich ebenso liebe, wie mir die gelbe Pracht später zuwider ist; über kühl-finsterem Gesträuch, das man hier so oft findet, lag froh-grüner Hauch. Seitab stand etwas Mächtiges wie ein überdimensionierter, schief durchschnittener Tortenboden – ein riesiges, durchhängendes Dach stützte sich mit den Rändern auf gewaltige Bettspreiten aus Beton. Spaziergänger blieben stehen, rätselten mit der Lust, die den Reviermenschen alle Veränderungen bereiten, an der Bestimmung herum. Eine Hochhüftige im heiratsfähigen Alter stöckelte am Arm der Eltern vorüber; sonst Frauen vom Land und den Vorstädten, die ermüdet durch Anlagen stapften und, wie man das hier bei einfachen Menschen unweigerlich sieht, ihre beim Henkel ergriffenen Handtaschen am langen Arm hin und her schlenkerten. Im Rosengarten war eine Wiese voller Krokus in dichten Büscheln erblüht – safrangelb, blau, violett. Fernhin waldige Höhenzüge. Vogelflüge durchschnitten die Luft; Vogelzwitschern erscholl. Allüberall Duft und Dunst. Von der Industrie konnte man nichts gewahren.

Aber natürlich, das war Chimäre. Zwei Tage später mußte ich meine Arglosigkeit büßen. Da wurde ich nach allen Regeln der Kunst mit Häßlichkeiten traktiert, damit ich nicht auf den Gedanken verfiel, es sei im Grunde doch alles so arg nicht. Draußen in Hörde, einem der

Vororte, die Dortmund zur Industriestadt machen. Die Welt, die Natur, der Himmel – ich weiß nicht, ob sie sich hier noch solcher Worte bedienen oder nicht lieber gleich mit der Achsel zucken. Mit der Straßenbahn fuhr ich hinaus, lange, lange. Die Häuserzeilen nahmen kein Ende, bleckten Schaufenstergebisse und zeigten Vorstadtwohlstand. Was mich erbitterte, war ihre fade Wesenlosigkeit. Wer beging das Verbrechen, solche Häuser zu bauen und wird nicht noch im Grabe verflucht? Welch treuherzige Bestialität, aus solch grauer Dürftigkeit Gewinne zu ziehen! Dann folgten Hinterhöfe – verwinkelt, dunkelrotes Mauerwerk. Neue Straßenzeilen, zwei bis drei Stockwerk hoch mit Jugendstilornamentik, herabgekommene Viertel. Nun gut, es war wenigstens gelebtes Schicksal, das sich hinter ihren Fassaden verbarg. Jetzt endlose Werksgelände; ganze Batterien von Warmhalteöfen lagen direkt an der Straße. Flammen züngelten heraus. Mächtiges Geröhr querte den Fahrdamm wie eine Rialtobrücke.

Ein gebeugter, knochiger Arbeiter, ein Invalide mit den blauen Malen des Bergmannes im Antlitz, der zugestiegen war, blickte mich an, wie ich suchend umherschaute. »Gucken Sie nur herum. Unsere Welt. Gefällt sie Ihnen?« Es schwang ein Unterton Bitterkeit in der Stimme. Ich wiegte den Kopf. »Was will man«, fuhr er fort, »ich bin hier geboren, aufgewachsen; erst war ich Hauer auf der Zeche, dann bin ich zur Hütte gegangen.« Er würde hier also auch sterben. Aber jetzt war eine Unruhe über ihn gekommen, die er nicht zu deuten verstand, wie er sagte. Was ihm mangelte, er wußte es nicht, er wußte nur, daß etwas fehlte ... »Vielleicht ein richtiger Frühling, vielleicht eine klare Sonne, vielleicht Arbeit. Wer weiß. Man sollte nicht soviel nachdenken können. Seit ich nicht mehr zur Hütte gehe, bin ich ins

Sinnieren geraten; das tut nicht gut!« Er stieg schwerfällig aus, ging über die Straße, des Lebens ganze Mühsal im Schritt.

Geht man zur anderen Seite Dortmunds in die Vorstädte hinaus, nach Huckarde, sieht man, daß diese Ansicht nicht unbegründet ist: nicht nachdenken! – Ehe man freilich die Stadt gequert hat, welch eine berauschende Weite im Innern! Blitzender Lack, glitzernder Chrom. Autospiele auf breiten Avenuen unter grünem, gelbem, rotem Ampelsignal – rund um die ›Wälle‹ der Stadt. Die Geschäftshäuser aus Stahl, Glas, Beton, wie das so üblich ist. Es war fünf Uhr. Das Maul des Bahnhofes spie unaufhörlich Ströme von Menschen; hurtige Schritte, auf der Flucht vor herangleitenden Wagen, fächerten über den Fahrdamm zu den Perrons der Straßenbahnen. Das Großstadtbild aus Asphalt, Drähten, Verkehrsschildern, Mauern und Zufallsplätzen. Riesig thronte eine Brauerei vor dem Himmel. Rechts herum schwang eine Straße, gleißten Neonröhren in tunneliger Bahnunterführung. Jenseits, mit eines Aktwechsels Promptheit, erneut: die Vorstadt!

Schützenstraße, Mallinckrodtstraße! Ein riesiges Werk zur Rechten, mächtige Schlackenhalden zur Linken, auf deren Grat Aschenwagen mit nach unten gekippten, glühendroten Mäulern standen. Dann folgten die Lagerplätze, die Arsenale der Benzinfirmen, der Kohlengesellschaften. Eine Welt von Zurüstungen. Elektrische Kabel schwangen sich durch die Luft.

Im noch kahlen Rotdornbusch rechts an der Straße hockten traurig und reglos zerzauste Amseln – dennoch, die jungen Leute gingen auch hier zu zweit und Hand in Hand durch die Straßen; er, das Fahrrad in der Gosse führend, sie mit glücklich-verlegenem Lächeln. Und diese ergreifende Ordentlichkeit in den mit dicker

Rußschicht bedeckten Häusern hinter den Hafenquartieren! Weiße Gardinen, Blumentöpfe, ein mit verzweifelter Liebe gepflegtes Gärtchen! – Welche Menschen, ruhig, zäh, wortkarg oder auch mit gelassenem Lächeln, die hier wohnen! Seht sie aus den überfüllten Eisenbahnen, seht sie aus den Werkstoren quellen, seht sie zur Schicht gehen. Seht die Liebespaare am Abend und die jungen Familien am Sonntag, zwischen Bahndamm und Kanalufer, welche Zuversicht, welcher Glaube an das Leben!

DER MEISTER

Die Menschen – ich habe sie lieben gelernt; sie waren mir oft näher, als ich es wünschte. Es gab da manches, das mich ein wenig irre machte. Aber ob am Ende nicht auch in ihnen die gleiche Kraft wie in dem Einen, Auserwählten wirksam war, die sie an ihrem Platz ausharren läßt, tagein, tagaus, von der Geburt bis zum Tod? ...

Von den Resten der alten Stadt, die vor langen, langen Jahrhunderten Sitz eines berühmten Femegerichtes war, existieren – und dies muß als Wunder gelten – inmitten der Welt von heute zwei Gotteshäuser versunkener Zeit, die Reinoldi- und die Marienkirche, beide mit genauer Not dem allgemeinen Schicksal entgangen, oder noch besser, aus Trümmern wiedererstanden. Man hat das ganz gut gemacht; so gut, wie es ging. Natürlich nimmt sich jetzt alles ein wenig zu neu und zu gut aus. Doch die Patina der Jahrhunderte, die wir Späteren so sehr lieben, dieser edle Rost will nicht nur erworben sein, er ist ein Kreditbrief, bei Fortuna in Gunst zu stehen. Das Kunstwerk ›als solches‹ bedürfe ihrer nicht? Ich komme nicht mehr von dem Gedanken ab, ein Kunstwerk sei immer ein unerhörter Glücksumstand und seine Patina Gnadengeschenk.

Die Marienkirche; ein großer Moment, sie zu betreten. Man hatte, o Glück, des Konrad von Soest Marienaltar wieder aufgebaut. Ganz einfach. Auf einer Mensa. Christi Geburt links, die Anbetung rechts und den Marientod inmitten. Dieser Meister, mir vom Wildunger Altar wohlbekannt, hatte mich immer stärker berührt als das, was sein Jahrhundert sonst geschaffen – Stephan Lochner nicht ausgenommen. Er steht am Anfang der westfälischen Tafelmalerei und ist zugleich ihr Gipfel. Vergleicht man seine Arbeit mit dem, was vor ihm war, muß man sagen, daß mit ihm etwas anderes, Neues nach Niederdeutschland gelangte.

Wer er war? Es gibt Reste einer Inschrift am Niederwildunger Triptychon. Wenn man sie richtig rekonstruiert hat, versichern sie, dieser Altar sei von Konrad, Maler aus Soest, im Jahre 1404 am Tage des hl. Ägidius, des Bekenners, fertiggestellt worden. Mit seiner Soester Abkunft hat es also seine Richtigkeit. Das ist neuerdings auch anders belegt. Wo hat er gelernt? In der »hilgen Moderstadt« binnenländischer Hanse, in Köln? Es bestehen aus der Zeit um 1400 Verbindungen zwischen Westfalen und dem Rhein – Gleichheit in Kopftypen, Faltenwurf, Zeichnung und Farbgebung. Kurz, die Indizien der kunsthistorischen Kriminologie verraten Bezüge. Aber die eigentlichen Vorbilder liegen im Westen. Mithin kann es sein, daß die Kölner Maler und der Meister aus Soest gemeinsam und gleichzeitig französische Anregungen verarbeitet haben; es kann sogar sein, daß Konrad für die kölnischen Künstler das Vorbild abgab.

Zwischen 1394 und 1420 weilte er in Dortmund, das damals, wie es so hübsch heißt, »eine blühende Reichsstadt« war, konkreter gesprochen, Geld besaß und Aufträge vergab. Was wir sonst von ihm wissen? Daß er

Gez. v. C. v. S. H.

CAPPEN

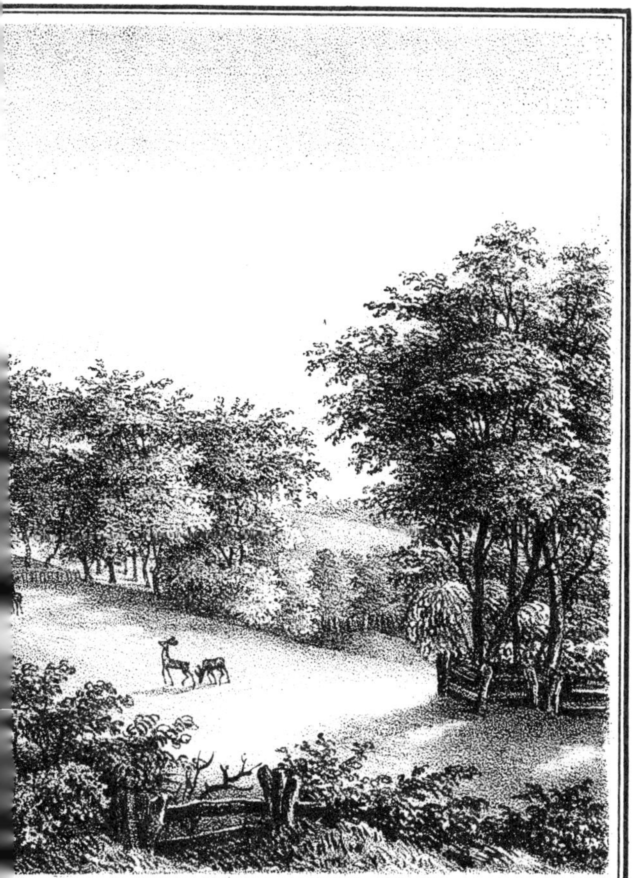

Lith. v. P. Herle & C. in Paderborn.

BERG.

Reisen machte, diese für einen Künstler unerläßlichen Aneignungen, nach Frankreich, Burgund. Natürlich, wohin kann man schon gehen, um etwas zu lernen? Er ist also ein Meister gewesen, Meister einer Zeit, welche die Welt auf neue Weise sah, den Menschen in den irdischen Raum stellte und doch mit den hehren Vorstellungen vom Gottebenbild, wie sie uns aus der adeligen, burgundischen Welt und ihrer höfischen, ritterlichen Zucht entgegenströmen, noch nicht gebrochen hatte.

Verständlich also, daß ihm das Undramatische, das Zuständliche am Herzen lag! Seine Kreuzigung von Wildungen, statt gewaltsam oder erregt, bleibt getragen, lyrisch. Mariens Tod in Dortmund ist sanftes Einschlafen unter der Engel Hand. Wo Konrad leidenschaftlich werden muß, deklamiert er gleich. Wunderbar seine Fähigkeit, feierliche Handlungen zu zelebrieren, elegante, prächtige Menschen in gelassener Haltung vorzuführen. Auf den höfischen, vornehmen Ton versteht er sich; Tracht, Gang, Gebaren sind nach der letzten Pariser Mode. O, diese sensiblen, feingliedrigen Hände, die gar nicht mehr zum Fassen und Halten, sondern höchstens zum Zeigen da sind! Selbstverständlich auch, daß es in dieser Welt sorgfältig gestufte Rangunterschiede gibt. Man sehe nur die Wildunger Kreuzigung, wie da die Kavaliere im Vordergrund sich ungeniert neben Maria und den Frauen unterhalten. Respektvoll dahinter die Soldaten. Oder wie zierlich der Kavalier dem Longinus die Lanze hält. Nein, Konrad ist kaum ein großer Erfinder, aber der Meister glücklicher Formulierung. Wie wenig Typen genügen ihm, wie wenig Gesten, um seine Welt zu umreißen! Aber dennoch, niemals etwas Ungeschicktes, Trockenes. Seine innere Getragenheit muß groß gewesen sein – anima candidans. Er war eine von jenen seltenen Gestalten der Erfüllung wie der spätere Meister von Liesborn oder Annette von Droste-Hülshoff, die einen bestimmten Typus der westfälischen Menschen verkörpern, sensitiv, voller Verletzlichkeit, voller Gesichte!

Es ging also darum – welche Aufgabe für einen Künstler –, den irdischen Menschen, die irdische Natur mit der Hoheit der geglaubten Welt in Einklang zu bringen. In diesem Geist sind die erhaltenen Hauptwerke geschaffen. 1420 war der Dortmunder Marienaltar vollendet.

Man darf sich das nicht falsch vorstellen. Hier hat keine Schwärmerei Platz, hier ist alles auf starke, große Konturen gestellt! Keine Hätscheleien, keine Idyllen, sondern Gewichtigkeiten. Blau, Gold und Rot, die heiligen Farben, zu großen Flächenschüben zusammengefaßt, herrschen vor. Auch das Wort ›gefällig‹, wiewohl man hohes Gefallen findet, läßt sich nicht brauchen, eher haftet der Komposition etwas auf ergreifende Weise Erfühltes an. Da flügeln rote Engel um den Nimbus der Gottesmutter auf dem Geburtsbild. Andere kommen lobpreisend in blauer Wolke herab. Ganz ruhig sitzt Josef da, etwas distanziert, in Betrachtung versunken. Aber, das sieht man, das ganze Ereignis wird ihn nicht sonderlich davon abhalten, gleich wieder an seine Hausvaterarbeit zu gehen, die irgendwo auf ihn wartet. In seinem ruhigen Beisichsein ist er ein ganz westfälischer Mensch.

Der Gottesmutter freilich merkt man Empfindung an. Ein verborgener Schauer des Ergriffenseins liegt über den Zügen. Nimmt man das Bild als Ganzes, ist weder Jubel noch große Gebärde darin, aber tiefe Andacht und Angerührtheit. Das wollen schon die beiden zu Kreisen geballten Engelsschwärme so; ihre gezirkelte Geometrie deutet doch Vollkommenheit an, diese wiederum will:

schweigt, betet an. Man kann vor diesem Bild nicht gleichgültig bleiben. – Dann die Anbetung. Dieses zarte, müde Rosa des Thrones, dieses kaum gewagte Grün, das so voller Adel steckt! Da ist plötzlich die Nähe zu Konrads Figurenbildern greifbar, der hl. Ottilie in Münster oder dem Nikolausaltar in Soest.

Allein, wie könnte es anders sein, das Mittelbild muß den Blickfang bilden. Hier geschieht ja Unsägliches, der Tod der Gottesmutter! Alles Blut hat sich schon aus den Händen und dem Antlitz der Sterbenden zurückgezogen. Unten sitzt einer verhüllten Hauptes und liest ein Sterbegebet. Links, das Episodische begibt sich, geht ein anderer fort, weil das Räucherfaß leer ist.

Das Unsägliche besagt dies alles natürlich nicht. Auch der zugeneigte Johannes, welcher der Gottesmutter die Totenkerze in die Hand drückt, deutet es noch nicht an. Aber die blaugewandeten Engel, welche den Kopf Mariens wie eine Aura umgeben, eingehüllt in eine Wolke von Gold. Ihre Hände strecken sich aus, die Seele zu empfangen und empor zu tragen. Nicht nur das; durch sie wird die Berührung mit dem Übersinnlichen Gestalt. Welch ein Einfall, daß da ein Engel zitiert ist, der Sterbenden Lippe zuzudrücken. Einfall? Sichtbarmachung des Sterbesakramentes; der Mund, des Irdischen Einfallstor, wird verschlossen. Bildliches Darstellen göttlichen Gnadengeschehens, ein Gegenstück zu den Verkündigungsbildern.

Aber man muß das in den Farben sehen! Drei Zonen gibt es; rote Gewänder im äußeren Kreis, blaues Bettwerk, blaue Engel im mittleren. Im Zentrum die blasse Gestalt der Sterbenden. Der Mitte zu vermindert sich also die Farbenergie. Was ist gemalt? Letztes Geheimnis, ein Hohlraum, ein Weg, der sich ins Innere öffnet und ›Entwerden‹, Aufgehen in Gott bedeutet.

Ich habe das niemals mit solcher faszinosen Kraft gestaltet gesehen.

Meine andächtige Zwiesprache hatte lang gedauert. Als sie zu Ende war, gab es ein kleines Nachspiel; in einer letzten Umwanderung erinnerte ich mich der zwei fehlenden Tafeln, von denen ich wußte. Die Aufsicht haltende Frau sah auf meine Frage stumm und, wie mir schien, verlegen zur Seite. Das Schweigen wurde lang. Ganz offen riß es sie hin und her zwischen Verbot und Verständnis. Dann winkte sie mit plötzlichem Aufseufzen, schob auf der Rückseite zwei Schutzwände auseinander. Es war eine Verkündigung zu sehen, holder als das, was der Meister sonst geschaffen – eine andächtig-ergebene Jungfrau, die nichts zu fürchten, nichts zu bedenken schien, sondern sich widerspruchslos dem göttlichen Ansturm fügte. Die andere Seite stellte eine Marienkrönung dar, auf der Christus seiner Mutter unter dem Beistand einer Mandorla flügelnder Engel die Krone aufsetzte. Es schienen beide Werke, ohnehin nur als Torsen erhalten, ganz aus der Gewohnheit des Meisters zu fallen, waren prangender, heftiger, erregter.

... Oder erschien es mir so, weil mich so laut ein Glücksstrom durchrauschte und Zuneigung, fast Zärtlichkeit zu diesem Land, dieser Stadt in mir weckte, wie ich sie in der Welt harter Dinge bis zur Stunde noch nicht empfunden hatte? Gleichviel, eine starke Empfindung blieb für den Rest des Tages in mir, geleitete mich später hinaus, hinein in die Reinoldikirche – wie seltsam übrigens, zwei Kirchen straßüber nebeneinander lagernd! Ich gewahrte mächtige Bögen, die erstaunlich bizarr herniederstakten, ehe sie sich in die kräftigen Schenkel der Pfeiler entließen, gewahrte die Kolossalstatuen des großen Kaisers Carolus und des heiligen Reinoldus auf mächtigen Steinpodesten; ich sah den Brügger Altar, und doch sah ich eigentlich nichts. Ich ging durch die Stadt. Der Verkehr schwoll an, ebbte ab, die Lampen erglommen. Mein Schritt ging vorbei an zahllosen Schaufenstern voll Konfektion, Wäsche, Hüten, Delikatessen, Autos, Miedern und Büchern. Es war mir gleichgültig. Eine Gastwirtschaft nahm mich auf, ich aß, trank und achtete nur sehr ungenau auf das, was ich tat.

DAS REVIER, FLIEHEND GESCHAUT

Dann rannen die Tage, es war Nacht, Morgen, Mittag und Abend; ich weilte in Kappenberg, ließ die Tageszeiten vorübergleiten, wartete auf etwas und wußte nur ungenau, was es war. Der Strom der Stunden spielte es mir nicht zu. Ich war müde und wollte bleiben, war unruhig und wollte gehen – ein Zustand, wie er über uns kommt, wenn sich die Hände vergeblich ausgestreckt haben. Immerhin erkannte ich so, daß die Landschaft, die hinter mir lag, mich ohne Antwort entlassen hatte und schwieg. Sie lebte, vollzog sich nach ihren eigenen, verborgenen Gesetzen – war sie Behemoth, Leviathan, Utopia? Sehr langsam, während die Herbstregen herniederrannen und mit jedem Blatt ein Stück Hoffnung sank, wurde mir deutlich, daß sie noch im Zustand des Werdens, des Vollzuges lebte, gleichsam noch in ihrer geschichtslosen Periode, erfüllt von atemloser Hast, Ungerechtigkeiten, Bitternissen und jähen Aufschwüngen, eine Landschaft des Handelns, Landschaft der Tat. Aber auch getrieben von Bedrängnissen oder Begeisterungen, eine Landschaft des Duldens und Durchhaltens. Eine Landschaft des Geschehens also, wo jeder Kontur sich zu ändern wünscht, unruhvoll nach Dauer und Gültigkeit suchend, die ihm noch versagt waren. Aber eines Tages würden auch hier die Eulen der Minerva zu fliegen beginnen, wenn erst die Lebenskraft schwächer geworden war und ein Dasein aus der Erinnerung anhob. Möglich, daß sich dieses Land auf eine ganz neue, nur ihm eigene, besondere Art von Schönheit besann, die man vielleicht gar nicht Schönheit im herkömmlichen Sinne nennen konnte, vielmehr eine von lauter Bitterkeiten genährte, sublimierte, durchgeistigte, verklärte Erfahrung – des Schicksals und der Tränen Honig. Es schien mir möglich, wenngleich ich nichts davon zu gewahren vermochte! Sah ich indessen das Unterpfand nicht dafür, gelebtes, drängendes, quellendes Leben, Geschaffenes und Erlittenes, des Daseins vollen Kreis?

Daß ich nun hier weilte, erschien mir bald wie Vorbestimmung. Sorgfältig betrachtete ich daher, was dieses ehemalige Prämonstratenser-Kloster für mich bereithielt. Das köstliche Chorgestühl der Kirche mit den Groteskfiguren, oder ein Altarbild des ›Meisters von Kappenberg‹, das im Anschluß an die große Zeit westfälischer Spätgotik entstanden war, ein Kalvarienberg in satten, etwas stumpfen, doch volltönenden Mollfarben, darauf unverwechselbar westfälische Gesichter, so wie die Droste ihre Landsleute beschrieben hat, hellhäutig, mit sensitivem, kleinem Mund. – Oder ich stand vor dem Grabstein der Grafen von Kappenberg, ein Jahrhundert vor dem Marienaltar des Konrad von Soest entstanden, dessen höfischen, subtilen Geist – diese andere Seite im Wesen der Westfalen – er atmet. Chevaleresk, in schön gezirkelter Pose stehen die Grafen einander gegenüber und halten das Modell jener Kirche empor, in der sie nun abkonterfeit sind. – Es war kein Augenblick, in dem das Erschauern pulste, wie sonst zuweilen vor westfälischen Bildwerken, aber ein geistreiches Spiel der Formen. – Ich sah, was es sonst gab, Meister Wiberts berühmtes

Kopfreliquiar, das als Bildnis Kaiser Friedrich Barbarossas gilt; Gewölbemalereien, einen ergreifenden Erbärmdemann, eine Pietà und anderes mehr. Und es gab einen romanischen Löwenkopf, einen Türgriff, der mich besonders entzückte, im Zufassen zahlloser Hände vieler Jahrhunderte glatt geworden. Patina des Gebrauchs!

Doch nahm mich stets am meisten gefangen, daß Kappenberg eine mönchische und keine herrschaftliche Anlage war. Der Zuweg geschah, ohne daß von dem Ankommenden Aufhebens gemacht wurde; man betrat einen ummauerten Garten, ging durch eine lange Zone des Schweigens bis zur Pforte. Das war mönchisch gedacht, und es war auch später nichts daran geändert worden, als Kappenbergs große Zeit anhob, und der Freiherr vom Stein den 1708 zu einer Schloßanlage umgewandelten Besitz erwarb. Hier wollte der Staatsmann nach den Freiheitskriegen seßhaft werden; hier verbrachte er seine Altersjahre. Vielleicht, um dem Gebiet nahe zu sein, in dem er als Beamter des großen Preußenkönigs tätig gewesen war und die ›Mark‹ und das spätere Ruhrrevier erschlossen hatte. – Die Entwürfe der Jugendjahre sind es, die uns während des ganzen Lebens am nächsten bleiben.

Fragte ich mich genauer, was Stein bewegt haben mochte, sich hier anzusiedeln, fand ich eine sehr greifbare Antwort, sobald ich auf die Terrasse des mächtigen Schlosses trat, das vom Tal aus gesehen eine fürstliche oder sogar königliche Erstreckung besitzt. Es begann mir sogar aufzuleuchten, daß von ihr jene geheime Anziehungskraft ausging, die mich hier festhielt. Im Grunde lag ein Sumpf zwischen grünen Wiesen, zur Rechten ein Waldberg, vor den Augen mächtige Eichen, weiter das Lippetal, das zur Rechten in die Landschaft des Industrierevieres überging. – Das war es also, warum der alternde Staatsmann sich hierhin setzte! Der Platz bot ihm Überschau über das, was er für lebenswichtig und zukunftsträchtig hielt.

Es wohnte dem Blick von der Kappenberger Terrasse für den Eingeweihten oder den Suchenden noch immer eine ähnliche Gewalt inne. Die Schlote und Kühltürme qualmten, die Industrie – Segen und Fluchwort zugleich – war ganz nahe. Ihre Zukunft liegt hier am Ufer der Lippe. Man merkt es allenthalben, wenn man in Kappenberg steht, das vor hundertundfünfzig Jahren, als Stein hier lebte und den Blick auf die regsame Ebene warf, nur eine Schwelle war und das immer noch eine Schwelle ist – gut, eine Schwelle nach morgen. Natürlich, die Lippe, dieser Fluß sanfter Götter und der Meditation, durchfließt des Ruhrgebietes zukunftsträchtigste Landschaft. Vornehmlich aber, weil Schloß Kappenberg wie eine einzige Aufforderung wirkt, über seine Schwelle den Weg nach innen anzutreten in jenen jenseitigen, geheimnisvollen, mystisch erleuchteten Bereich, in dem die Seelen der Westfalen wurzeln.

Stürmt fort, ihr Rosse der Nacht, wohin es euch fortreißt! Gleichgültig, wo euer Weg endet, eurer Hufschläge jeder ist Weckruf. Ich sehe die Gesichter der Menschen in diesem Lande vor mir, zarte und grobe, schmale und runde, helle und dunkle, junge und alte ... voller Hoffnung, voller Bereitschaft.

Drittes Buch

DAS SANFTE GESETZ

oder

IM MÜNSTERLAND

In Legden, einem Ort tief in der Einsamkeit des Münsterlandes, sah ich über dem Weihwasserbecken der Kirche eine Hand in verglaster Mauernische. Eine uralte, staubgraue Hand, die man bei einem Umbau in den Fundamenten des Turmes gefunden hatte. Die Haut war ein wenig vom Wurm zerfressen; hier und dort schaute unbefangen etwas Skelett hervor. – Man besitzt hierzulande Sinn für Zusammenhänge, die sich dem platten Verstande entziehn. Ob die Hand nun einem armen Schächer abgeschlagen oder freiwillig geopfert wurde, nach sieben Jahrhunderten der Verjährung, nicht wahr, muß sie doch als Zeugnis des Menschlichen gelten. Versteht man, um was es zu tun ist? Draußen fließt ruhig der ländliche Alltag ... hier drinnen die Hand, ein Zeugnis über die Zeitalter hin ... was ist ein Jahrtausend ... da, die Hand, ein Gruß von gestern ... Zeit, was bedeutet das schon ...

MÜNSTERLÄNDISCHES NOCTURNO

Violett getönte Wolken zogen über den grünlichen Himmel des Abends, im Westen lohte hellgelbes Licht. Ringsum war Wald, Wald und nochmals Wald, von einsamen, großen Schultenhöfen mit roten Wohn- und Wirtschaftsgebäuden durchsetzt. Den ganzen Tag über war ich durch diese Landschaft gewandert, in der die Felderquartiere im Schutz der Wälder schliefen, die zuweilen winterlichdünn und faserig, dann wieder in harter Kontur gegen den leuchtenden Abendhimmel standen.

Nach ungewohnt warmen Frühlingstagen war der Winter erneut eingebrochen. Mächtige Wolken zogen über den Himmel, hüllten die Erde in das Grau-weiß wirbelnden Schnees, bis über Straße, Acker und Wiese der nur zu bekannte weiße Schleier lag. Dann trieben krächzende Krähen heran, es wurde kalt; der beißende Wind färbte die Ohren frostrot. In den Senken blänkerte, knisterte junges Eis, und auf den einsamen Wiesen nahe den Höfen watschelten verblüffte Enten umher. Hoch über mir standen die ersten funkelnden Sterne, nächtig und frostklar. Es war ganz still. Nirgendwo schlug einer der Hofhunde an, die sich in den wärmeren Tagen zuvor mit Kläffen nicht genug tun konnten. Es war Friede, vollkommener Friede.

Mit dem Gehen in der Ebene ist es anders als mit dem Wandern im Gebirge bestellt. Man denkt längere Gedanken, solche, die nicht an der nächsten Bergecke abbrechen, sich nicht vom nächsten Ausblick überraschen lassen, sondern mitwandern, jede der vielen überschaubaren Kurven der Straße. Es waren trübe Gedanken gewesen. Hat man sein Leben auf das Schreiben gestellt, bleiben sie nicht erspart; sie sind des überforderten Kopfes, des zu kurz gekommenen Beutels Gegenpräsent: wo ist ein

Rastplatz zum Ruhen und friedlichen Hausen, sei es auch nur ein geborgener Winkel für einen Tag oder wenigstens eine Nacht der Ruhe und Wärme? Ich fühlte mich ausgestoßen und friedlos, ein Heimatloser, dem es beschieden war, an eine zwar empfohlene, gleichwohl fremde Tür zu klopfen. Auf den Binnenweg, den ich ging, folgte ein Querweg; Gräser und Ranken bogen sich unter der Last wässerigen Schnees. Dunkel staken die Weidepfähle im Grund, ganz schwarz und dicht trat der Wald an die in Kälte erschauernden Wiesen. Der Hof, den ich suchte, lag unvermittelt vor mir.

Wie Lautlosigkeit und Stille des Abends doch anhielten! Ich pochte. Aber an Deelentüren klopft man vergeblich; die wollen, daß man sich selber öffne. So ließ ich ab von den Förmlichkeiten und trat aus der schweigenden Einsamkeit des Abends hinein in eine Welt dunkler Heimlichkeit und leise sich rührenden Getiers, einer langen Reihe von Kühen zur Rechten, Kälbern und Pferd zur Linken. Jungbauer und Magd waren beim Melken, der Altbauer schnitzelte Rüben. Mein Vers war schnell vorgebracht, gleichsam wortlos die Antwort erteilt; ich konnte bleiben. Die Gastfreundschaft hierzulande wird ohne Aufhebens gewährt, besitzt noch die Kennzeichen alter Menschenbrüderlichkeit. Am warmen Ofen der Küche erhielt ich meinen Platz angewiesen; als die Arbeit zu Ende war, schob sich mir sogar ein Glas Schnaps hin.

Auf seinem Stuhl saß zusammengesunken der Ohm, schwieg während des ganzen Abends. Er zählte schon sechsundachtzig. Man machte weder Geheimnis noch Aufhebens daraus, daß er sich auf seine lange Reise vorbereitete. Er sei fast taub, verstehe nichts mehr, der Arme.

»Es ließe sich doch«, warf ich ein, »vielleicht ein Hörgerät beschaffen; das kostet, laß sehen ...«

»Ah, nicht mehr, nicht mehr!« winkte man ab. – Nicht

Gefühllosigkeit, sondern der Bauern Art; was nützt es denn noch!

Die Altbäuerin war eine stille, gütige Frau, ein Gran Ironie in den Worten. Ihr Lächeln schwebte im Raum. Der Altbauer schien lebhafteren Temperamentes als die Bauern hier sonst. Er gab sich mit dem Kleinkind, dem Erstgeborenen der jungen Bauersleute ab, einem weißblonden Mädchen, das eben ans Laufen gebracht wurde. Des Lebens voller Kreis war beisammen, der verdämmernde Ahn und das erwachende Kind, Beginn und Anfang, sogar neue Hoffnung, wie der Zustand der jungen Bäuerin verhieß.

Wie das hierzulande üblich ist, wurde ich sehr zum Essen genötigt; es gab Eier, Schinken, Butter, Nagelfleisch samt köstlich duftendem Stuten und würzigem Schwarzbrot. Melkwarme Milch trank ich in großen Zügen. Freilich erst, nachdem lange gebetet war, der Mariengruß, das Vaterunser und ein abschließendes »Gelobt sei Jesus Christus«. Der alte Bauer ließ sich das Vorbeten nicht abnehmen.

Da ich sehr darauf brannte, eine Nacht nahe der Kreatur zu verbringen, sozusagen im Anhauch der Tiere zu schlafen – ich versprach mir eine Erkenntnis davon –, rätselte ich, wie man mich betten werde. Der junge Bauer, ein schweigsamer Mensch, hatte längst vorgesorgt. Es lag auf der Tenne ein großer Haufen duftenden Heus bereit, sorglich weggerückt von der Bodenluke, damit mich die Nachtkälte nicht behelligte.

Dann lag ich allein in einem fremden Haus, auf einem Hof inmitten der schweigenden Wälder, weitab von der nächsten Menschenbehausung, während draußen die winterliche Kälte noch einmal über die Erde gefallen war... lag auf diesem Hof in finsterer Nacht auf der Tenne, und um mich herum schnaubte das Vieh. Die Luft war voll geheimnisvoller ungewohnter Laute. Dennoch fühlte ich mich geborgen und zufrieden, während das Vieh noch lange, lange mit dem Kauen, dem Mahlen des Heus, darauf dem Wiederkäuen beschäftigt war. Hier klirrte eine Kette, dort rieb sich scheuernd ein Kopf, und das schwere Atmen der Tierleiber erfüllte die nächtliche Schwärze. Nebenan in seinem Verschlag schrotete ausdauernd das Pferd seine Nahrung. Erst gegen Mitternacht nahmen die Geräusche des Schnaubens und Klirrens ein wenig ab, um in geruhsames Schlafen der Kreatur überzugehen, ein leises, leises Schnaufen, das hier oder dort von einem der lagernden Rinder kam; auch erscholl wohl im Traum, dessen selbst die Kühe mächtig scheinen, ein beklommenes Stöhnen.

Wirklich still wurde es während der ganzen Nacht nicht, vielmehr erhob sich gegen zwei Uhr zeitweilig ein heftiger Schnarchton, stärker als alle anderen Laute. Er entstammte dem alten Pferd in seinem Verschlag, das tief in Schlaf gefallen schien; einzig ich, der ich vielleicht zu bewußt plante, auf der Atemwoge der ruhenden Kreatur durch unbekannte Meere des Traumes zu schwimmen, kam nicht zur Ruhe. Wohl versuchte ich ein Mittel, das ich in Kriegsnächten mit Glück erprobt hatte, ich streifte Schuhe und Strümpfe ab, ließ die Nachtkühle über die Füße gleiten; doch half es diesmal nicht. Mein Geist, von Ungewohntem bedrängt, versagte die Hingabe, begehrte auf und fand sich beunruhigt. So geht es allemale mit ihm; ist er ans gewünschte Ziel gekommen, erweist er sich plötzlich als unstet, ungeduldig, erschöpft und erträgt das Einfachste nicht – wie hier den Schwall des Lebens, der mich im Anhauch aus soviel Tierleibern umspülte. Doch bediente ich mich eines anderen Mittels der Selbstbezwingung, ich versuchte passiv und reglos durchzuhalten, bis ich in meiner Beklemmung über die Gewalt dieses blasenden, schnarchenden Lebens freier aufzuatmen vermochte. Endlich aber erhob ich mich doch, streifte die Schuhe über und zog mit der Taschenlampe in der Schlafzone auf Rekognoszierung. Schlaftrunken regte sich die Kopffront der Tiere mit ihren scheuen, dunklen Augen im Scheine des Lichtes. Knarrend bewegte sich die Tür des Pferdestalles unter meiner Hand. Aufgeschreckt blickte der Gaul mich an, aus tiefsten Dämmerungen seines in sich versunkenen Lebens zurückgerufen. Draußen vor der Deelentür stand frostklar die Nacht, ausgestirnt und hoch, nur über dem finsteren Wald zur Rechten von einigen Wolken überzogen. Die Erde knisterte unter meinen Füßen, die Kälte biß. Daher trat ich zurück in die Tennenwärme, hüllte mich von neuem in das bergende Heu, im Anblick der kalten, nächtigen Einsamkeit der beruhigenden, Sicherheit gebenden Heimkraft des bäuerlichen Lebens inne geworden. Nun versank auch ich für eine Stunde in Ruhe, während die Katzen unermüdlich und schleichend Wache hielten.

Warum die Menschen in diesem Lande ein so klares Verhältnis zum Göttlichen haben, ist mir in dieser Nacht aufgegangen. Man sagt, sie seien hier frömmer als anderwärts. Das Geheimnis liegt nicht in der Theologie, nicht in den Theologen, sondern in der Einstellung zum Religiösen, die ganz widerspruchsfrei ist und den Zweifeln gar nicht erst Raum gewährt. Zu einem Teil mag das bäuerliches Erbe sein; der Bauer, der duldende, kann nicht ausweichen, muß ausharren und ist zum Anpassen gezwungen. Aber seine Hinnahme und seine Hingabe sind tätig. Sein ganzes Dasein ist darauf bezogen, sich in den Rhythmus des Werdens und des Vergehens einzuordnen; daher ficht ihn die Frage nach der eigenen Existenz, dieser Fluch unserer Spätzeit, wenig an. Er behauptet den ihm zugefallenen Platz für das zeitliche Dauern und räumt ihn wortlos, wenn seine Stunde kommt. So ist sein Gebet, dessen Macht hierzulande besonders stark empfunden wird, auch nicht nur ein menschliches Brückenschlagen zum Höchsten, sondern wechselwirkend; das Göttliche strömt zurück, begnadet die Seele mit der Gewißheit, in einem anderen Leben das eigentliche Sein zu finden – jene persönliche Dauer, für welche die irdische Existenz nur Vorbereitung und Gleichnis ist.

Solch ein Morgen auf dem Hof ist voll Aufbruchsstimmung. Wirklich, begibt man sich nicht auf eine große Fahrt, auf die Tagesreise? Im Sommer, wenn das Vieh auf der Weide bleibt, wird das freilich kaum fühlbar. Aber jetzt im Winter! – Vor Tau und Tag kommt der alte Bauer auf die Tenne, klaubt Reisig und Holz für das Herdfeuer zusammen. In der Küche lodert der Brand auf. Der Schornstein schickt ersten Opferrauch in den noch nächtigen Himmel. Magd, Jungbauer und Bäuerin erscheinen, das Melken beginnt, das Füttern, der tägliche Kreis der Pflichten und ungezählten Handreichungen. Schon rührt sich das Pferd in seinem Verschlag. Von langer Wacht kehren die Katzen herbei, um sich von der Milch ihren Tribut zu holen. Die Tagesreise beginnt!

Ich hatte mich beim Eintritt des Bauern von meinem Lager erhoben, das mir kaum Schlaf gewährt, aber Einsichten geschenkt hatte; übernächtigt, wie ich war, kam meine Antwort auf die lachende Frage, wie ich geruht habe, nur zögernd. Auch schien es mir wenig tröstlich, daß ich in den frostkalten Morgen davon mußte. Aber ich war doch auf eine mir neue Weise gestärkt und zuversichtlich und zog danksagend, händedrückend weiter, von guten Wünschen begleitet, Brot und wärmenden Kaffee im Leibe. Der Schnee auf den Wiesen war inzwischen verharscht; die Wässer hatten sich alle mit einer Eishaut überzogen. Nach einigen hundert Metern wandte ich mich zurück. Da lag der Hof im Morgenlicht in der Nische der Wälder; der Rauch zog friedlich von ihm empor – eine Arche Noah, die in ruhiger Fahrt durch Tag und Nacht, Winter und Sommer mit ihrer Fracht von Menschen und Vieh in die Ewigkeit trieb.

Die Straße war glatt, der Fuß rutschte; es wurde ein beschwerliches Wandern, indessen mir der beißende Wind die Ohren peitschte. Doch kam nun Wald, bot Schutz, auch ein Wegekreuz, an dem ich mich für das nächstgelegene Städtchen entschied. Zwei Stunden lang lief ich durchs Land, die Krähen trieben mit schwerem Flügelschlag über den Himmel und die Milchwagen kehrten von ihrer Fahrt zu den Molkereien schon wieder zurück. Das Frösteln tat wohl, es vertrieb die Müdigkeit aus den Gliedern. Meine Wanderslast war nicht groß – nur der lederne Jagdbeutel, der mich schon seit langen Jahren begleitet. Im Brombeergerank zu Seiten der Straße spielte der Wind sein Lied. Fern hinter den Feldern stiegen Häuser empor. Eine Ortschaft näherte sich, Südlohn genannt, war rot in rot gebaut, frisch und freundlich, ganz niedrig und mit einem stumpfen Kirchturm bestückt.

So kam ich aus dem einsamen Bauernland an belebtere Stellen zurück, aber es war mir noch immer, als sei das wirkliche Leben hinter mir geblieben, das alles besaß, wessen es bedurfte, das frei, vertrauend und zuversichtlich war und vor allem ohne die törichten Vorwände des Stadtlebens auskam. Ich schwor mir – wozu ich eingeladen – im Sommer wiederzukehren, wenn die Tage lang waren und der Atem der Wärme über den reifenden Feldern lag.

Bauwerke gibt es hierzulande, die eine Sprache reden, wie man sie nirgendwo auf der Welt vernimmt. Da fühlt man, das Unaussprechliche, Unverwechselbare dieser Landschaft ist in Mauer und Turm zu einer Gebärde geworden.

Freckenhorst ist ein kleines Städtchen nahe Warendorf – eine knappe Stunde durch taufrischen Morgen, und ich war dort. Um eine Ecke roch es nach Brot. Am Marktplatz sperrte ein Ackerbürgerhäuschen erstaunt die grün gestrichene Deelentür auf, vor der noch der Wagen mit Klee stand. Es leistete sich gar einen Weinstock. Philemon- und Baucisglück; Landstadtbehagen unter Schwalbengezwitscher. Wer's nicht weiß, denkt an nichts vor dieser niederen Kulisse; aber es ist nur ein paar Schritte seitab: der Dom, oder was sie so nennen. Halb von einem Akazienbaum verdeckt. »Der Bauerndom« hörte ich immer wieder sagen; es spreche wuchtige Erdenschwere aus diesem Bauwerk. – Wie üblich ein Mißverständnis. Gar nichts ist erdenschwer, und das Bauwerk ist adelig, von Anbeginn an.

Seit Urzeiten ist Freckenhorst Sitz eines Damenstiftes des münsterländischen und paderbornischen Adels gewesen; Mutter und Tante der Annette von Droste-Hülshoff weilten als Stiftsfräulein hier. Mithin besitzt der Ort eine Stiftskirche; sie ist 1129 geweiht worden. Ein erstaunlicher Bau, trotz des Westwerkes Wucht fast elegant! Worauf es ankommt, ist dies. In glatter Fassade steigt das Westwerk mit dem schweren Mittelturm empor, flankiert von zwei seitlichen Rundtürmen, die nur in ihrem oberen Teil von Biforienbögen unterbrochen, also gemustert, belebt sind. Der Baugedanke ist so überzeugend und einfach, daß man für Augenblicke anzunehmen geneigt ist, es habe gar kein besonderer Ausdruckswille zugrunde gelegen, vielmehr sei dieses strenge, einfache Emporstreben wie etwas Unwillkürliches entstanden, als eine Selbstverständlichkeit gleichsam, über die es gar kein Fragen gab. Dann wäre also die Stiftskirche ein Bau, aus der Tiefe der Seele geschaffen!

In der Tat ist Freckenhorst eine jener genialen Anlagen, bei denen man den Ausdruckswillen kaum mehr notiert, aber um so tiefer verspürt. Da steht man noch einmal wie in Corvey vor den Zeugnissen der Frühe. Zwar Kaiser haben hier nicht geweilt. Wer die Stiftskirche erbaut hat? Weil in der romanischen Epoche die Vorsteher geistlicher Gemeinschaften nicht nur Bauherren, sondern vielfältig auch Architekten gewesen sind, liegt die Vermutung doch auf der Hand, es könne hier eine kraftvolle Äbtissin am Werke gewesen sein. Das Stift Freckenhorst nämlich ging aus einem alten Nonnenkloster hervor.

Also, Frauen sind es gewesen, die hier gebaut? Gewiß. Merkwürdig erlaucht liegt dieses Gotteshaus in der Stille des Stiftsplatzes, umgeben von einigen alten Bauten, als halte es Hof. Seine große Zeit ist vorüber, man sieht das. Ringsum steht zu wenig Requisit. Aufgeräumtheit bedeutet doch, daß der Ordnungszustand musealer Verwaltung erreicht ist. Tritt man durch das Westwerk ein, bestätigt sich der Eindruck erstaunlicher Kraft. Der Vorraum könnte einmal eine offene Halle gewesen sein. Gleich Andreaskreuzen gefügte Balken formen das Rahmen- und Ständerwerk. Das Innere der Kirche, bläßlich-gefällig ausgemalt, ist aus späterer Zeit. Der entschiedene Duktus der ursprünglichen Basilika-Anlage kommt nicht mehr so stark zur Geltung, wie er gewollt war. Aber es gibt eine alte Krypta, die noch aus den Anfangszeiten des 857 gegründeten Klosters stammt, und es gibt ein Relikt aus der Zeit des heutigen Kirchenbaues, den Tumbendeckel der Äbtissin Geva, der Erbauerin der Kirche. Die Platte mit ihrem Ganzbild ist Anfang des 12. Jahrhunderts entstanden, ein wirklicher, liegender Körper in voller Plastik, umzogen von einer Buchstabenreihe, die wohl die früheste Inschrift in deutscher Sprache ist: »Ai Got minne Gerboden ve dit bilethe scop alle dele.« – Wortes Magie. Wie ein buntes Mosaiksteinchen funkelt hie und da ein Stück Sinn auf.

Das wäre also der Grabstein jener, die dieses Bauwerk geschaffen, dies wäre ihr Bildnis? So leicht wird es uns nicht gemacht, das Tor ins Dunkel der Zeitalter aufzustoßen. Es handelt sich eher um eine Metapher der Bauherrin, hingemeißelt in frommem Glauben, am Jüngsten Tag werde der Engel des Gerichtes daran schon erkennen, wer sich hier aus den Grüften erhob. Denn selbstverständlich, es ging nicht um Nachruhm. Man wußte noch nicht, was es mit dieser Farce der Eitelkeit auf sich hatte. Das kam erst in Brauch, als die Menschen sich Nachnamen gaben, nicht, um sich benennen, sondern voneinander unterscheiden zu können, Zeichen, von denen sie erstaunlicherweise annahmen, sie seien eine Erklärung für jenes merkwürdige Konglomorat von Eigenschaften, das sich hinter dem Worte ›Ich‹ verbirgt. – Bei der frühen Gestalt auf dem Tumbendeckel ist das bedeutungslos. Man weiß keine Familie, weiß nur die wenigen Buchstaben Geva. Weiß nur, daß diese Frau, die eine Äbtissin und zweifelsohne von Adel war, wenn das etwas bedeutet, das Bauwerk aufführen ließ. Unzweifelhaft eine bedeutende Frau, die sich endgültig in die Klausur der Anonymität zurückgezogen hat, damit man von ihr nicht weiter Notiz nehmen kann. Eine Frau also, die verbürgtermaßen die herbe Sprache der Größe bevorzugt hat, als sie das Westwerk aufmauern ließ.

Ob sie auch jenen Taufstein in Auftrag gab, dessen

Weiheinschrift das Jahr des Kirchenneubaues bezeichnet? Der Dehio nennt ihn » das bedeutendste « unter den steinernen Taufbecken Deutschlands aus dem 12. Jahrhundert, was eine Nobilitierung von Amts wegen bedeutet. Zwei Reliefbänder umziehen die schwere Küpe; das untere, wie es sich so gehört, symbolisiert das Laster, das obere spiegelt das Leben Christi. Kleinplastik, das sieht man, hat als Vorbild gewirkt. Mit tänzerisch leichtem Schwung wird die Szene des Weltgerichtes dargestellt, köstlich beredt die Erzählung der Geburt des Herrn. Gefährdung und Errettung einander nahe gesellt. Es ist eine Welt voller Spannung, die trotz der Schwere des Steines in feierlich-zierlicher Harmonie geläutert erscheint.

Vielleicht gibt dies einen Schlüssel zum Ganzen: das wuchtige Auffahren der Fassade mit den eleganten, runden Fassadentürmen stuft sich zu den Reliefs der Taufküpe empor, wie Geistesmacht über Läuterung zur Harmonie.

Ich weilte lange im friedlichen Dunkel der Kirche, das ein wenig byzantinisch und östlich wirkt, eine halbe Stunde allein. Dann wandelte ein kleiner Taufzug durch den Hintergrund heran, das Vaterunser klang merkwürdig sonor auf, als schwängen die Gebete langer Jahrhunderte hinein.

Steinernes Emporstoßen in den Himmel, burgartige Bewehrung des Gotteshauses gegen die von außen andrängenden Mächte des Bösen, aber zugleich auch Schau, Anschauung des Göttlichen im Stein. Genau dies, das unsere stumpf und talentlos gewordenen Sinne nicht mehr zu erkennen vermögen, ist hier Gestalt. Das war ja dieses Landes Teil von Anbeginn an, nicht Philosophie zu pflegen, nicht Gedanken, nicht Zweifel zu denken, sondern durch Anschauung zu erkennen.

Emmerich · Münster

DIE GNADENKAPELLE IN TELGTE

Aquarellierte Zeichnung von T. Emmerich, 1854
Landesmuseum Münster

Sommers, noch bis in den Herbst hinein, jeden Morgen, an dem ich von Münster nach Warendorf zog, hatte ich diesen Anblick: zu zweit, dritt oder in Gruppen, manchmal waren es ganze Familien, wallfahrteten Menschen auf dem Prozessionsweg neben der Straße von einer Kreuzwegstation zur anderen bis Telgte, wo sich ein Muttergottesbildnis befindet, ein Vesperbild, eine Pietà, der die Andachten und Gebete entgegenströmen. Das Gnadenbild wird an allen Tagen der Woche aufgesucht. Bei besonderen Wallfahrten geschieht es, daß sich eine nach Tausenden zählende Menge auf dem Marktplatz von Telgte drängt. Sonst aber ziehen nur die kleinen Grüppchen heran, die man draußen neben der Landstraße wallen sieht, das Gebetbuch oder den Rosenkranz in Händen. Das geht seit langem so, was sich nicht ganz von selbst versteht. Gnadenbildnisse haben ihr eigenes Schicksal; es genügt für sie nicht, Segen zu spenden, sie müssen ihrerseits auch in Gunst bei den Wallfahrern stehen.

Was die Menschen in Telgte anzieht, ist leicht herauszufinden. Das Bildwerk der klagenden Himmelskönigin, die den Herrn zur Welt brachte und nun seinen Leichnam auf den Knien trägt, nimmt sich im Schnitt des Gesichtes genau so wie eine westfälische Familienmutter aus. Man trifft hierzulande oft ganz ähnliche Frauen; sie sind nicht mehr jung, nicht sonderlich anmutig, aber man spürt, daß sie vollkommene Mütter sind.

Westfalen, das ist hier anzufügen, ist ein patriarchalisches Land. Die Männer, sofern sie reden, führen das Wort, und ihr Wort ist Gebot. Die Formel, mit der die Familienmütter argumentieren, beginnt in allen Fällen: »Vater hat gesagt . . .«. Das bedeutet allerdings nicht, daß der pater familias, diese mythische Größe, die in einer

Wolke von Respekt einhergeht, auch wirklich herrsche. Vielmehr blüht ja stets, wo das Patriarchat im Brauch ist, insgeheim das Matriarchat. Die Frau regiert also hierzulande mit jenen tausend Kniffen, die sie seit Evas Tagen kennt. Der Ort, dem Eheherrn Zugeständnisse zu entlocken, ist das Ruhegemach und die Zeit eine Stunde der Großmut. Die Methode wechselt. Wo gar nichts hilft, sucht sie sich seines Widerspruchsgeistes zu bedienen und hat dann immer Erfolg. Der Westfale ist oft prinzipiell. Für meinen Teil glaube ich, aus einer gewissen Schwäche heraus. Er lebt nicht leicht, denkt grüblerisch und sieht sich nicht gern in Frage gestellt.

Telgte, das nur ein Landstädtchen mit niederen Häuserzeilen ist, hat um die Kirche seine großen Momente. Von Südosten zieht sich ein Waldgrund heran. Die Ems durchrauscht ihn in einem Bogen. Über einen Seitenarm des Flüßchens wölbt sich ein Brückchen; ein altes Mühlenhaus liegt daran, und hoch über alles reckt sich der Turm der Kirche, einer braven Landstadtkirche, an der gar nichts Besonderes ist. Nahebei aber ... es ist schon so, daß man den Atem anhält.

Die Wallfahrtskapelle. Peter Pictorius der Ältere hat den Entwurf des achteckigen, kleinen Bauwerkes geschaffen. In ihm wirkt, benedeit also die schwarze Madonna von Telgte, zu der die Pilgerkolonnen aus weiten Teilen des Landes wallfahren. Man trifft immer Beter an. Der Raum ist dunkel, erfüllt vom Flackerlicht brennender Kerzen, und eher magisch und griechisch-orthodox als beschwingt und römisch-katholisch. Es gab Beterinnen, die kamen erst nach Stunden wieder heraus, bleich, mit übermüdeten Augen und einem nervösen Beben der Nasenflügel. Inbrunst und Hingabe kreisten noch immer in ihnen.

Das Äußere der Wallfahrtskapelle wirkt hingegen erstaunlich weltläufig und bei aller Kleinheit festlich. Kugelgekrönte korinthische Säulen markieren die Ecken, und auf jeder der Kugeln prangt ein leuchtender, vielstrahliger Stern; hoch auf der Dachspitze schaut die von einer Flammenaura umzüngelte Gottesmutter in den westfälischen Wind. Sommers schatten die Ulmen des Kirchplatzes darüber, und rings um die Gnadenkapelle lagern stille, alte Häuser, friedvolle Wächter von blinder Ergebenheit.

Alles ist noch wie früher. Es gibt in dieser Stadt nichts Bedeutsames außer dem Gnadenbildnis. Die dunkelgrüne, träumende Ems mit ihren hohen, buschigen Ufern und den kleinen Stegen und das Gnadenbildnis machen die Poesie dieser Stadt aus.

Will man Wallfahrten großen Stiles sehen, muß man nach Werl gehen. Da lagert sich vor die Kirche ein Platz zum Aufmarschieren, mit Arkadengängen zum Unterstellen; es regnet sehr oft in diesem Land.

Aber ob es nicht westfälischer ist, einzeln, zu zweit, in kleinen Gruppen den himmlischen Beistand anzurufen, wie man sie an freundlichen Morgen des Frühlings, Sommers und Herbstes von Münster auf Telgte zu wallfahren sieht – junge Mädchen, Nonnen, alte Frauen, ganze Sippen? Ich sah sogar einige geschniegelte, nach dem Modejournal gekleidete junge Herrchen auf dem frommen Weg. Hierzulande schließt eben eines das andere nicht aus.

DER TAG DER DONNERNDEN HUFE

Was wäre Westfalen, wären die münsterländischen Landstädte ohne die Kirchen!

Wenig weiter als Telgte liegt Warendorf; mir taten es

die niedrigen Häuser am sanften Emsufer sofort an, bleiche, weiße Hausungen zwischen Wiesen und Schilf mit einem Lichtherz inmitten, das sich im gründunklen Abend im Wasser spiegelte. Auch erschien mir Warendorf, das im Innern so säuberliche Trakte rechtwinklig zueinander verlaufender, bescheidener Straßenzüge mit viel Fachwerk darunter besitzt, wie eine Stätte des Maßhaltens; die sanften Schönheiten am Emsufer paßten nicht übel. Sie waren die Hautevolée dieser Bürgerwelt. Am Markt hoben sich schmale Barockgiebel unter dem Zeichen des Silbermondes, dem sich ein seidiges Wolkenstreifchen wie eine Fahne ans Horn gehängt hatte. Weil nun das Einzigartige nicht wohlfeil genug im Kurs steht, leistete sich die aufs Solide bedachte Stadt wenigstens den Nachklang von etwas Kostbarem, die Altartafel eines unbekannten Künstlers, der nach ihr der ›Meister des Warendorfer Altares‹ geheißen wird, erweislich des großen Konrad von Soest begabtester Schüler. Leider erkannte man wenig, vermochte kaum den Hallenraum der Kirche zu erfühlen. Er ist durch barocke Glasmalereien in tiefes Zwielicht getaucht. Ihr gelblich-dumpfes Scheinen hob die Farbe der Altarmalerei fast auf. Dennoch ließ sich der große Zuschnitt der Bilder erahnen, der ›weiche‹, erfüllte Stil des Meisters von Soest. Alles erinnerte an seine Art der Gestaltung; die Grablegung Christi trug sich fast wie der Tod Mariens vom Dortmunder Altar zu, höchst eigenwillig nahm sich die Kreuzigung aus. Das war nicht das gewohnte Schauspiel, war kein ›Christus-im-Gedränge‹-Bild, sondern eine Vielfalt von Szenen, zusammengehalten durch einen schmerzlich-lyrischen Grundton.

Allerdings, ich war nicht dazu gekommen, mich in ein Bild zu versenken, war vielmehr zu einem Fest der Pferde erschienen. Die Nacht verging lautlos, tief-samten, kühl und schenkte erquickende Stunden. Perlmutten erwachte der klare Oktobermorgen. Im Landgestüt am Stadtrand war man unterdessen schon lange mit Striegeln, Strohwischen und Eimern am Werke.

Hier stehen die Hengste, die man während des Sommers zu den Deckstationen ins Land schickt. Sie wußten genau, um was es an diesem Tage zu tun war, wenn andächtige Zuschauerprozessionen gangauf und gangab wandelten oder Bauern und Züchter sachverständigen Blicks von Boxe zu Boxe verhielten, um die wohlbekannten Namen zu lesen. Es gab gewaltige Tiere mit Bergen von Muskeln; schnaubend, mähneschüttelnd standen sie da, während andere einer grazilen Laune entsprungen schienen – schmalgliedrig, sensibel und fein mit trockenen Köpfen.

Des Tages große Stunde ist die Schaustellung, die man lange zuvor als Hengstparade im ganzen Land plakatiert findet. Das Pferd besitzt in Westfalen viel Anhänger. Man hat friedliche Koppeln mit federnden Böden, und auf abgelegenen Wegen bietet sich Gelegenheit zum Reiten genug. Vor allem, man ist seit alters dem Pferde verbunden, liebt die Kreatur ohnehin. Daher drängte sich eine unzählbare Menge von Zuschauern unter der Oktobersonne um den Sandplatz, als die Musik aufklang. Was jetzt in dem großen Rechteck anhob, war ein einziges Schauspiel von überschäumender Lebenskraft. Es begann mit dem Unerläßlichen, dem Fahren vom Bock und dem Fahren vom Sattel, dem Reiten und dem Voltigieren, dem Quadrillefahren mit Wagen, dem Ziehen der schweren Schlitten und dem vielspännigen Fahren. Die Sonne brannte, es stob der Sand, und von den prallen Leibern der Tiere spritzten die Flocken. Voll Feuer und Wucht stürmten sie durch das große Viereck. Dazu klangen alte Reitermärsche auf, drängten sich die Leute um

Würstchenbuden, Bierzelte und Getränkestände. Es war ein Tag voll festlicher Hochstimmung, zu dem die mächtigen Pferdebeine den Rhythmus stampften. Das Schönste aber kam, als die Paradenummern vorüber waren – das Wechseln durch die Bahn, das Galoppieren und Aufmarschieren, das Auffahren und Schwenken der Linie –, das Schönste kam im berauschenden Oktoberlicht, als die schweren Kaltblüterhengste antraten. Mit urzeitlicher Wucht stürmten die massigen Tiere Nase an Nase in ganzen Fronten durch die Bahn wie ein sich drehender Windmühlenflügel, gebildet aus vier Achsen von stampfenden Pferdeleibern. Keuchender Atem durchbebte die Luft, Schaum-, Schweißflocken flogen, Sandfontänen spritzten hoch hinaus und der Boden erzitterte.

Stunden voll Glanz, Feuer und Begeisterung! Über alle kam der Rausch kreatürlicher Kraft. Das Spiel schlanker Körper auf wirbelnden Beinen, die dröhnende Wucht massiger Leiber über stampfenden Hufen riß alles mit – den Kätner aus dem Paderbörnischen, den Schultenbauern aus der Davert bei Münster, den blassen Stadtmenschen der Hauptstadt und auch den Holländer, der aus dem Gelderland herüber gekommen war.

DIE PFERDE VON DÜLMEN

Das Pferd hat noch einen zweiten großen Tag im Münsterland. Im Merfelder Bruch nahe Dülmen wird eine Herde von Wildlingen gehalten. Das heißt, dieser kleine Schlag ist in Wirklichkeit ein Zuchtprodukt, eine Herde von verwilderten Pferden, die in der Landschaft der moorigen Wiesen, Bruchgebiete, Wälder und Baumgruppen ein Leben der Freiheit führen.

Alljährlich um die Wende des Mai zum Juni findet der Fang der einjährigen Hengste statt. Um ihn zu bewerkstelligen, kreist man die Herde weit draußen auf ihrer gelb überblühten Weide ein und jagt sie einer Arena zu, deren Zuschauerränge dicht mit Zehntausenden von Menschen besetzt sind, die von weither zusammenkommen, um gegen Entré dabei zu sein. Manche kehren jedes Jahr wieder. Trotz der gesalzenen Preise.

Wenn die Herde in die Arena hineingaloppiert, hält man den Atem an. Die Tiere, die während des ganzen Jahres im Freien gelebt haben und sich von nichts anderem ernähren als dem, was ihnen die Bruchlandschaft bietet – im Winter, wenn alles verschneit ist, nur welke Grasschöpfe, Moderlaub und Rinde –, die Tiere stürmen mit flatternden Mähnen heran, eine Brandungswoge von dunklen oder auch falben, zuweilen ins Gräuliche spielenden Leibern. Es ist ein Augenblick von hinreißender Schönheit. Zwischen und mit den Stuten preschen die gelbbraunen Fohlen hinter dem Leittier her. Biegen sie in die Arena ein, um nun, gefangen und eingekesselt, ängstlich wiehernd durcheinanderzustürmen, ist der Augenblick für eine Schar von Bauernburschen gekommen, die mit bunten Mützen und weißen Drillichjacken bereitstehen. Mutterstuten, Fohlen und Junghengste werden auseinander gejagt, damit sich die Fänger der Hengste versichern können, um ihnen ein Halfter überzustreifen. Die Tiere sind zart und kommen häufig zu Fall, was die Bemühung vereinfacht. Der eigentliche Kampf beginnt, wenn der gefesselte Junghengst mit dem Halfter um den Kopf wieder auf die Beine kommt – sein verzweifeltes Zerren und Widerstreben, Aufbäumen und Auskeilen dauert lange. Es ist der tragische Umbruch im Dasein der Tiere, die nun in ein Leben der Fron hinüberwechseln. In einer Ecke der Arena qualmt unterdessen der Tisch des Schmiedes, auf dem das Brandzeichen des Herzogs von Croy, dem die Wildbahn gehört, im Feuer glüht; denn die eingefangenen Junghengste, die man von der Herde aussondern muß, um Inzucht zu vermeiden, werden nunmehr gezeichnet, verkauft oder verlost. Die Herde der Stuten und Fohlen erhält für den Lauf des Sommers einen auserlesenen Zuchthengst zugesellt.

Sind die Junghengste herausgefangen, gebrannt und abgeführt wie Delinquenten, stürmt die Stutenherde mit den kleinen Fohlen, die so zart und anmutig wie Gazellen aussehen, in die Weite des Landes und des großen Himmels unter der Frühlingssonne zurück. Es ist abermals ein Bild von beglückender Schönheit und läßt ein wenig den Kummer über das Sklavenschicksal vergessen, das den eingefangenen Tieren bevorsteht.

Ich hatte mich von der Straße aus weit durch wandernde Massen zur Arena durchgeschlagen und sodann lange Stunden auf dem obersten Rang eingekeilt gestanden, bis mir die Luft ausging. Das Einstürmen der Herde mit ihren Fohlen, der Kampf der Junghengste, das Davonpreschen der befreiten Tiere machten die Mühsal wett. Ein intensiver Pferdegeruch lag über dem endlosen, am Horizont von blauen Hügeln umzogenen Anger, über dessen Rand sich nun eine schwärzliche, moorige Spur vom Anmarsch der Menschen zog. Der Geruch war zugleich streng und wild. Es wurde mir unvermittelt sehr deutlich, daß dies echtes Wildgelände war. – Nach den Urkunden dient das Merfelder Bruch bei Dülmen seit dem 13. Jahrhundert dem gleichen Zweck, und wahrscheinlich war es bis dahin auch nichts anderes. Ein historischer Boden der Geschichtslosigkeit, ein Freiplatz geschmeidig-schöner, friedlicher Kreaturen, in deren Blutesmischung sich Spuren des südrussischen Tarpans erhalten haben, der als das letzte Wildpferd Europas gilt.

Pferde ... reiten, höher atmen, sich bemächtigt, sich Herr der Weite fühlen, getragen von einem königlichen Geschöpf voll vibrierenden Lebens, dessen Geruch vertraut ist, dessen sanftes Schnauben beruhigende Zärtlichkeit besitzt und dessen Lauschen ein Horchen ins Ferne, Zukünftige ist! Eng verschwistert leben Mensch und Tier im Münsterlande seit Anbeginn. Immer wieder trifft man sonntags auf Reiter und Roß zwischen Feldern und Wäldern. – Die Geschichte kennt einen Münsterländer, der sogar ein Abgott des Reitens war, einer, dessen Leben im Sattel verrann und der darüber groß, berühmt, hochadelig wurde ...

Nahe Delbrück, einem friedlichen Landstädtchen wie das unweit gelegene Rietberg – ah! diese ackerstädtische Residenz der früheren Grafen von Rietberg und Ostfriesland mit ihrem berückend schönen Gefüge alter Fachwerkhäuser –, nahe Delbrück liegt die Bauerschaft Westerlohe. Man läuft ein halbes Fußstündchen dahin; ist man ortskundig, noch weniger. Hier wurde mir an einem sandigen Binnenweg seitab der Chaussee ein alter, rot getünchter Bauernhof mit einem an der Wetterseite geschindelten zweiten Wohnhaus gewiesen. Der Besitz liegt im Schutze eines Eichenschlages und unterscheidet sich wenig von anderen Höfen. Nur daß an dieser Stelle ein Mann geboren wurde, über diesen sandigen Boden vor Hunderten von Jahren ein Mann schritt, in dem die ganze Kraft und Gewalt des Bauernvolkes zusammengedrängt scheint: Johann Sporck.

Johann Sporck, von Sporck, Graf von Sporck, je nach den einzelnen Stationen seines Lebens, war einer der großen Soldaten des Dreißigjährigen Krieges und der ihm folgenden Jahrzehnte, der genialste Reiterführer seines Jahrhunderts, dem der entscheidende Sieg der kaiserlich-österreichischen Truppen über die Türken zu danken war, durch den das Abendland endgültig Ruhe vor der Osmanengefahr fand. 1601 ist dieser Condottiere geboren worden. Am 12. Oktober 1647 erhielt er die erbliche Würde eines Reichsfreiherrn und am 23. August 1664 wurde er von Kaiser Ferdinand III. mit dem Generalat für die gesamte kaiserliche Reiterei und dem erblichen Reichsgrafentitel bedacht. Er ist dann noch Feldmarschall geworden, wurde 1676 verabschiedet und starb am 6. August 1679 auf seinem Schloß Hermanmestetz in Böhmen – schnell geistig und körperlich verfallen, nachdem er ein langes Leben im Sattel verbracht hatte.

Zuviel haben Legenden- und Sagenbildung an diesem Leben verdunkelt. Möglicherweise hat er wirklich als Trommlerjunge begonnen. Er war schon Mitte der Dreißig, als er begann, durch kühne Reitertaten aufzufallen. 1643 gelang ihm, dem Held der Überrumpelungen und Streifzüge, der Überfall auf die Franzosen bei Tuttlingen. Zwei Jahre später glänzte er durch ungestüme Tapferkeit bei Jankau. Er wurde zwar verwundet, geriet sogar nach der unglücklichen Schlacht bei Iglau in schwedische Hand, aber es schadete seiner Karriere nicht viel; nach der Auslösung avancierte er bereits zum Generalwachtmeister der bayrischen Truppen.

Dann kommt eine dunkle Stunde in seinem Leben. Er beteiligt sich im Juli 1647 an dem Versuch des hochberühmten Jan van Werth, das bayrische Heer zum Kaiser überzuführen. War er auf eine Einigung, eine Beendigung der unseligen Wirren bedacht? Die Gründe Sporcks wie die Werths sind nicht klar. Überhaupt bleiben seine kirchlichen und politischen Anschauungen dunkel. Das Unternehmen mißlang vollständig; die Anführer konnten sich nur mit Mühe durch eilige Flucht retten. Die ihnen untergebenen Offiziere und Soldaten mißbilligten diese allen soldatischen Anschauungen widersprechende Haltung nicht nur; wären van Werth und Sporck geblieben, man hätte nicht viel Federlesens mit ihnen gemacht. Selbst im kaiserlichen Heere, wo die beiden von nun an im Dienst standen, gab es manche, die mit den ›Verrätern‹ nichts gemein haben wollten. Übrigens, der Kurfürst von Bayern ächtete sowohl Sporck wie Werth und ließ ihre Besitzungen verwüsten. Kaiser Ferdinand III. hingegen zeichnete sie aus und machte Sporck zum Baron; er schenkte ihm sogar die Herrschaft Lissa.

Soweit seine Karriere während des Dreißigjährigen Krieges. Alles in allem genommen hatte sie ihm am Ende seines Lebens einen gewaltigen Grundbesitz und ein noch größeres Vermögen eingebracht. Er zog aus seinen Liegenschaften ein bedeutendes Einkommen; sein Vermögen wurde auf drei Millionen Taler geschätzt.

Allein, seine große Zeit kam erst, als der Krieg der allgemeinen Verwüstungen vorüber war und es wieder gegen äußere Feinde ging. Sporck fand sich überall ein, wo es galt, sich zu schlagen. Als Führer der Vorhut zeichnete er sich durch schnelle Beweglichkeit, kühne und listige Angriffe aus – in Polen, Preußen, Schleswig, Jütland und Pommern, wo immer Bataille war. Er machte einen kläglich verlaufenen Zug gegen die Türken nach Siebenbürgen mit und fand dabei Gelegenheit, sich in Ungarn als Meister des Kleinkrieges zu bewähren. Sein Bravourstück bleibt aber der wuchtige Reiterangriff in der Schlacht bei St. Gotthard an der Raab von 1664, der den Sieg des Christenheeres entschied und ihm dauernden Ruhm brachte. Ob er es wußte, als er dem Gaul die Sporen einsetzte, mit dem Säbel das Zeichen zur Attacke gab, während die Erde unter den Hufen zu donnern begann? In dieser Schlacht wurde der Jahrhunderte alte

Nimbus der osmanischen Reiterei, der Ruf ihrer Unbesiegbarkeit vernichtet. Das Abendland atmete auf.

Reiten! Man kann sich ihn nicht anders als im Sattel denken, auf langen Märschen, an der Spitze der Armeen oder in langen Nächten unter freiem Himmel im Biwak sitzend, pokulierend und den morgigen Tag dem Reiterglück anheimgebend. Es blieb ihm bis in sein Alter treu. Nur sein Kopf versagte plötzlich – auf einmal trat ein solcher Verfall seiner Geisteskräfte ein, daß man ihn bewegen mußte, die Armee zu verlassen.

Welch ein Abschied! Vielleicht, daß ihm das Tragische dieses Augenblicks gar nicht mehr richtig deutlich wurde. Aber dennoch, man denke, er, der sein ganzes Leben unter Soldaten verbracht hatte, im Geruch der Pferde, des Sattelzeuges, unter dem Klang der Trompeten gelebt, geliebt, gesorgt hatte, ritt nun gesenkten Kopfes davon, müde auf sein Pferd gehängt, ein Mann in der Mitte der Siebzig, der sich nicht einmal mehr umsah, sondern sich immer weiter entfernte ... Es lag alles hinter ihm, der Ruhm, aber auch das Leben.

Der General Chavagnac, der mit und unter ihm diente, hat ihn den geschicktesten leichten Reiter Europas genannt, ebenso imstande, zwanzigtausend Pferde zu führen, wie unfähig, auch nur ein Fähnlein von Infanteristen zu verwenden. Das dürfte seine charakteristische Einseitigkeit vorzüglich zeichnen! Sporck war ein Mensch, der die andere Seite im Wesen Westfalens verkörpert – er war orgiastisch, überschäumend, derb-kräftig in seinem Ausleben. Zugleich ein Mann zufassender Wirklichkeit, ein Mann des Wagnisses, des Dreinhauens, des Reitens, nichts weiter. Ein Mann, der jedes Fältchen im Woilach der gesattelten Pferde witterte und mit Strafen um sich warf und dennoch von allen geliebt war. Ein Mann, der die Quartiere seiner Reiter inspizierte und nachsah, ob ihre Pferde in den Ställen der Bauern gesäuberte Hufe, gestrählte Schweife und trockene Spreu hatten. Ein Teufelskerl, den man so sehr liebte, daß es manch einem eine Ehre schien, von ihm ausgescholten zu werden – jedenfalls als etwas, das mehr wog, als nie von ihm bemerkt worden zu sein. Er hatte der Herren Art, indessen nicht der Herren Blasiertheit; er war von unten gekommen, wußte, was seine Soldaten drückte. Sein Bildnis zeigt einen schmalen, feinen, geistvollen Kopf. Geistvoll war er gewiß nicht, wenn auch die Anekdoten, die von ihm und seinem Leben kursieren, ihn allzu derb und volkstümlich zeichnen.

So reitet er durch die Geschichte, kraft- und schwungvoll, kühl erwägend, auf nichts als greifbare Tatsachen bedacht. Er besaß zwei Söhne und zwei Töchter. Der ältere macht sich als Kunstfreund, Herausgeber von Erbauungsschriften sowie durch milde Stiftungen bekannt; der jüngere pflanzte die Familie fort. Sie waren besitzender Hochadel im österreichischen Böhmen geworden. Der Vater aber ... als Reichsgraf, als Gutsbesitzer läßt er sich denken, aber als ein geistvoller Causeur ... nein, in meiner Vorstellung zieht er immer an der Spitze endloser Kavalkaden dahin, ein spähender, zufassender Lebensbemächtiger, der noch eine Minute vorm Dreinhauen aus dem Mundwinkel eine hahnebüchene Anekdote zum besten gab.

Sporck verkörpert also die eine Seite im Wesen der Westfalen. Als ich mit seiner Gestalt umging, trug es sich zu, daß mir der Zufall sein Gegenbildnis entgegenwehte – eine Nachricht von jenem Mann, der die andere Seite vertritt, die mir wesentlicher, tiefgründiger, bestimmender erscheint. Es war kein Mann der Geschichte und dennoch ein Mensch, der aus der Gegenwart gefallen schien. Ein Namenloser, der durch sein eigenes Leben wie durch die Fremde ging. Dachte ich an ihn, der aus der Gemeinschaft der Menschen geflohen war, erblickte ich ihn stets wie in einer Vision.

ENGELBERT

Langsam, schwankend strich er heran. Er hatte den Schlendergang eines Mannes, der nichts versäumt. Obgleich sein rechtes Knie merkwürdig nach außen gebogen war und er durch die Furche des Ackerraines stapfen mußte, damit die Ranken der Brombeeren nicht seine Kleider zerrissen, ging er sicher und mit raumgreifenden Schritten – Bauernschritten.

Er kam aus dem Düster der Wälder, die hier endlos sind. – Einige Stunden nach Süden lagen ebenso endlose Städte mit Millionen von Menschen; dort donnerte der Tag von Lärm, verfinsterte sich die Sonne von Schwaden. Von dort führten jene Straßen heran, die sich in diese Waldlandschaft schoben; Autos glitten auf ihnen dahin. – Ihn bedrängten sie nicht; das Autofahren schloß die Menschen erneut und so sicher wie nichts zuvor von der Landschaft aus. Es gab wieder ein Alleinsein. Der Mann hätte sagen können, wie tief diese Einsamkeit war – vorausgesetzt, daß er überhaupt noch nachdachte oder gar sprach.

Er lebte jetzt seit mehreren Jahrzehnten in den Wäldern ohne eines Menschen Wort oder Beistand, lebte verborgen vor allen Augen, eine Gestalt, um welche die Unbedingtheit und Verlassenheit, das Erschauern und vielleicht sogar die Getriebenheit hingen! Ein Mensch ganz aus der Zeit, dessen Maßstäbe sich mit seinen Lebensbedingungen verschoben, dessen Hände, Augen und Ohren neue Erfahrungen gemacht, sich andere Gewohnheiten zugelegt hatten. Völlig war sein Gesicht verwandelt; dunkel und kaum noch erkennbar, diente es nicht mehr dazu, anderen Menschen entgegen gehalten zu werden, sondern höchstens als ein Auslug, dem lediglich zwei Arten des Ausdrucks eigen geblieben waren – das scheue Umherschweifen und Spähen der Augen, so oft ein Schritt im Holz knackte, eine ferne Stimme erscholl oder sein Handrücken vor Erregung brannte, und das Starren der Selbstvergessenheit. Er konnte lange, lange Zeit auf ein Stück Baumrinde, einen kleinen Käfer oder einfach ins Leere schauen. Es kam nur darauf an, daß die Zeit verrann. Er hatte längst das Lachen verlernt, aber auch den Kummer, die Hoffnungen, den Schmerz. Er hatte sich den großen Gewalten der Natur überliefert. Selbstverständlich dachte er das nicht und noch weniger drückte er es aus. Er nahm alles als gegeben hin.

Aber floh er denn nicht? – Gewiß, er floh.

Er floh nichts Bestimmtes. Aber das Ausweichen saß tief in ihm, war das Unbedingte, der Leitstern seines Daseins, Erhellung in seiner Gedanken Grau: Flucht, besser noch Meidung.

Daß er dennoch im Kreislauf der Jahre zuweilen erblickt wurde, blieb unvermeidlich; aber was es von ihm zu sehen gab, war höchstens ein flüchtiger Schatten am Waldrand.

Er stand jetzt so, daß seine Kontur gegen das Licht wie mit der Schere ausgeschnitten wirkte, ein eher flaches Dreieck, wiewohl man hätte schwören können, daß der Mann hager war. Der Mantel machte es, dessen Schöße weit abstanden. Hätte man ihn genauer betrachten können, wäre es offenbar geworden, daß der Mann eine ganze Reihe von Kleidungsstücken übereinander trug, jedenfalls alles, was er besaß, Hemden, Unterhosen, Jakken, schließlich den Mantel. Seine Garderobe war nicht sonderlich reich bestellt. Der Mantel diente dabei keineswegs nur als Schutzdecke für dieses Arsenal abgelegter Textilien; seine Taschen standen vielmehr weit ab, mußten prall gefüllt sein, fungierten also als Vorratskammern. Wirklich trug der Mann darin alles, was er an Nahrungsmitteln besaß, oft genug in Zeitungpapier gewickelte Butterbrote, von gutmütigen Bauern, die um seine Existenz wußten, an bestimmten Orten ausgelegt – eine Nahrung, an die er sich hielt, wenn er den Hunger nicht mehr mit dem zu stillen vermochte, was Wald oder Acker boten.

Schwankenden Schrittes und wie abwesend strich er die Höhe hinab. Aber der Eindruck trog; seine Sinne blieben auf der Lauer. Es herbstete schon. Die Blätter verfärbten sich, und Spinnweben hingen morgens voll Tautropfen. Vorn am Waldrand raschelte es; ein, zwei Rehe traten im Abenddämmern zur Äsung hinaus. Der Mann vermochte sie nicht zu sehen, er hatte nur einen ungewohnten Laut vernommen, der in das Schweigen des Abends gebrochen war. Von Panik erfaßt, floh er, verschwand hastig. Ohne einen Plan brach er ins Holz, verirrte sich, eilte beklommen weiter auf eine Lichtung zu. Hinein in einen Bach! Aber er stolperte auf halbem Hang, platschte ins Wasser, schlug sich an einem Stein. Dornen hielten ihm ihre dünnen Spitzen wie Dolche entgegen, eine abscheuliche, schwarze Kühle wehte. Seine Hände tauchten ins Dickicht; hinter ihm war alles voll feindlicher Unruhe – der Wald, das Wasser, der Ufersand. Einen Augenblick hielt er erschöpft inne, begann zu stöhnen. Dann sprang er in das Gebüsch und kämpfte sich mit schwieligen Händen voran, bis er endlich, endlich keuchend in seinem Versteck lag.

... wie lange hatte er geschlafen? Der Mond war ein

Stück weitergewandert, stand jetzt über den Tannen. Nebel kam auf, verhüllte die Scheibe des Nachtgestirnes. Dann verschwand jegliches Licht. Er lag in seiner Mulde einigermaßen geschützt unter dem ausgewaschenen Wurzelwerk eines vor Jahren geschlagenen Baumes. Aber es war merkwürdig, er zog weder den Mantel aus, um sich zudecken zu können, noch bereitete er sich ein Lager. Er hatte sich hingeworfen wie ein müder Wanderer, sprungbereit sozusagen. Er lag und der Nebel zog. Der Nebel! Er war schlimmer als der Schmelzschnee, der ihm Frostbeulen in die Füße biß. Im Nebel kam es über ihn; er pflegte sich dann zu erinnern. Sah man die Bäume nur noch als Schemen, stiegen ihm Vorstellungen von seiner Jugend auf, unausweichliche Bilder, die einen brennenden Schmerz in seiner Brust zurückließen. Von allen Zweigen tropfte es. Sonst rührte sich nichts. Er war völlig allein, hätte endlos laufen müssen, um den nächsten Bauernhof zu erreichen. Der Förster ließ ihm ohnehin Ruhe. Er war wirklich allein mit dem ungeheuerlichen Schweigen des Waldes, durch den der Nebel des Herbstes zog.

Folgendes weiß man von diesem Menschen. Im ersten Weltkrieg empfand er heftigen Widerwillen, beim Militär einzutreten. Nicht aus Angst vor des Krieges Gefahr, sondern weil er in seiner Jugend daheim im Bauerndorfe einem jähzornigen Lehrer als Prügelknabe gedient – wie das oft in diesem Lande geht, er war trotz seiner Einfachheit ein sensitiver, empfindsamer Mensch. Nun hatte man ihm – mit ersticktem Lachen, das hier und da bei den Umstehenden aufschwoll – erzählt, es werde für ihn eine Zeit erneuter Quälerei durch Unteroffiziere und Vorgesetzte beginnen. Er desertierte, gehetzt von namenloser Bedrängnis, ging in die Wälder und blieb verschollen. Nur wenige Bauern wußten um das, was er trieb. Er hatte nicht Haus, nicht Dach. Fast vierzig Jahre lebte er nun schon draußen im Dickicht der Kiefern, im nachtfeuchten Gras der Lichtungen, im Schoß der Wälder.

Das ist ein überwältigender Zug im Wesen der Westfalen: die Bauern, wie üblich, respektierten den Mann und achteten seinen Entschluß. Vielleicht, daß ihn anderwärts ganze Aufgebote von Häschern gejagt hätten; was trägt der Mensch schlechter, was verübelt er mehr, als wenn einer aus der Gemeinschaft ausbricht? Man jagte ihn nicht! Man gönnte ihm seine Marotte und seine Einsamkeit, insgeheim sorgte man sogar für ihn.

Die den Waldläufer kannten, kümmerten sich also darum, daß er das Allernotwendigste erhielt, ein Kleidungsstück, einen Mantel, ein Hemd. Es gab Höfe, zu denen er sich im Dunkel hinwagte. Gelegentlich vermochte er sich dankbar zu erweisen, indem er dort bei Nacht den Mist auf den Feldern ausstreute. Er war ein friedlicher, keineswegs unholder Geist, gegen den niemand etwas einwandte. Nicht einmal die Hofhunde.

Es geschah, daß er sich in bitterkalter Winternacht einem im Freien kochenden Futterkessel genähert hatte, um sich zu wärmen und schwere Verbrennungen davontrug. So fanden sie ihn, in eine Scheune verkrochen. Er kam in ein Krankenhaus, wo ihn Nonnen in ihre Obhut nahmen. Erstaunliches stellte sich heraus; er wußte vom Ende des ersten Weltkrieges nichts, nichts von den Geschehnissen der zwanziger Jahre, nichts davon, daß inzwischen ein anderer Krieg über die Erde gegangen war. Seine Erinnerungen an diese Welt waren verblaßte Bilder vergangener Menschen.

Sie haben ihm die Meute der Nachrichtenjäger, die für die Großstadtzeitungen schreiben und ihn fotografieren wollten, nach Kräften vom Leibe gehalten. Nur ein Bild ging um, ein Schnappschuß, den irgendwer hatte tun können, als man ihn krank und krumm entdeckte. Ein Bündel Kleider mit einem dunkel starrenden Antlitz, lag er da.

In jedem Westfalen sitzt solch ein Stück echtes, unbedingtes Anachoretentum. Daher hat man verstanden, was ihm not tat. Man ließ ihn in seine Vergessenheit zurücktauchen.

Ich werde seinen Aufenthaltsplatz nicht verraten. Vielleicht hätte ich es machen sollen wie die Zeitungen; sie meldeten jüngst seinen Tod, als ich gerade im schönsten Nachforschen war. Eigentlich war ich daher auf sein Grab gefaßt gewesen, als ich seine Spur entdeckte; ich kam, ihm ein paar Blumen zu widmen und meinem Bericht den gebührenden Abschluß zu geben. Aber dann erfuhr ich, er lebte. Es ging mir merkwürdig; ich war so vernarrt in den Gedanken, daß er nun in den Frieden und in die allerletzte, größte Einsamkeit gefunden hatte, daß mich die Nachricht fast wie ein Ärger durchfuhr.

Er lebte also. An dem Fenster, hinter dem ich saß und Auskunft erhielt, kam er zuweilen vorüber. Der Mann, der ihn mir beschrieb, kannte ihn gut, oh, wie sollte er nicht!

»Man kennt alles in meinem Amt« – er war doch der Bürgermeister des Ortes. Überhaupt gab es hier mancherlei Interessantes. Er konnte soviel erzählen! – Aber ich fragte nicht weiter.

Durch dieses Mannes ein wenig verdrießliche Erzählung vernahm ich also zum ersten Mal Genaueres. Nebenan ratterten Preßlufthämmer dazu; das Haus wurde in Ordnung gebracht. Wie kaum anders zu erwarten, sank der Waldläufer zu einem asozialen Menschen herab, den die Obrigkeit mit höchst kurioser und durchaus ungerechtfertigter Großmut gewähren ließ, du lieber Gott... strich er in Wirklichkeit nicht herum?

Der Gute, der mir's erzählte, war eben Beamter, wußte nichts vom Unbedingten. Daß es hier um etwas Unbedingtes ging, war doch längst klar. Ich fragte nicht weiter.

Dann saß ich im Sprechzimmer eines kleinen Landkrankenhauses. Ein empfehlendes Schreiben ward sorglich von Nonnenaugen studiert. Solch ein Papierchen tut immer noch Wunder.

» Ich schicke Ihnen die Schwester, die ihn pflegt «, sprach die Oberin freundlich; allerdings, ich hatte zuvor bündig versichert, daß ich nicht für die Zeitungen schreiben werde, da mich einzig des Falles menschliche Seite bewege.

Schwester Hermanna kam, eine schon ältere Nonne mit Händen, die das Arbeiten nicht scheuten, und einem Gesicht, das sich aufs Lachen verstand. Man sah gleich, daß sie nicht zimperlich war. Sie nannte den Waldläufer nur bei seinem Vornamen Engelbert. Es stimme schon, er sei achtunddreißig Jahre in den Wäldern gewesen. Wie es ihm dort ergangen sei? Da müsse man ihn selber fragen; er schweige indessen, gerate sogar in panischen Zorn, wenn man ihn überhaupt erinnere. Das alte, großflächigfeine Gesicht hatte um die Augen einen vergnügten Zug, die Schwester schmunzelte – sie besaß eine so hübsche Art, sich mit einem Lächeln nach vorn ins Gespräch zu beugen. Daher denn auch seine Neigung, noch jetzt, wo man ihn gut ausstaffiert hatte, alle Wäsche übereinander anzuziehen. Es bereite zwar Schwierigkeiten, aber sie kriege ihn doch dazu, gelegentlich die Hemden zu wechseln. – Kein Zweifel, daß sie des Falles komische Seite nicht übersah!

Auch schwanke er, fügte sie lächelnd hinzu, immer so

ausladend breit über die Straße; das liege zu einem Teil an seinem verletzten Bein, zum andern, daß er sich nach alter Gewohnheit die Taschen vollstopfe. Er ändere sich nicht mehr. Gewiß, auch der Wandertrieb war mächtig in ihm geblieben; plötzlich brach er dann auf, nachdem er eine Zeitlang starr vor sich hingesehen und das Essen stehen gelassen hatte. Sonnabends jedoch – sei es auch spät in der Nacht – kehre er fast regelmäßig zurück. Ihm war hinten im Wirtschaftshof bei den Tieren, die er liebte, eine Kammer zugewiesen. Sonntags gehe er in die Kirche im nahe gelegenen Ort. Dort finde er soviel Platz um sich, wie er ihn brauche, dafür aber nehme er gleich an allen drei Messen teil, übrigens auch an der Andacht.

War er wirklich religiös? Ich zeigte Bedenken, weil er doch so lange nur unter Bäumen gelebt.

Sie glaubte es schon. Als er gekommen war, verelendet und krank, habe sie ihm gesagt: »Es ist Sonntag, Engelbert, du kannst nicht zur Kirche. Beten wir wenigstens.« Er habe es wohl gewollt. »Beten wir das Vaterunser, Engelbert?« Das habe er nicht mehr gekonnt. »Was weißt du denn noch?« »Engel des Herrn.« Sie beteten also den »Engel des Herrn«.

Die Schwester begann: »Der Engel des Herrn brachte Maria die Botschaft...« Der Waldläufer respondierte geläufig: »... und sie empfing vom Heiligen Geist. Gegrüßt seist du, Maria.« – Er konnte es ganz. »Ich habe ihn darauf gefragt«, fuhr die Schwester fort, »hast du das auch im Wald gebetet, Engelbert? Wann hast du es gebetet?« »Immer wenn es grummelte«, hatte er geantwortet – immer wenn Gewitter am Himmel stand. Sie lachte. Jetzt aber besitze er ein schönes Gesang- und Gebetbuch mit großen Buchstaben und lese alles auf dem Bettrand in seinem Zimmer sitzend.

War es möglich, das Zimmer zu sehen? – Mehr wollte

ich nicht? Nein, ich hatte Glück, sehr viel Glück, sollte ihn selber erblicken; er war heute daheim, draußen bei den Runkeln – gleich an der Totenkapelle, wo er oft in der Haltung des Gekreuzigten mit breiten Armen im Grase lag.

Es ging durch den Hof in ein Stallgebäude mit einer Tenne. Zur Linken war eine Pumpe, daran hing ein Spiegelchen und jenes graublaue Handtuch, das ein unvermeidliches Requisit aller Bauernhöfe ist.

Niemand wohnte sonst in diesem Teil des Anwesens; das mochte ihm recht sein. Sein Zimmerchen war eine richtige Knechtskammer, gegenüber den Ställen unter niedriger Decke. Alles höchst eng. Es gab ein winziges Fensterchen. Ein Bett stand da, wie es van Gogh gemalt, bedeckt mit geblümtem, rötlichem Bettwerk. Was sonst? Kommode, Schrank. Von der gekälkten Balkendecke hing ein Glühbirnchen herab. Das war alles. – Nein, Heiligenfiguren gab es, die man ihm hergestellt, einen Antonius, einen Josef, deren sie nicht in der Kirche bedurften, dazu eine kleine Muttergottes von Kevelaer. Sie bildeten die Gesellschaft seiner Einsamkeit.

Dann sahen wir ihn. Hinter einer Hecke. Mit einer Gabel warf er das Blattwerk der Runkeln zusammen. Als wir zum Feldrain einbogen, der an ihm vorüberführte, hielt er an, schien wie ein Tier auf der Lauer. Ich war etwas beschämt, ihn zu übertölpeln. Doch da kam er uns schon über das Feld entgegen – es war der einzige Fluchtweg, der ihm blieb, wollte er nicht zur Straße hinüber, eine eher kleine Gestalt, schmal und mit verunstaltetem, auswärts gebogenem rechtem Bein, die Arme weit vom Körper gestreckt.

»Gute Runkeln dies Jahr, Engelbert?« rief ihm die Schwester entgegen. Er antwortete kaum. Aber ich sah seinen glühenden, scheuen, fremden Blick, angefüllt mit ungewisser Bedrängnis. Er glitt eher an uns vorüber, als daß er ging. Sein Mund war bitter und hart, der Ausdruck verschlossen. Zeitlosigkeit und Urzeit waren in ihm, maßlose Einsamkeit und Mißtrauen – alle Schrekken, welche Einsamkeit auszulösen vermag, hingen um ihn, wie er da fortschritt. Besaß er nicht auch das Visionäre in seinem Gesicht, das es früher so oft in diesem Lande gegeben hatte?

Fünf Jahre später. Wie immer strich Engelbert durch die Wälder, die seine Welt bedeuteten. Er eilte durch Schonungen, querte vorsichtig die Kahlschläge und verschwand hastig im schützenden Dickicht. Die Straße, die jetzt kam, gedachte er in schnellem Sprunge zu nehmen, ein Schemen mit geschwellten Taschen und abstehenden Mantelschößen. Den lautlos auf der Straße heranjagenden Wagen, der ihn zu Boden warf und allem ein Ende machte, sah er nicht ...

ÜBER LAND

Es war ein Frühlingsmorgen, noch kahl und kühl, aber voll eines fröhlichen Lichtes, das über dem Lande der roten Bauernhäuser und grünen Wiesen lag. Ich kam von Sünninghausen, wo es ein altes Altartriptychon zu sehen gab, und dem Schloß Krassenstein der Grafen Marchand d'Ansembourt – es liegen soviel Schlösser hier wie in den Wäldern Eichendorffs; überall meint man Adelsschilder und einen bunten Reigen erlauchter Gestalten zu gewahren.

Nun schritt ich auf Liesborn zu, das mir als Heiligtum galt, des Meisters wegen, der für diesen Ort vor einem halben Jahrtausend sein Hauptwerk geschaffen hatte. Eine Benediktinerabtei war hier ein Jahr nach des Frankenimperators, des großen Karls Tode gegründet worden, deren Kirche sich, gotisch zwar, doch mit romanischer Wucht, schon von fern zwischen Baumgruppen sehen ließ, das Westwerk in die Front der Klostergebäude einbezogen. Im Innern gab sich die Kirche als leichtes Gezelt über einem kreuzförmigen Grundriß; Säule, Stütze oder Pfeiler fehlten völlig. Eine Weile saß ich sehr still, ganz allein im kühlen Raum, genoß den Frieden und die ungestörte Meditation, aus den Bruchstücken des mir bekannten ›Liesborner Altares‹ das gesamte köstliche Werk zu imaginieren. Es hatte dort gestanden, wo sich jetzt der barocke Hochaltar erhob. Der Versuch gelang, vor meinen Augen stieg das seraphische Werk auf.

Über eine lange Straße, die resigniert die Begleitung von Kasernen erduldete, kam ich nach Lippstadt hinein, wo meine Anteilnahme lange zwischen der Ruine der Nonnenstiftskirche und der evangelischen Großen Marienkirche schwankte. Zu einem Ergebnis kam ich nicht recht. Auch erlitt ich an der Marienkirche das leidige Geschick, wie oft vor evangelischen Gotteshäusern – sie war verschlossen, als fürchte man Diebe oder als solle keiner dem Herrn ohne Aufsicht nahen. Kein Schild nannte den Küster, der hätte aufschließen können. Verdrossen ging ich davon und entschied mich endlich, einem dritten Bauwerk den Vorzug zu geben, dem Gasthaus Köppelmann, einem Hotel, das mir empfohlen war. Breite, kühle Korridore durchzogen das Innere, hier und dort von einem barocken Schnörkel verschönt oder einem Atlasdeckchen, einem Wappen mit der lippischen Rose hoch an der Wand, einem Blaker, einem Spiegelchen oder endlich dem freundlich-zarten Gefältel der Tüllgardinen.

Der Zauber des Hauses liegt in einem Saal des ersten Stockwerkes, einem Raum des späten Rokoko, den die Grafen von Rechberg, ein längst ausgestorbenes Geschlecht, in ihrem Stadtpalais hatten ausschmücken lassen – nicht breit, nicht lang, nicht hoch, aber alles in einem genau ausgewogenen Maß, aufgelichtet durch acht schlanke Fenster, zwischen denen sich Stuckarbeiten und Malereien befanden, eine Folge von Monatsdarstellungen. Da es sich fügte, daß ein dreizehnter Platz übrig war, hatte man dem Neujahr ein eigenes Bild gewidmet; munter schritt das junge Jahr durchs Tor, eine reizende Allegorie auf die menschliche Hoffnung. An der Decke entsprach dem ein Zyklus von Gestirnszeichen, diesen wiederum das Deckengemälde mit olympischem Personal. Alles voll Anmut und beschwingter Heiterkeit. Was Wunder! Hier hatten Italiener gearbeitet.

Es gibt Tage, an denen alles mißrät. Den nächsten Morgen zog ich von Lippstadt nach Süden; die Straße war laut, vielbefahren. Daher bog ich nach Osten aus. In Westerkotten fragte ich zwei alte Weiblein, die schwatzend an der Straße standen, nach dem Weg. Die eine, klein und buckelig, mit einem breiten, sanften Mund voll Güte, empfahl nach links zu gehen, während die andere mit einem eifervollen Apfelgesichtlein, aus dem unaufhörlich eine Flut schlesischer Worte sprudelte, drängend zu einem Umweg nach rechts riet. Meine Straße sei im Bau, nicht zu passieren. Sie gerieten darüber in heftiges Debattieren, von dem ich mich ratlos zurückzog und unbeachtet davonschlich – nach links, um das gesuchte Schloß Schwarzenraben zu finden. Tatsächlich, da kam eine Straße, an der man arbeitete. Nach langem Zuweg stand ich sogar vor der Allee, die zum Schloß führte. Doch verbot eine Tafel Benutzung und Zutritt. Dergleichen kümmert mich sonst nicht viel. An diesem Morgen aber hatte der Verdrußteufel mich fest in den Krallen; zornig schritt ich davon und überließ Schwarzenraben sich selber. Allerdings nicht ohne zu meditieren, wie ungerechtfertigt es sei, daß ein zeitlicher Besitzer von dem Anblick eines Werkes auszuschließen vermöge, das nicht er, sondern längst vergangene Meister geschaffen, und das ihm nur zu oft der Zufall der Geburt oder Geld in die Hände gespielt.

Am frühen Nachmittag verflog meine niedergeschlagene Stimmung. Ich stand auf einer Höhe von mergeligen Ackerböden, die sich nach Westen, nach Soest zu, in die Weite der uralten Rodung des Hellweges verlieren. Vor mir im Grund lag Büren mit seiner barocken, ganz süddeutsch wirkenden Kirche voll Wohlklanges, wie die Jesuiten zu ihrer großen Zeit sie bauten. Im Süden erhoben sich schneebedeckt, im klaren Sonnenlicht aufblinkend, die Berge bei Brilon. Voraus verstellte ein waldiger Bergzug den Blick, noch im kargen Kleid des Vorfrühlings. Zur Linken, weit ins Ferne gegen Nordosten, zog sich ein Grund, in dem zwischen zwei Berglehnen ein fernes, graues Gemäuer lag, das von zwei Türmen an seiner rechten Seite als Gotteshaus oder Kloster legitimiert wurde. Die Karte hingegen wies es als die Wewelsburg aus, die auch zu besuchen war. Den Grund vor mir durchlief die Alme, bei der man nicht recht wußte, war sie mit Fluß oder Bach zu titulieren.

Über einen Landrücken kam ich dorthin. Die Burg lag mächtig und schwer über dem Tal. Alter Zeiten wurde ich allerdings nicht erinnert, sondern jüngst vergangener. Am Zuweg der Burg stand ein Wachhäuschen; zwar abgeschlagen, aber noch lesbar, fand sich das doppelte Zeichen der Siegrune daran. Die Lust nachzufragen, wer hier gehaust hatte, verging mir. Daher also die gute Erhaltung des Bauwerks, das Heile und Neue der Mauern.

Aber vom Bergsockel ins Tal der Alme hinein zu blikken, war doch ein Erlebnis. Da lief das Flüßchen den Bedürfnissen unsichtbarer, vielleicht auch längst vergangener Mühlen gehorsam, in zwiefachem Lauf; zog dann wieder verdoppelt, teils auch in das Hauptbett zurückgeflossen, auf verschiedenen Ebenen in gewundenem Bett durch das Tal und überschüttete den Grund mit widergespiegeltem Licht.

BRUCHSTÜCKE ODER VERSUCHE ZU DREI KÜNSTLERPORTRÄTS

Wenn schon vom Lichte die Rede ist, diesem Gnadenbeweis, der dem Auge zuteil wird – da wären die Maler, die allemal Propheten des Lichtes sind und es mit dem ›Erscheinen‹ zu tun haben! Erst später hat man ›Erscheinung‹ daraus gemacht. Aber das meine ich nicht, ich denke nicht an Künstler wie die Maler tom Ring, die Kupferstecher Heinrich Aldegrever aus Paderborn und Israhel van Meckenem aus Bocholt und schon gar nicht an Bildhauer gleich Meister Bertram oder den Meister von Osnabrück bis hin zu der gesegneten Familie der Gröninger. Ich meine die Künstler der westfälischen Spätgotik, bei denen das Erscheinen noch im Mittelpunkt und das Licht, diese Wundermacht, hinter allem steht.

Wie aber sie greifen, diese Meister in der schweigsamen Heiligkeit und Stille ihrer Bildräume? Sie, deren Namen uns meist sogar unbekannt und – wissen wir sie – nur wie Schilde, vor ihre Anonymität gehalten, sind! Es bleibt doch das Ergreifendste an ihnen, daß sie, deren Bildtafeln ein Bauernvolk in Jahrhunderten mit Andacht erfüllten, nie als besondere Wesen aus dem Dunkel ihres Zeitalters treten...

Schöppingen ist ein kleines Nest abseits der großen Straße im nordwestlichen Münsterland. In seiner Kirche, einer bescheidenen, etwas erhöht gelegenen Dorfkirche, hängt ein Altarbild, dessen Schöpfer – wie das so ist, wenn man nichts Schlechteres weiß – der Meister von Schöppingen genannt wird. Mit ihren kriminalistischen Methoden hat die Kunstgeschichte nachgewiesen, daß von seiner Hand ein bekanntes anderes Altarwerk stammt, der ›Halderner Altar‹, der heute wieder in Münster ist. In der erstaunlichen Inkonsequenz der Kunst begann der Künstler als getreuer Schüler der idealen Auffassungen, die an der Wende zum 15. Jahrhundert herrschten – sicherlich angeregt von einem Altarbild des Meisters von Warendorf, das sich in Darup, einem kleinen Dorf auf dem Wege nach Münster, befindet. Dieser Meister wiederum war Schüler des großen Konrad von Soest, dessen Geist also auch im Künstler von Schöppingen nachwirkt. Doch dann widerfährt dem Schöppinger etwas; vielleicht hat er eine Reise in die Niederlande unternommen – er schwenkt in eine realistische Haltung um. Vielmehr, er verhält auf halbem Wege. In diesem Bereich siedelt er seine Kunst an, sowohl der idealen Überlieferung, als auch der berauschenden Erkenntnis einer neuen, ›wirklichen‹ Welt verpflichtet. Seine Malerei ist teppichhaft, flächig, mit hochgelegenen Horizonten, so daß die Figurenspiele fast ganz die Bildfläche erfüllen.

Anders als ein Spiel von Figuren und Formen können wir es doch nicht empfinden, daß er uns mitten in die Kreuzigung des Halderner Altars einen stabilen Reitknecht hinmalt, der uns die Rückseite zukehrt. Vor allem findet sich eins. Hat er es irgendwo entlehnt, gehört es seinem persönlichen Erinnern an? Auf allen Szenen dieses Altares findet sich eine Frauengestalt mit gewelltem Goldhaar. Sie kniet auf dem Blumenteppich am Kreuz, ist bei der Grablegung dabei, fehlt unter den Frauen am leeren Grabe nicht und hat sich auch in der Darstellung von Christus als Gärtner eingefunden. Bis auf die Hüften fällt ihr das Haar. Auf späteren Bildwerken taucht sie nicht mehr auf. Aber das macht nichts; er hat sich bereits preisgegeben – der Maler, gesehen durch sein Modell, das zweifellos seiner Vorliebe entsprach!

Wir wissen noch etwas. Es erscheint auf dem Schöppinger Altar in der Szene des Kalvarienberges eine Stadtansicht. Vielleicht, so hat es ein Forscher vermutet, stellt sie die Ansicht von Coesfeld dar. Das gäbe der Vermutung Nahrung, es habe sich bei dem Schöppinger Meister um den Maler Dietrich zur Wayge aus Coesfeld gehandelt, der sich 1429 als Diderick Meler in das Bürgerbuch der Stadt eintragen ließ. Es scheint zu stimmen, und so wissen wir zweierlei, wissen ein Frauenbildnis und wissen den Namen, wissen sogar, daß er einer der Hauptvertreter der für Westfalen so bezeichnenden Bilder ist, die den Kalvarienberg als ein ›Gedräng‹ zeigen, eine teppichhafte, vielszenige, vielfigurige Gestaltung der Kreuzigung, die sich nicht genug tun kann in der Schilderung der Vorgänge und von einem tiefen Zwang zur Sichtbarmachung durchweht ist.

Ist es nicht schon sehr viel . . . die Frau, der Name, der Impuls?

Ich gestehe meine Schwäche für Orte ein, an denen sich einst die Hauptwerke der großen Künstler befunden haben. Sie waren doch nicht ins Leere gemalt, waren für einen bestimmten Platz geschaffen. So kann sich im Raume, der sie einst barg, doch ihres Wesens Widerhall noch spiegeln!

In Marienfeld, das die einzig erhaltene Zisterzienserkirche Westfalens besitzt, hat einst das Hauptwerk des großen Johann Körbecke gestanden. Marienfeld liegt bei Harsewinkel östlich von Münster. Noch heute ist es eine gewaltige Anlage mit flankierenden Trakten von Wirtschaftsgebäuden zu Seiten des großen Klostervorplatzes. Kätner und Küster wohnen darin. Der alte Klosterbau blieb nur zum Teil erhalten, ist gräflicher Besitz; ich hörte viele Kinder lärmen. Die Kirche hingegen, eine strenge, nüchtern gemeinte basilikale Anlage mit dem mächtigen, über die Vierung hinaus verlängerten Mönchschor, blieb im wesentlichen jene, die 1222 geweiht worden ist. In den Kreuzrippen der Gewölbe kündigt sich ein erster Versuch an, burgundische Gotik auf westfälischem Boden einzuführen. Aber sie tragen nicht, sind schwächlich und vorgelegt, schlank und dünn wie die geschäfteten Säulen, die man an den Fensterumrandungen des Querschiffes findet. Die späte Gotik hat den Chor um 1500 mit steinernen Schranken und einem jener Tabernakel geschmückt, die anmuten, als sei in ihnen der Idealtraum eines gotischen Turmgebildes Modell geworden. Es gibt hier noch vieles; eine Kanzel, auf deren Schalldecke und Brüstung sich Figuren tummeln, eine prachtvolle Orgel des 18. Jahrhunderts, Beichtgestühl, eine Doppelmadonna, die im Schiff hängt, ein Adlerpult, Grabplatten und endlich das Gestühl. An den Wänden der schmalen Seitenschiffe thronen auf kleinen Konsölchen Apostel, die zu dem entfernten Lettner gehört haben.

In diesem stillen Winkel Westfalens hat also der große Passionsaltar des Johann Körbecke gestanden, der 1804 auseinandergerissen, -gesägt und über die ganze Welt verstreut wurde. In Marienfeld ist davon nur das Mittelstück verblieben, eine thronende, holzgeschnitzte Madonna, die ein metallenes Blumenkrönlein auf dem Kopf trägt. Von vorn besitzt sie das Gewichtige und Schwere ihrer herrscherlichen Rolle. Von hinten aber, wo ihr das Haar in Kringeln und Locken über die Schultern wallt, ist sie ganz Anmut. Man muß sich dieses Werk, das heute auf dem rechten Seitenaltar am Choranfang steht, inmit-

DER DOM IN PADERBORN

Farbige Lithographie von W. Riefstahl, um 1850
Landesmuseum Münster

ten der realistischen Welt der Malerei Körbeckes denken. Da hat es zwischen den Figuren der Leidensgeschichte Hoheit und Gnade zugleich verkörpert.

Wir glauben über den Künstler Johann Körbecke Genaueres zu wissen. Möglich, daß er in Coesfeld als Gehilfe des Dietrich zur Wayge begann. Er ließ sich dort 1432 einbürgern. Später hatte er in Münster Besitz, ein Haus, das von seinem Vater stammte. Beruht dies alles auf Wirklichkeit, so dürften in Coesfeld die ersten Werke des Künstlers entstanden sein, der Langenhorster Altar, eine jugendliche, unbekümmerte Schöpfung von leuchtender, kraftvoller Farbigkeit. Möglich, daß Körbecke damals auch den Amelsbürener Altar gemalt hat, wenigstens das Mittelstück – nun, vielleicht sind es auch nur die Mariengruppe der Kreuztragung und der Kreuzigung, die Gestalten der Vorhölle und das Haupt des Gekreuzigten! Man vermutet, daß Dietrich zur Wayge mitgewirkt hat, der ohnehin entscheidenden Einfluß auf Körbecke besaß.

Er hat immer viel Einflüsse erfahren, der Johann Körbecke, der hochbetagt, begütert und angesehen am 13. Juli 1491 in Münster starb. Man weiß noch mehr von seinem persönlichen Leben, weiß von einer zweiten Frau, Else geheißen, die den Künstler überlebte, weiß von seinen Söhnen Heinrich und Hermann, deren erster Geistlicher wurde. Der zweite ergriff den Beruf des Vaters, wie vielleicht schon der Vater des Meisters Maler gewesen war. Auch ein Enkel Johann Körbeckes ist Maler geworden. Der wiederum besaß eine Tochter, die Urenkelin unseres Künstlers; sie heiratete 1596 einen Johann Alerding aus Münster und wurde die Mutter des Kupferstechers Everhard Alerding, der 1636 für Münster einen vielbewunderten Stadtplan geschaffen hat ... Künstler also über lange Generationen hin!

Körbeckes Hauptwerk ist der Marienfelder Altar von 1457 – eine Folge von Szenen der Passion Christi, in novellistischer Flüssigkeit des Vortrages dargestellt, von starker Erregung und Dramatik durchpulst; die heftige Gestikulation spricht für sich. Sie mutet nicht eben westfälisch an; vielleicht entspricht sie Ausdrucksgebärden, die Gemeingut des Zeitalters waren. Die Augen seiner Figuren scheinen immer ein wenig zugekniffen. Körbecke ist der Realist unter den Malern und, wie Dietrich zur Wayge, auch ein Meister der ›Christus-im-Gedräng‹-Bilder. Da geht es nicht sanft her, waltet nicht Hoheit, die das Grauen übertönt. Alles ist hart, nüchtern, deutlich gesehen mit den Augen eines Mannes, dessen Nerven etwas auszuhalten wußten – eines vielgewanderten, vielberufenen Künstlers, dessen Darstellungsart ahnen läßt, daß er kaum verbindlich und liebenswürdig war, eher vielleicht ein Herr, der aufzutreten verstand. Weltläufigkeit verrät seine Hand immer.

Während sich also vorstellen läßt, daß sein möglicher Lehrer Dietrich zur Wayge ein etwas träumerischer Mann war, muß Körbecke als ein kühler, präzise gestaltender Geist durch die Welt gegangen sein, dessen Auge den Menschen, der ihm gegenübertrat, scharf fixierte und erfaßte.

Sein Marienfelder Hauptwerk hat eine Odyssee ohnegleichen erlebt. Gegen Ende des 17. Jahrhunderts ersetzten die Zisterziensermönche von Marienfeld den gotischen Hochaltar durch einen barocken. Körbeckes Werk wurde auseinandergesägt und seine Tafeln einzeln aufgehängt. Jedenfalls nimmt man das an. Als Marienfeld 1803 aufgehoben wurde, kamen die Bilder zur Versteigerung. Es gab derzeit einen hellsichtigen westfälischen Künstler Rincklake, guter Porträts wegen rühmlich bekannt, der zugegen war, spürte um was es ging und ein

Gutachten verfaßte. Nun wurden vierundzwanzig Tafeln, darunter die sechzehn Teilstücke des Marienfelder Altars, von der angesetzten Auktion ausgenommen. Sie sollten noch im gleichen Jahr nach Berlin zur Akademie der bildenden Künste transportiert werden.

Aber sie sind dort nie eingetroffen, vielmehr in den folgenden Jahrzehnten in alle Welt verkauft worden.

Heute weiß man wenigstens, wo sie blieben – bis auf die verlorengegangene Anbetung der Könige. Drei Stücke befinden sich in Münster, zwei in Berlin, drei in westfälischem, kölnischem und ausländischem Privatbesitz. Die Himmelfahrt Christi hängt in Basel, Mariens Aufnahme in den Himmel in Castagnola bei Lugano. Die Auferstehung befindet sich im Musée Calvé in Avignon, die Geißelung war nach Moskau gegangen; anderes ist in Nürnberg, in Chikago, in Krakau zu finden.

Im Schicksal dieses Bildes leuchtet ein Stück jener Tragik auf, die der westfälischen Kunst seit Jahrhunderten zum Verhängnis wurde. Wieviel ging in den Kriegen verloren, vor allem im Dreißigjährigen Krieg, der so brandschatzend wie kaum anderwärts über das Land zog! Wieviel ging noch in der Epoche der Säkularisation zugrunde! Nicht auszudenken, welch ein Kunstschatz verfügbar wäre, befände sich alles am Ort der ersten Bestimmung ...

Um die Mitte des 15. Jahrhunderts kommt es wie ein Rausch der Begnadung über die westfälische Malerei, die so lange im Ringen um die Wirklichkeit befangen war. Erneut bemächtigt sie sich geistiger Vorstellungen wie in den Tagen des großen Konrad von Soest, um zu verklären, zu erheben – freilich mit Mitteln, die der Epoche des Realismus zu verdanken sind. Ihr Hauptmeister ist der von Liesborn, genannt nach dem Hochaltar für die Liesborner Klosterkirche, dem ein ähnliches, noch schwereres Schicksal als dem Marienfelder Altar Körbeckes beschieden war. Er ist nur noch in wenigen Torsen erhalten geblieben. 1807 wurde das Bildwerk zerschnitten und in alle Welt verstreut.

Der Meister von Liesborn ist der Seraphiker unter den Künstlern Westfalens. Angesichts der kleinen Bruchstücke ahnt man wenigstens, wer er war. Reste der Geburtsszene zeigen, wie Engel den zarten Körper des Neugeborenen lobpreisend umfliegen; dargestellt ist das in einem das Plastische deutlich modellierenden Weiß der Hemden, köstlich farbenfreudigen Flügeln und einem irisierenden Spiel goldener Locken. Das Ganze durchwebt von einer frommen, freudigen Andacht. Das Fest des Auges wird zum unterstreichenden Element für die Frohe Botschaft. – Ah, und dieses nächtige, kühle Blau der Hintergründe, dieses von lila Tönen durchwebte Spiel der Gesteinsfarben, die den Farbenklang nach der Seite des Delikaten ausweiten! Diese Engelstorsen, die von der Kreuzigungsgruppe des Altares übriggeblieben sind! Da zeigt sich, welch lebhafter Bewegung dieser Meister fähig sein kann. Freilich, auch hier kommt es nicht zu dramatischen Erregungen; die Himmelsgestalten strahlen vielmehr innerliche Ruhe aus, wie noch im Bild des klagenden Engels sichtbar ist, diesem wunderbaren Kabinettstück einer Malerei, die auf den Tönen von lichtem Grün, gebrochenem Weiß, altem Rosa, zartem Blau und Gold basiert, Nüancen, die für den Meister überhaupt charakteristisch scheinen. Nirgends eine laute Gebärde, alles ist von Stille erfüllt. Immer wissen seine Figuren um das, was vorgeht; es spiegelt sich in ihnen. Sie scheinen von vornherein den Zufälligkeiten des Menschendaseins entrückt. Selbst im vielfigurigen Tod Mariens, der voller Bewegung ist, verraten die Gesichter nicht kreatürlichen Schmerz, sondern stille Verhaltenheit, während die Gottesmutter in den Tod hinüberdämmert. Stimmt es, daß, wie einige Forscher behaupten, der Kalvarienberg in der Soester Hohnekirche von seiner Hand stammt und daß wir den Künstler in dem barhäuptigen, dunkelhaarigen Kriegsknecht unter dem Kreuz zu erkennen haben – daß er sich hier also, wie auch andere Meister der Zeit getan, selbst konterfeit hat? Dann besitzen wir zwar nicht den Namen, aber doch das Antlitz dieses Schönheitssuchers! Seine Augenbrauen verraten das Nachdenken. Das Gesicht ist gar nicht gefällig modelliert, sondern sehr ausdrucksvoll, sehr belebt, die Nase kräftig und groß, die Augen unter den mächtigen Lidern gleichen vielgeübten, vielgebrauchten Werkzeugen, die nicht nur zum Sehen, sondern zum Schauen und Aufblicken da sind. Der Mund ist sehr fein und edel in der Oberlippe, in der unteren voller. Das also wäre er, ein Mann des Suchens und Grübelns.

In seiner Zeit fand man die Frommheit, den Glauben, den er malte, nicht mehr so, wie er zu Zeiten des großen Konrad von Soest gewesen war. Daher ließe sich denken, daß der Meister von Liesborn selber von Zweifeln berührt war und sich seiner Kunst bediente, um seine Skrupel zu beschwichtigen, seinen Glauben zu unterstützen. Sind seine Bilder Dämme gegen den Zweifel, die er errichtet hat, Dämme aus Gewißheit und Schönheit, weil er selber Mangel verspürte? – Nein, ein Seraphiker aus der Einfalt des Herzens war er gewiß nicht. Seht doch nur, wie er diese zart gespannten, wissenden Augenlider malte, so wie seine Augen wissend waren. Alles vorausgesetzt natürlich, daß er der Kriegsknecht ist, der auf dem Bild in der Soester Hohnekirche um den Rock Christi mitwürfelt. – Wie dem auch sei, es kommt darauf an, daß sein Herz noch einmal die beglückende, unerhörte Bekräftigung erfuhr, die von der himmlischen Welt ausgeht.

CHRISTUS IM GEDRÄNG

Es gibt einen Ort, dort wird, was die Meister der Spätgotik gemalt haben, alljährlich ergreifende Wirklichkeit: Delbrück, Mittelpunkt des ›Delbrücker Ländchens‹, einer Landschaft der Wiesen und Gehäge nordwestlich von Paderborn.

Hier findet am Karfreitag, wenn das helle Glöckchen vom nadelspitz in den Himmel gedrehten Kirchturm Mittag schlägt, die ›Kreuztracht‹ statt, die Darstellung des Leidenszuges Christi, wie das Johannesevangelium berichtet. »Er trug sein Kreuz und ging hinaus an den Ort, den man Schädelstätte nennt, auf hebräisch Golgatha.«

Punkt zwölf Uhr verläßt eine kleine Menschengruppe die uralte Kirche und zieht stumm über den Kirchplatz, der ein farbenbuntes Märchen von Fachwerk und Giebeln ist, zum Pfarrhaus. Vorn der Kirchenschweizer im leuchtenden Rot seines Amtes, dann eine Horde von Buben, die auf Stangen die Symbole und Requisiten des Leidens und Sterbens Christi tragen, die Geißel, die Ruten, eine kleine Martersäule – diese, einem Mörserrohr ähnlich, am Bande über die Schulter gehängt wie eine Flinte –, ferner in Holz nachgeahmte Spruchbänder, auf denen die verurteilenden Worte geschrieben stehen, dazu Leiter, Zangen, Würfel und anderes. Hinter den Buben kommen die Meßdiener und endlich die Geistlichkeit, unter der sich Köpfe finden, wie sie Dirk Baegert gemalt hat. Die Kleriker, eine ansehnliche Gruppe geistlicher Herren, alter und junger, tragen Chorhemd und Birett.

Nunmehr werden im Pfarrgarten, süß, schwer und klagend, die lateinischen Gesänge des Kirchenchores vernehmlich. Darauf kehrt der Zug zur Kirche zurück, vermehrt um zwei Mitwirkende, die man vom Pfarrhaus geholt hat, die Verkörperer Christi und eines Kriegsknechtes. Der letzte scheint nur dabei zu sein, um darzutun, daß die Mächte der Vollstreckung selten fehlen, wenn es gilt, im Namen des Rechts ein Verbrechen zu begehen.

Die Gestalt Christi. Von einem Darsteller zu sprechen, wäre Entweihung. Es geht nicht um Schauspielerei, sondern um Nacherlebnis und Selbstidentifikation mit der Passion. Das ist es, was die nach vielen Zehntausenden zählende Zuschauermenge darin sieht, die Wiederholung, den erneuten Vollzug des Opfertodes. Nur die Ortsansässigen nehmen es lässiger; für sie ist diese Leidensgestalt zwar auch der nach Golgatha schreitende Weltenheiland, vornehmlich aber der Heiland von Delbrück. Sie brennen darauf zu erfahren, wie er dieses Jahr aussehen wird, alt, groß, hager oder anders.

Lediglich das nämlich vermag man unter den roten und violetten Gewändern des Dulders festzustellen, der eine Perücke und eine oliv getönte Maske trägt; ein wenig dunkle Gaze entrückt sie ins Ungewisse, Tragische und Abgeschiedene.

Das Erregende dieses Aufzuges liegt ja darin, daß man nicht weiß, wer sich unter der Maske verbirgt und daß niemand es wissen wird, ausgenommen den örtlichen Pfarrherrn, der darüber das Schweigen der Steine bewahrt. Niemand bekommt den Kreuzesträger, der bei Dunkelheit eintrifft und bei Dunkelheit wieder davongeht, von Antlitz zu sehen. Man sagt, daß sich Menschen durch ein Gelübde, oft Jahre voraus, für diese Aufgabe verpflichten.

Was der Kreuzesträger an diesem Tage zu tun hat, ist groß, einfach und schwer. Er muß nüchtern bleiben, bis er sein Amt erfüllt hat, und er muß Christi Kreuz auf dem weiten Leidensweg des Herrn tragen – kein massives Kreuz, sondern eine hohle Nachbildung, die innen mit soviel Gewicht beschwert wird, wie der Kreuzesträger sich auferlegt. Seine Buße und sein Gelübde sind seinem Ermessen anheimgegeben; er macht seine eigene Rechnung mit dem Himmel. – Das, meint man, gehe doch an? Wer ihn gebückt unter der Last des Kreuzes einherschreiten sieht, die umklammernden Finger blutleer, abgestorben von der Anstrengung des Haltens, wer ihn stundenlang ausharren sieht, nüchtern wie er ist und zugleich durchschauert von dem Nacherlebnis des Leidens, das ihn in dieser Stunde betrifft wie keinen anderen Menschen, empfindet, daß sich hier jemand, einsam und distanziert durch die Maske, dem Äußersten unterwirft, und daß er in jedem Schritt die Grenzen seiner eigenen Leidensfähigkeit auslotet. Die Prozession dauert lange, schwere Stunden, sie dauert bis in den halben Nachmittag. An allen Zeichen ließ sich gewahren, daß das Kreuz den Träger barbarisch drückte. Er war ein schlanker, großer Mensch; die um das Querholz greifenden Hände verrieten, daß er sein Brot nicht mit körperlicher Arbeit erwarb.

Zieht die Gestalt des Herrn in die Kirche ein, kehrt sie, nunmehr mit dem Kreuz beladen, auf den Kirchplatz zurück, um den langen Leidensweg entlang der Hauptstraße des Städtchens anzutreten – angeführt von einer Schulklasse betender Mädchen und geleitet von dem Zug, der ihn aus dem Pfarrhaus geholt hat – biegt sie nunmehr endlich zum Kreuzweg hinan, an dessen Ende auf einem Hügel die Kreuzeskapelle steht, von der man weit ins Paderbornsche Land sieht – immer zieht der Kreuzträger durch eine dichte Menschenmenge. Denkt man das Zeitkostüm fort, unterscheidet sie sich kaum von jener, welche die spätgotischen Maler geschildert haben. Es sind die Menschen von der dem Liesborner Meister zugeschriebenen Kreuzigungstafel in Soest, ergriffen, neugierig, schaulustig, oder besser, alles in eins. Ein Bäuerlein, das selten zur Stadt kommen mochte, sah ich zum Ärger der ringsum Wartenden inmitten der Straße mit zwei Weibern sein Schwätzchen halten, als der Zug schon auf fünf Schritt heran war. Und natürlich gab es Halbwüchsige, die das Ereignis als willkommenes Spektakel genossen. Wer das Geschehen hingegen als Nachvollzug eines ungeheuerlichen Augenblicks erlebte, wurde von einem Sturm der Beklemmung und der Ergriffenheit geschüttelt. Weder auf den Bildern der Gotik noch in der biblischen Schilderung fühlt man das Erschauern, das von Christi Todeszug ausgegangen sein muß, so gegenwärtig wie hier. Es ist, als wandere der Herr heute und jetzt seinen schweren Weg. In den Evangelien weiß man stets um die Auferstehung, durchtränkt die Erlösungsgewißheit jedes Wort; hier dagegen begreift man die Schwere des Opfertodes, werden die Ausmaße des Leidens deutlich. Man hört nichts als das Murmeln der betenden Mädchen und die weichen Klänge des Kirchenchores, in dessen lateinischen Gesängen die Soprane dominieren. Sonst Schweigen – das Schweigen der Andacht und des Miterleidens.

Ist der Zug aber an der ersten Kreuzwegstation angekommen, ist die vieltausendköpfige Menge ringsum ins Knie gesunken, gibt es Augenblicke von einzigartiger Gewalt; dann schallen Lieder auf, die durch das ganze mitfühlende, mitbetende, mitleidende Volk hinbrausen. In dem riesigen Feld sieht man von der Gruppe der Kreuztracht nur noch die Spitze des hochstehenden Kreuzarmes, alles andere ist untergegangen im unabsehbaren Gebreit von Menschenköpfen, das sich im Glast der ersten warmen Frühlingssonne in lauter flimmernde Farbtupfer auflöst.

Gebet und Gesang wiederholen sich, bis die Höhe der

Kreuzkapelle erreicht ist. Hier wird unter freiem Himmel von einer barocken Holzkanzel, die man draußen im ersten Grün aufgebaut hat, Predigt, Karfreitagspredigt gehalten. Die Vögel schmettern dazu ihr Frühlingslied.

Wie man mir sagte, geht das nun seit der Wiederauffindung der Kreuzespartikel so, die Delbrück früher zu einem Wallfahrtsort machten. Ich fragte einen Mann von Vierzig mit glänzender Haut danach, bei dem alles ins Rötliche und Blonde spielte. Er war mir beim Zuschauen durch seine Versunkenheit aufgefallen. Mit Kopfeswiegen antwortete er: »Das liegt lange zurück, länger als unsereins denken kann«, dabei ging ihm der Atem schwer, »schon mein Großvater kam Jahr um Jahr hierhin.«

Was ist Glaube? Geistesflamme, Entzündung, Ergriffensein durch Generationen, durch die Jahrhunderte hin. Wenigstens hierzulande.

IN PADERBORN

Kommt man nach Paderborn, sieht man des Glaubens Dauer als steinerne Gegenwart – wenigstens in jenem Teil der Stadt, der von den Runen der Frühe gezeichnet ist. Dagegen vermag der spätere Renaissancebau des Rathauses, in dem schon das Barock umgeht, wenig. Es ist ohnehin neu erstanden.

In einer Nebenstraße, die der Verkehr ungeschoren ließ, sprach mich ein älteres, gebeugtes Weiblein an. Einen Strickschal trug sie um beide Ohren geschlungen. Die Haut unter den Augen zeigte jene durchsichtige Färbung, die langes Beten oder Kranksein erzeugt. Sie schien ein wenig verwirrt im Kopfe, die Arme. Gab es hier keine Kirche mehr? – Ein dunkler Bau zur Rechten konnte ein Gotteshaus sein. Es war Abend; die Laternen brannten.

Ich bekannte mich fremd, eben erst angekommen, worauf das blasse Frauchen beteuerte, auch nicht von hier zu stammen. Aber das, nicht wahr, mache doch nichts. Den Morgen war sie schon an der Kirchenpforte gewesen, freilich später, als sie sich vorgenommen, und habe das Tor verschlossen gefunden. Konnte das eine Strafe für ihren mißlungenen Vorsatz sein? – Ich beruhigte sie leicht. »Wissen Sie«, fuhr sie dann nachdenklich fort, das Gesicht aufschauend, ein wenig schwärmerisch, »es gibt viel schöne Kirchen hier.« – Damit ging sie davon, ein letztes »Gute Nacht« halb verseufzend, und ein wenig auf mühsamen Füßen schwankend, entschwand sie im Dunkel.

In einem hatte sie recht, Paderborn ist eine Stadt der Kirchen. Ihr frühestes Zeugnis, der von Karl dem Großen nach dem Reichstag von 777 errichtete Dombau, einmal östlich des heutigen Domes gelegen, ist freilich verschwunden. Geblieben aber ist die 1017 durch Bischof Meinwerk über der Paderquelle errichtete Bartholomäus-Kapelle. Ein rechteckiger Raum wird durch eine Wand nahe der Eingangstür in eine schmale, quere Vorhalle und den ›dreischiffigen‹ Kapellenraum unterteilt, der an der Stirnseite eine kleine Altarnische trägt. Doch was heißt hier schon ›dreischiffig‹? Im Grunde genommen ist dieser Bau, der von sechs freistehenden Säulen getragen wird, so gut quer wie längs gerichtet. Dazu sind den Längsseiten je drei, den Schmalseiten je zwei Halbsäulen vorgelegt; das verstärkt den Gedanken noch, der Raum dehne sich nach allen Seiten hin aus. – Ich kam darauf, diese Feststellung zu treffen, als ich merkte, daß die Säulen nicht auf den Altar zu wanderten. Sie standen gelassen und schlank, überschlank fast, wie aufmerksam lauschende Gläubige. Jede ein wenig einsam. Ihren Kopf krönten Kapitelle, deren Formen aus der Tiefe des Blockes tauchten. Sie waren gearbeitet, als seien sie von innen nach außen gebildet, nicht aber aus einer Oberfläche herausgeschlagen. Die Gewölbe, die sich über ihnen erhoben, waren gleich geblähten Segeln gespannt. Vier kleine Fensterchen leuchteten hoch von den Seiten. Auf deutschem Boden ist dieses Bauwerk verwunderlich. Seine Gegenwart erklärt sich, wenn man weiß, daß Bischof Meinwerk, der kurz nach 1000 gewirkt hat, den Raum ›per graecos operarios‹ aufführen ließ, durch griechisch-byzantinisch inspirierte Baumeister also, die möglicherweise aus Unteritalien kamen.

Wie das so mitfällt, es trug sich unversehens etwas zu, das mich in den Süden entrückte. Eine Wespe durchsummte den Raum, der voller Kühle war. Das Schwirren ließ einen merkwürdig hallenden Ton zurück. Ich probierte es mit der Stimme; sie brach sich vielfach, schwoll an, ward verstärkt und zurückgeworfen. Das ganze Gebäude schien eine einzige Schallmuschel, eine Stimmgabel gleichsam. Es schwang in jedem Ton und warf eine schnell gesungene Tonfolge als geschlossenen Akkord zurück. Ich hatte dergleichen im Baptisterium zu Pisa erlebt. Auch in Paderborn war dieses sonore Klingen von unsagbarer, hallender Frömmigkeit, als sei das ganze Gewölbe in eine Orgel verwandelt.

Gleich nebenan liegt der Dom, abermals eine Hallenkirche, 1225 begonnen und eine der ersten dieser breitschultrigen, breitbrüstigen Kirchen, die das Gotteshaus in einen Gemeinderaum verwandeln, sieht man von den kleinen Dorfkirchen Westfalens ab. Hier im Paderborner Dom, dem man eine gewisse Verwandtschaft zu der 1160 gestifteten Kathedrale von Poitiers nachsagt, ist die eigenste Bauidee Westfalens, ist sein großer Beitrag zur abendländischen Kunst zum ersten Mal in monumentaler Weise geformt worden. Es berührt sehr: dort die kleine, fast orientalisch anmutende Halle der Bartholomäus-Kapelle, hier die mächtige westfälische Halle des Domes. Beide aus einem bestimmten religiösen Erlebnis geschaffen ... Welche Gemeinsamkeit, welche verwandte Inbrunst schwingt zwischen dem Werk der byzantinischen Baumeister und dem des westfälischen Architekten?

Das Schönste, was Paderborns Dom an Plastik besitzt, mutet wiederum südlich an. Es befindet sich in der Vorhalle des Domes ein ungewöhnlich reich ausstaffiertes Figurenportal, das um 1250 in Anlehnung an französische Vorbilder umgestaltet wurde. Über den Statuen eine Reihe frühgotischer Baldachine, abermals darüber Bogenläufe. Gewiß, es ist nicht der große Zuschnitt des Menschlichen, wie in anderen Bildwerken der gleichen Epoche. Hier lebt noch ein in Traditionen verwurzelter, früher Geist. Säume von Tieren, die sich verschlingen, umziehen die schmalen Eingangsöffnungen beiderseits der Mariensäule. Auch die Engel im Tympanon – fliegen, liegen sie? – atmen den Geist der Frühe.

Dieses Portal ist eine erstaunliche Mischung von hergebrachten Formvorstellungen und gotischem Wollen, wie sie wohl nur in einem Lande möglich waren, das an seinen Traditionen festhält.

Wie anmutig-frisch und heiter erzählen hingegen die Kapitelle der Gewändestatuen! Lauter Schelmereien, vom weinlesenden Bauern bis zum Hühnerdieb. Hier hat sich die Sinnenfreude einer gotisch empfindenden, dem Diesseits zugeneigten Epoche ausgedrückt, die in einem starken Gegensatz zum strengen Ernst der Apostelfiguren steht.

Streng, aber doch von einer Gefühlsinnigkeit, die überwältigt, archaisch, aber doch nahe und gegenwärtig – es gibt ein Bildwerk, das solche Gegensätze vereinigt, einen von Paderborns großen Schätzen, die Madonna des Bischofs Imad, der von 1051 bis 1076 im Amte war. Es nimmt sich aus, als wolle diese Figur weniger zur Andacht stimmen, hingegen selbst Andacht darstellen. Das Kind sitzt in scheu gewahrter Distanz zu der Mutter auf ihrem Knie, von vorsichtig ausgestreckten Händen umhegt. Die plastische Kraft beruht in der Geschlossenheit der Form. Gewänder fallen in harmonischer Symmetrie, nichts Zufälliges, Individualistisches wird geduldet. Alles ist Thronen und Beisichsein.

Das Bildwerk besitzt seine Geschichte. Ein marodierender Condottiere hat es in den Jahrhunderten der großen Kriege seines Goldkleides beraubt. Auch der Schrein des hl. Liborius – im jährlich wiederholten Liboriusmarkt feiert man das Angedenken dieses Patrons der Stadt noch heute – ist damals zerstört und zu Talern umgeschmolzen worden. Die geretteten Kostbarkeiten bewahrt man heute in der Schatzkammer des Domes, die durch einen Schrank und eine mächtige Tresortür zu betreten ist. Mir tat es am meisten der um 1100 entstandene Tragaltar des Roger von Helmarshausen an, ein kleiner Kasten mit einer steinernen Deckplatte aus grünem Marmor, auf dessen Seiten in der Art von Buchmalereien Apostel mit dem Stichel in Silberplatten graviert sind. Fast vollplastisch thront Christus auf der Stirnseite inmitten der Heiligen Kilian und Liborius. Eine getriebene Arbeit, die gänzlich anders als die Gravierungen ist. Hier weht plötzlich ein ernster und schwerer Geist, ist das Stehen noch ein Stehen für ein und allemale, das Sitzen immer ein Thronen, die Hand immer mahnend erhoben und Gott der strafende, zürnende Herrscher. Von Gnade waltet in diesem kleinen Bildwerke nichts, auch noch nichts von der beseelten Leichtigkeit, die später aufkam. Hier lebt eine Welt, in welcher die Dinge noch eins sind mit Bedeutung und Glauben; kurz, die schwere, große Zeit der Romanik. Auf dem Deckel sieht man den Bischof Meinwerk das Meßopfer zelebrieren. Zum ersten Mal steht auf dem Altar ein Kreuz. Der Mönch Roger von Helmarshausen, der dieses Bildwerk schuf, hat auch den Abdinghofer Altar mit seinem heftig bewegten Figurenspiel geschmückt, der heute den Franziskanern gehört. Er ist derselbe, der früher als der Verfasser der ›Schedula diversarum artium‹ galt, eines ersten Kunstlehrbuches.

Fragt man sich, welches der Anlaß gewesen sein mag, soviel Kleinodien und Kirchen an dieser Stelle zu versammeln, gewährt die Natur eine Antwort. Unterhalb von Dom und Bartholomäus-Kapelle, dort, wo die Stadt in ein Tälchen gleitet, liegt, von bröckeligen Mauern, alten Gärten und Straßen umstellt, das ursprüngliche Heiligtum der Stadt: die Paderquellen. Sie brechen sprudelnd und stark aus dem Boden; es scheint mir ein viel zu wenig gewürdigter Bereich der Stadt. An hundert solcher hervorsickernden, strömenden und aus Steinmauern springenden Borne zählt man.

Für die Alten mit ihrer Wunderliebe zu allem, was aus dem Schoß der Erde quoll, muß dies ein Platz der Gottheit gewesen sein. Das weitläufige Gelände ist heute ziemlich vernachlässigt. Man empfindet in unsern Tagen nicht mehr als Mirakel, was sich an dieser Stelle begibt. Aber der Dom schüttet doch immer noch sein feierliches Dreiklanggeläute darüber – alle viertel, alle halben und alle vollen Stunden. Das Geläute bannt alle heidnischen Geister, die hier einstmals gewohnt.

Sie haben zusammengehört, sind der Beginn der Stadt, das Wunder der Quellen und darüber der Dom, der seinen gewaltigen Turm mit den kleinen, von Säulchen geteilten Fensterchen, die ihn durchbrechen wie die Widerhäkchen einer Reibe, beschwörend emporhält. Der Stein ist beinern, fast weiß, dazu dunkel gefugt oder auch ocker gefleckt. Das gibt des Bildes Wucht eine fast schwerelose Leichtigkeit.

KUNSTHISTORISCHE LEKTION: DIE HALLENKIRCHE

Paderborn besitzt also erste Hallenkirchen.

Zu der Zeit, da in Europa allenthalben die Kathedralen der Gotik erwachsen, begibt sich in Westfalen etwas sehr Eigentümliches; die Hallenkirche, schon früher entstanden, die Kirche des schweifenden Raumes, beginnt ihren Siegeszug.

Sagt man das so hin, scheint es sich um eine architektonische Eigenbrödelei zu handeln. Wie alle großen Formzeugungen rührt der Baugedanke der Hallenkirchen indessen aus Blutestiefen her, aus Impulsen, die sich nur ahnen und andeuten, nicht einmal mit Worten beschreiben lassen. Weswegen die Kunstgeschichte dieses seltsame Wunder, das sich inmitten einer über die gotische Kathedrale frohlockenden Welt begibt, auch nur nüchtern umreißt. Aus Urgründen also wächst diese Eigenheit, die mit dem westfälischen Wesen so geheimnisvoll korrespondiert und es ausdrückt wie vielleicht nichts anderes ...

Der Kirchenarchitektur geht es gleich der Ikonenmalerei; die kleinste Veränderung im Grundriß, dem Aufbau und dem Schmuck bedeutet, daß man in neuen, anderen Worten mit Gott spricht. Um was ist es also zu tun?

Das Kircheninnere wandelt sich, hört auf, dem Bauschema der Basilika zu gehorchen, das den Stil der Kathedralen bestimmt; hier gesellten sich dem Langhaus

Seitenschiffe von minderer Höhe und verringerten Maßverhältnissen, wird der Blick auf den Altar gerichtet, fällt das Licht aus Fenstern oberhalb des Ansatzes der Seitenschiffe ins Langhaus. In der Hallenkirche steigen die Schiffe dagegen zu gleicher Höhe empor, der Innenraum empfängt sein Licht von den Seitenfenstern der Nebenschiffe, die Pfeilerstellungen zwischen den Schiffen hören auf, ihre trennende, den Blick nach vorn zwingende Gewalt auszuüben. Der Grundriß verliert die Längstendenz und nähert sich der Form des Quadrates. Die Gewölbe, früher dazu bestimmt, eine rhythmische Bewegung in das Vorwärtswallen des Inneren zu bringen, werden zu einem den Raum einheitlich überspannenden Netz, verlieren ihre bewegende Kraft. Das Kircheninnere, bislang voranströmend, beruht jetzt in sich – es läßt sich schon nicht daran zweifeln, in dieser Entwicklung drückt sich eine bestimmte Eigenart aus.

Es hat Vorbilder, Anregungen zu dieser Form der Architektur gegeben. Vor allem Kirchenbauten im Südwesten Frankreichs. Allein in Westfalen wird der ›Hallentyp‹, der später die Baugeschichte vom Ende der großen deutschen Kaiserzeit bis ins Barock bestimmen sollte, eine so legitime Ausdruckssprache, daß sich mittels seiner geographischen Ausbreitung während des 13. Jahrhunderts ziemlich genau sagen läßt, wo ›westfälisch‹ empfindende Menschen gelebt haben.

Innerhalb Westfalens gliedert sich dieser Bautyp wiederum. Da gibt es den quadratischen, feierlich-ernsten Kirchenraum der Grafschaft Mark um Hamm und Dortmund, die massig-schweren Kirchen des Sauer- und Siegerlandes, die Harmonie der Soester Bauweise – Maria zur Höhe, Maria zur Wiese, welche erlauchten Namen! – und endlich die immer unter gewissen Einflüssen des rheinischen Basilikastiles verbleibende Architektur des Münsterlandes in ihrer Anlehnung an das ›gebundene System‹.

Abermals, was begibt sich?

Das Mittelschiff läßt von seiner vorherrschenden Breite ab. Von nun an wird sich das Verhältnis der Schiffe untereinander etwa nach dem Goldenen Schnitt regeln. Schlanker werden die Pfeiler, ihre Profilierung bewegter. Große Fenster durchbrechen den Mauerkranz, spenden Helligkeit, die nun den ganzen Raum überschaubar macht und mit Licht erfüllt. Wo sich in großen Kirchen die Halle zwangsläufig erhöht, wachsen auch die Maße von Länge und Breite. Nur logisch, daß sich auch der Außenbau, vor allem das Dach, anpaßt. An die Stelle eines einzigen, überhöhten Satteldaches tritt nun ein ganzes Dachsystem, bestehend aus einem längsgerichteten Mitteldach und quergestellten Seitendächern.

Diesem Aufbruch, diesem Geist, dieser Entwicklung verdanken also Westfalens Hallenkirchen ihr Aussehen. Als erste entstanden die Münsterkirche von Herford, dieser in seinen Pfeilern und kuppeligen Gewölben so kraftvolle Bau, und der ungefähr gleichzeitige Paderborner Dom, der eine mittels breiter Fenster aufgelichtetere Abart darstellt. Es schließen sich an die Johanniskirche von Osnabrück und der Mindener Dom mit der Pracht seiner Fenster, und es folgen weiterhin zahllose Kirchen in Stadt und Land bis zur gotischen Wiesenkirche in Soest.

Wägt man ab, was hier vorgeht, kommt man, mit gebührender Vorsicht, doch zu Ergebnissen. Fast ist man geneigt zu sagen, daß in den mittelalterlichen Kirchen Westfalens schon die Neuzeit vorbereitet wurde – nicht nur, weil sie auf die Dauer die zukunftsträchtige Bauform darstellten, die sich durchsetzen und die Kirchenarchitektur beherrschen sollte. Ist die Kathedrale Sinnbild einer hierarchischen Welt- und Lebensordnung, so wird die Hallenkirche zum Raum der Gemeinde, der Pfarrgemeinde, der Raum, in dem sich die vor Gott gleichen Menschen versammeln, um den Herrn in ihre Mitte herabzuflehen.

AN DER GRENZE

Im Nordwesten grenzt Westfalen an Holland. Was mich betrifft, ich habe diese imaginäre Linie immer wieder aufgesucht. Es ist nicht viel Unterschied zwischen den Menschen hüben und drüben.

Als ich ein Kind war, das im Ruhrgebiet aufwuchs, durfte ich zuweilen auf Reisen mit. Wir fuhren nach Gronau. Dort war Glanerbruck, die Zollstation, in kurzem Marsch zu erreichen. Oder wir fuhren nach Vreden und stiegen bei Degener ab, einem pfleglichen Hotel mit Oleanderbüschen vor den Türen, in dem es Frühstück nach Holländer-Art gab. Von dort ging es zu Fuß nach Ammeloe oder Zwillbrock. Wir liefen über Burlo, ein altes Kloster, tief, tief in den Wäldern, oder Öding, oder auch über Barlo nach Winterswijk. Es waren lange, heidige Wege; mein Großvater hatte sie schon als Kind gemacht – er war in Winterswijk und Doesburg zur Schule gegangen. Damals konnte man das noch, eine Grenze stand buchstäblich auf dem Papier; an Pässe dachte man gar nicht erst.

Das ist sehr lange her. Schon als ich ein Kind war, lag ein Gebirge von Zeit dazwischen.

Natürlich sind wir auch über Anholt, Westfalens westlichsten Zipfel, nach Gendringen gefahren. In Anholt konnte man nie oft genug sein. Es gab dort das Schloß der Fürsten Salm-Salm und im Schloßpark einen Hügel, die ›Anholter Schweiz‹, den man besteigen mußte. Auch fand sich ein alter Töpfer dort, zu dem mich mein Großvater mitnahm. Er machte von blauer Glasur überfangene Kacheln und Geschirre in einer köstlichen Farbe. »Paß gut auf«, sagte mein Großvater, »damit du weißt, wie es gemacht wird.« Aber der Töpfer starb und nahm das Geheimnis der blauen Farbe ins Grab mit.

In Suderwick, unmittelbar an der Grenze, stand meines Großvaters Elternhaus an der Straße, die hüben deutsch, drüben holländisch war. Wenn die Judenbirnen vorm Haus reiften, fiel ein Teil der Früchte immer nach Holland hinüber, und ich konnte, wenn ich Lust hatte, meine Kinderbeine spreizen und mit einem Fuß auf niederländischem, mit dem anderen auf deutschem Boden stehen.

Als ein Kind des Ruhrgebietes liebte ich die Weite und Unbeschränktheit dieses Landes grenzenlos. Ich liebe es heute noch, wo Vetter Albert dort wohnt, ein prächtiger Mann von klarer Bestimmtheit und einer überwältigenden Großmut, dessen Devise es ist: Trinken kann sein, aber gut essen muß man.

An dieser Grenze gibt es Striche, dicht mit Wald bestanden, in den sich Felder muscheln. Hier und dort liegt ein großer Hof dazwischen. Andere Striche wiederum bestehen nur aus den Niederungen der Wiesen, an deren Rändern sich Pappelreihen kreuz und quer ziehen. Ihr Geäst löst sich in der Ferne in ein feines, duftiges Graublau auf. Im Sommer schreit hier der Kiebitz, und schwarzbunte Kühe grasen.

Es hat sich nicht viel verändert seit meines Großvaters Zeit – hier und dort eine Handvoll Häuser mehr, neue Straßen und schnelle Autos. Gut, was macht das schon? Die Ebene – man kann sie besiedeln, man kann sie mit Menschen überschwemmen, verändern kann man sie nicht.

EBENE, VON DEN BERGEN GESEHEN

Es bedarf der großen Schauspiele des Himmels, eines in blutiges Licht getauchten Abends, einer Vollmondnacht, um die durchschnittene Weite des Landes entlang der Nordgrenze Westfalens bis Ahaus und Rheine zur Anmut zu überreden. Wiese folgt hier neben Wiese, sehr genau parzelliert, immer von einem Buschstreifen oder einem kleinen Wall mit einer Baumreihe getrennt, gelegentlich von kargen Wäldchen oder einem Haus, einem Hof unterbrochen. Es ist eine Landschaft, die höchstens den Reiz der Öde und Einsamkeit besitzt.

Man muß sie mit dem Verstande der Kaninchen begreifen, für welche die Kiefern- und Sandstriche zwischen den Wiesen ein Dorado bedeuten, oder mit dem der sanftäugigen Kühe, die sich für die Idylle der Wiesen entschieden haben. Freilich, gelegentlich finden sich Hügel. Mit dem abenteuerlich hohen Turm der Kirche, gleich einem zugespitzten Bleistift in den nüchternen Himmel stechend, liegt Rheine in einigen Erdbuckeln. Es ändert an dem Charakter dieses Landes nur wenig. Die Staffage des Ungeheuren und Weiten bedeutet alles, jene Staffage, deren man nur ansichtig und inne wird, wenn man am Rande dieser Ebene die Berge bestiegen hat.

Auch Berge gibt es hier nämlich.

Läuft, fährt man von Rheine auf das schöne bäuerliche Riesenbeck zu, sodann von hier weiter auf der Straße, die von Münster nach Ibbenbüren führt, umspannen plötzlich Berge den Horizont, eine Bucht, aufgespannt wie ein Segel, in dem sich der raunende oder stürmende, beißende oder schmeichelnde Wind der Ebene fängt.

Bei Dörenthe wird eine besondere Überraschung gewährt. Hinter einem Wirtsgarten am Saum des Flachlandes hocken in steilem, lichtem Kiefernwald plötzlich rundkuppige, vom Wind zurechtgeschliffene Sandsteinklippen, in deren höchster man mit Phantasie einen Frauenkopf zu erkennen vermag, weswegen sie das ›hockende Weib‹ heißt.

Es ist einer der Punkte, an denen es selbstverständlich nicht darum geht, Fels oder Berg zu erleben, sondern die Ebene. Ich stieg die steilen, nadelbedeckten Hänge mit ihren von Baumwurzeln getreppten Stufen im mittäglichen Anhauch duftender Kiefern empor, kletterte ein wenig verträumt in den Klippen herum und hatte die Ebene plötzlich wie ein bewegtes Meer vor Augen; so weit mein Blick von Süden nach Südwesten reichte, umfaßte er eine unendliche Ebene. Im Nahen gab es wohl das Band einer Straße, in der Ferne ragten nur noch hier und dort wie Masten von Schiffen die Kirchtürme auf; das war alles, was sich außer den Kulissen der Baumreihen und Wälder bemerken ließ.

Nachts war davon nichts übriggeblieben, als der leuchtende Mond auf seiner Sternenwiese und das bleiche, dunkelnde Ungefähr unter ihm, die keineswegs monotone Weite nordwestfälischen Bauernlandes. Dazu ging leise der Nachtwind, dieser zaghafte Schlafesatem des ruhenden Sommers, bis am Morgen die Helligkeit aus dem Osten über die Gefilde zog und im aufkommenden Licht alles im Dunst ertrank.

Der Mond, der Sturm, der Regen, kurz, was man das Elementare dieser Landschaft nennen möchte, bestimmt ihren Eindruck, gehört zu ihr, macht sie eigentlich aus. Alles ist aufs Große gestellt.

Befindet man sich in ihr, scheint sie keineswegs unbegrenzt. Immer wieder wird die Ferne mit Baumkulissen und Höfen verstellt, und zwar in jener dinglichen Härte und Sachlichkeit, die hier allem eigen ist. Der Schmelz, das Zärtliche, aber auch das Gefährliche und Tödliche,

WESTER

Lith. v. P. Herle & Co in Paderborn.

VINKEL.

wie es der Süden besitzt, fehlen diesem Landstrich. Sein einziger Gefühlston liegt in der Demut der hingebreiteten Erde, die alles mit sich geschehen läßt.

Zweimal fand ich diesen berauschenden Blick auf die Ebene. Einmal von den Dörenther Klippen, zum andern von einem entzückenden Ort, der sich selbst in den anmutigen, in einem großen Bogen um den Norden Westfalens schwingenden Ausläufern des Teutoburger Waldes nicht vermuten läßt. Von Tecklenburg her. Der Ort war Residenz einer längst vergangenen Herrschaft, von der nichts übriggeblieben ist als eine abgetragene Burgruine mit einem mächtigen Tor. Allein, dieses Tor zeigt noch heute, wen man da vor sich hat. Über seine dunkelgewölbte Einfahrt zieht sich ein üppiger Fries aus lauter prunkenden Wappen!

Die Ruine hingegen hält sich offen wie eine flache Schale gegen den Himmel. Es ist innerhalb des Gemäuers eine hübsche Bühnenfläche geschaffen, auf der Freilicht-Theater vor echten Kulissen gespielt wird. Schon seit langem. Es war der erste große szenische Eindruck, den ich als Kind empfing. Man führte den ›Götz‹ auf. Mit Gesang zogen die Landsknechte heran, die Götzen gefangennehmen sollten. Er hingegen rief dem Trompeter des Reichshauptmanns triumphierend das böse Wort zu, indem er das Fenster des Turmes schloß. Im Waldlager hockten die Zigeuner um das lodernde Feuer, und am dunklen Stein traten die Richter des heimlichen Gerichtes zusammen, um über Adelheid, Weißlingens Frau, den Todspruch zu fällen.

Aber auch Götzens schwere, letzte Stunde im Heilbronner Gefängnisgärtchen war zu sehen – jenes große Abscheiden voll Milde und innerer Danksagung.

Es hatte lang in mir vergessen gelegen. Als ich auf der Burg stand und vom Zuschauerraum zur Bühne hinüberblickte, überflog es mich; mit einem gelinden Erschauern erinnerte ich mich – ah da, dort und da ...

Es nahm mich noch etwas anderes gefangen. Von der Burg konnte man nach Nordwesten blicken, nach Ibbenbüren, in die Schafberge hinein; am Horizont gab sich eine hochgelagerte Zeche preis. Nach Süden ging der Blick wiederum auf die Ebene. Sie erschien weicher, hingegebener als von den Dörenther Klippen. Doch war alles dazu angetan, das Bild zu mildern. Fruchtbar lag sie im zarten Frühlicht, welches das Städtchen am Fuß der Ruine in blaue Räuchlein und duftige Nebelchen einspann – die ›Legge‹, den aus Fachwerk gefügten Toreingang Tecklenburgs, den kleinen verspielten Marktplatz, die Kirche auf ihrem Felsenpodest ... Alles in diesem Land schien freundlich, blieb freundlich.

Auch noch, als ich nach Nordwesten hinausfuhr, weit, weit davon über die Brücke des Dortmund-Ems-Kanales, wo hinter den Bergen im äußersten Zipfel Westfalens Hopsten liegt, ein verstreuter Ort mit prächtigen Spielzeughäusern, die sich locker und friedlich um ein barockes Andachtsbild gruppieren, das sozusagen die geographische Mitte darstellt. Die ›Tödden‹, wandernde, reich gewordene Kaufleute, die anfangs mit Kiepen voll Leinen der häuslichen Spinnstuben, später mit Planwagen hinausgezogen waren, haben hier gewohnt. Jahr um Jahr fuhren sie aus, oft bis nach Rußland hinein, um nur gelegentlich für eine kurze Zeit der Liebe und Feste nach Hause zu kommen. Vermöglich geworden, hatten sie schöne Häuser mit vielscheibigen Fenstern und behaglichen Stuben gebaut.

Ich trennte mich schwer von Tecklenburg, kehrte sogar noch einmal zurück, um nun nach Osten durchs Gebirge mit seinen vielen roten Dörfern bis ins Hannöversche nach Iburg zu wandern, das im Grunde ganz westfälisch ist. Erst 1803 fiel dieses münsterländische Gebiet mit Osnabrück an Niedersachsen. War doch das Benediktiner-Kloster von Iburg, das sich auf steiler Höhe vertraut und eng um Burghof und Kirche legt, durch Jahrhunderte Zuflucht und Feste der Fürstbischöfe von Münster. Unverkennbar westfälisch blieb auch Osnabrück, Heimat und Wirkensstätte Justus Mösers, diese Stadt des romanischen Domes, der alten gotischen Johanniskirche mit ihren mächtigen, ungegliederten Pfeilern und des Rathauses, in dem 1648 ein Teil des Westfälischen Friedens, der Friede zwischen Kaiser, Protestanten und Schweden geschlossen wurde.

Von hier aus lief ich nach Nordwesten hinaus. Wenn man so will, gibt es eine weitere westfälische Irredenta – im Emsland. Ich lernte in Meppen einen noch jungen Menschen kennen, der aus einer der alten Familien der Landschaft stammte. Er verfocht mit Nachdruck die These, man sei münsterisch, habe es nicht einmal mit Osnabrück zu tun. Es gibt hier heute noch viele Familien mit münsterischen Namen, deren Ahnen einst als Beamte der Fürstbischöfe ins Land gekommen waren. Jenseits von Meppen wurde die Landschaft noch einsamer. Kopfsteinpflaster hoppelte zwischen Birken dahin. Ab und an träumte ein Bach durch Felder. Der Tag war heiß, lohte von Licht, als ich endlich den Hümmling erreichte, einen waldigen Höhenzug, der einst das Jagdrevier der münsterischen Fürstbischöfe gewesen ist. Johann Konrad Schlaun hat hier für den Wittelsbacher Clemens August, Kurfürst von Köln und zugleich Bischof von Münster, das Jagdschloß Clemenswerth gebaut, eine Anlage, die ohne Beispiel blieb. Um einen Mittelbau liegt ein weiter Kreis von zweigeschossigen, mit einem Mansarddach gedeckten Pavillons auf grünem Rasen. Hohe Lindenalleen ziehen nach allen Seiten. Es war schön, sich zu denken, daß in diesen Baumreihen frühmorgens die Pferde bereitstanden, wenn die Hörner zur Jagd riefen. Oft wird sich das freilich nicht zugetragen haben; Clemens August baute sehr viel. Man fragt sich, ob es ihm überhaupt auf das Wohnen ankam.

Der Tag war bleiern geworden. Über den Himmel schob sich eine schwarze Wolkenmauer mit Säumen von Licht. Wind hob sich auf, wuchs zum Sturm. In den Kronen der Bäume brauste es eigensinnig. Morsches Astwerk prasselte nieder, und ich stand in der Tiefe der Lindenalleen wie im Grunde eines stürmenden Meeres.

DER STURM

Es hat mich stets gewundert, daß der Wind im Münsterland keinen Namen trägt, weder Tramontan, Mistral noch Marin oder ähnlich heißt. Seegeboren, schaumgeboren wie Aphrodite rast er über die Küsten und das flache, wehrlose Holland heran. Allein, wenn er in Westfalen einfällt und die Schöpfe der Bäume hochwirbelt, hat er nicht nur die Nationalität gewechselt. Dann ist er der große Zornige, ein diesem Land zugehöriger Atem. Er tobt und rüttelt überall, wo sich Garten, Haus und Feld nicht im Schutz von Hecke, Wall oder Gebüsch verbergen. Hört doch, wie er im November um die Giebel der Bauernhäuser poltert oder um die Turmkammern der Wasserschlösser. In solchen Stuben, die dem Himmel nur ein wenig näher gerückt sind, muß man ihn erleben, das genügt bereits. Wirklich hoch baut man hier ohnehin selten. Wo gibt es schon hohe Türme? In Münster; dort muß es ja sein, denn Münster ist Bischofsstadt. Aber die Türme der münsterländischen Land- und Kleinstädte, wenige ausgenommen, bleiben mit der Masse des Mauerwerkes unter dem Winde. Sie haben kurze, kraftvolle Schäfte; darauf steht, gleich der Schneide eines mit dem Knauf eingerammten Dolches, die Turmspitze, überlang und scharf. Sie ist ein Messer, mit welchem dem Sturm der Leib aufgeschlitzt wird. In Bocholt sah ich zu, wie man solch eine Turmspitze baut. Das schlanke Balkengerüst entschwand nach oben im Novemberdunst, und die Zimmerleute glichen Matrosen in der wolkenhohen Takelage eines Seglers, während man ihren Handlangern auf der Plattform des Turmes noch bequem ein Wort zurufen konnte.

Ich sagte, man müsse den Sturm in Turm- und Dachstuben erleben. Gut, daß ein Balkengefüge im Mauerwerk steckt! Ächzend wiegt sich das Gemach, wiegt sich das ganze Bauwerk unter jedem der Stöße, schwankt die Beleuchtung, die elektrische so gut wie das Wachslicht. Wie einsichtig jeder, der noch eine Kerze besitzt! Er kann am Flackern der Flamme spüren, daß der Sturm keine äußerliche Gewalt, sondern eine innerliche ist, die alles aufrührt, nichts unverwandelt läßt und bis in die geheime Bangnis der Gedanken bläst. Wie ist man den Naturelementen dann nahe! Nicht den sichtbaren wie Brandung, Lawine oder Feuersbrunst, sondern den anderen, die anonym bleiben – der Wind ist ein gestalt- und gesichtsloser Feind. Ob die Ängste, die hierzulande die Leute bedrängen, aus diesem Grunde so unfaßbar und unabwendbar aus dem Unbestimmten kommen? Ob der Wind um dieser Eigenschaft willen namenlos blieb?

Ich habe den Sturm in jeder Gestalt erlebt. Im Winter, wenn er die Schneeflocken waagerecht über die Erde treibt. Endlos lang streichen sie hin, ehe sie zu Boden fallen; aber selbst dann gibt er nicht Ruhe. Dann müssen sie durch Gehölze und Wallhecken, werden sie durch feine Haarsiebe aus Myriaden von Ästchen des Eichengesträuches, der Hasel- und Weißdornbüsche, der Brombeerranken, oder was immer da wächst, gefiltert. Erst jetzt darf sich der Schnee erschöpft fallen lassen und im Schutz des Holzes zu den dicken Wehen anhäufen, die er so gern bildet. Hingegen bleiben die Straßen blank. Hier haftet nichts, kommt nichts zur Ruhe. Auch auf den schollig umbrochenen Feldern nicht. Da blicken überall braune Erdkrönchen hervor und aus den Wintersaaten die grünen Spitzen.

Ich habe den Sturm in Regenzeiten erlebt. Da ist er beißend und hart und nützt die niedertreibenden Regentropfen als Peitschenschnüre, um sie den Menschen ins Gesicht zu schlagen. Die Kühe, die während des ganzen Frühlings, Sommers und Herbstes auf der Weide verbleiben, so lange die Temperatur es eben gestattet, wissen am besten mit ihm fertig zu werden. Sie wenden ihm einfach das Hinterteil zu; die Köpfe zur Erde gesenkt, stehen sie Stunde um Stunde fast regungslos und warten. Der Mensch muß jedoch immer irgendwo hin, meist in eine Richtung, die gegen den Sturm führt. Da merkt man, in diesem Land hat der Himmel Fäuste! Es ist ihm ganz gleichgültig, wen er beutelt, ob eine Magd, die, eine Melkkanne am Lenker, mit ihrem Fahrrad auf dem Weg zur Weide ist und schwer gegen die blasende Gewalt ankämpft, oder einen von den eifrigen, jungen Schwarzröcken, den Kaplänen, die bei den Bauern gern etwas ungelegen kommen.

Schön ist der Sturm auf den Heidestücken. Welch ein Schauspiel, wie sich die devoten, gewandten, auf ihr Fortkommen bedachten Birkenbüsche in Demut vor der Erlauchtheit des Windes beugen. Sie, die sich untereinander vor Eitelkeit gar nicht genug tun können mit ihrem Schlankwuchs und dem zierlichen Laub, sind miteins nichts als hingegebene Niedrigkeit. Sie wissen so gut, wie man sich in der Welt durchbringt! Um die Beine wuselt und quirlt es unterdessen von aufgeregtem Heidekraut. Alles scheint zu fliehen, zu fließen. Dann ist es schön, sich in einer geschützten Sandmulde auf den Rükken zu werfen, in den grauen Himmel, die wild treibenden Wolken zu schauen und auf den Wind zu hören, der in singenden Stößen über die Ränder der Grube fährt, oder auch dem Treiben der Käfer zuzusehen, die das alles nichts angeht.

Tagelang währt oft der Sturm, immer aber der Wind, wenige Zeiten ausgenommen. Es ist so, als könne die Landschaft ohne den Wind nicht sein, ohne sein werbendes Säuseln, sein launisches Heulen, sein krankes Husten oder sein verwegenes Blasen. Nicht, daß er lästig fiele. Höchstens die Hühner auf den Bauernhöfen mögen ihn nicht. Aber sie haben Verstecke genug hinter Häuserecken, unter Zäunen und Reisighaufen. Alle andern aber brauchen den Wind, wollen den Wind, Menschen und Tiere. Nicht zuviel, aber etwas – der Hase, dem er im Fell wühlt, und die schlanken, schnell hinlaufenden Rebhühner, die in seinem sanften Singen aufgewachsen sind. Aber auch die Fasanen, die abends auf die Bäume fliegen und gleich dunklen Klumpen gegen des Himmels letzte Helligkeit zu gewahren sind.

Lange Wochen habe ich sie auf dem Lande, hoch in einer Platane vor meinem Fenster erlebt, acht an der Zahl. Zuerst baumten die Hennen auf, während der scheue Hahn unruhig im Kraut umherlief; dann folgte auch er. So saßen sie im Dunkel des Oktoberabends, der finsteren Herbstnacht sicher auf ihren Ästen, gewiegt vom Atem des Landes, unempfindlich dagegen, ob Lichtschein auf sie fiel oder nicht. Man hätte sie greifen können. Die Blätter färbten sich, die Blätter fielen – jeden Abend wiegte der Wind sie mit seinem Gesange ein ...

bis die wilden Schießgesellen mit ihren Kötern in ganzen Reihen über die Felder zogen und – plautz, plautz – allem, was nur sein bißchen Leben auf dieser Erde wollte, eins aufbrannten.

WASSERBURGEN

Wäre den Westfalen im Laufe der Geschichte nicht mehr gelungen, als ihre Adelssitze zu bauen, ihre Wasserburgen, ihr Name hätte Bestand. Es sind Inseln des Friedens, eingebettet in das Grün und die Stille der Landschaft, gesichert durch den einzigen wirklichen Schutz, welchen die Ebene gewährte, Wassergräben oder Teiche, in deren Mitte man künstliche Inseln, meist zwei, manchmal drei, geschaffen hat, um Vorburg, Wirtschaftshof und Wohnburg aufzunehmen. Untereinander und mit dem Lande waren sie in früheren Zeiten durch Zug- oder Holzbrücken verbunden, die man leicht emporziehen oder abwerfen konnte. Erst in späteren Epochen wurden die Brücken aus Stein gefügt, als Pulver und Blei die Einbettung in das schützende Wasser ohnehin halb illusorisch machten und der Verteidigungsgedanke in den Hintergrund trat.

Sie liegen tief im Lande versteckt; wenn es angeht, abseits der Verkehrsstraßen von einst und jetzt. Aus diesen beiden, dem Schutzgedanken und der abseitigen Lage, kann man unschwer ermessen, welchen Geistes ihre Bewohner sind. Solche Anlagen entstammen der Mentalität eines Bauernvolkes – in der Tat gibt es auch alte Großbauernsitze, die sich ähnlich schützen. Man sucht niemand zu berauben, niemand zu übervorteilen, aber man will, was man besitzt, gegen Räuber, Eindringlinge und gelegentlich auch gegen die Landesherren sichern. Man will bestehen. Den Fortbestand zu sichern, ist ihr Anliegen. Das hat mir die westfälischen Wasserburgen immer nahe gebracht.

Man stelle sich vor: inmitten eines dem Bauernalltag verschriebenen Landes, das wenig von Fremden berührt wird, inmitten grüner Wiesen ein Baumschlag aus hohen Eichen, die sich erst spät begrünen und mit ihrem mächtigen Geäst des Frühjahrs lange Zeit wie krause Runen gegen den Himmel stehen – aber auch inmitten von früh belaubten Buchen mit ihrem seidigen Maigrün, liegt von Schilf und blühenden Rhododendren gesäumt ein dunkles, immer undurchsichtiges Wasser, auf dem untadelig weiße Hausenten oder ihre ungezähmten Verwandten im braunen Marschrock der Wildnis und dem hochzeitlichen Prunkkleid der Fahrenden schwimmen. Ein Wasser, in dessen durchsonnte Oberfläche man wohl den Leib eines geheimnisvollen Fisches der Tiefe steigen sieht. Aus diesem Wasser erheben sich Burg und Vorburg auf schweren Quadersockeln, die oben oft in ein vernarbtes Backsteingemäuer übergehen, in dessen Strenge die Ornamente eines Renaissanceerkers ein Lächeln der Schönheit zaubern; sehr sparsam natürlich, wie es sich für gute Haushaltung geziemt.

Ich kenne wenig Abweichungen von diesem haushälterischen Prinzip. Nordkirchen, nahe Lünen, wäre zu nennen, ein ausgedehnter Bau voll dynastischen Ehrgeizes, dessen geschlossene Nordseite hinter dem Teich und dem von verstummten Figuren erfüllten Park am schönsten wirkt; von Süden stiften die nachträglich gebauten, gestaffelten Trakte in ihrem eintönig-dunklen Klinkerstein ein wenig Verwirrung.

Ah, aber dennoch diese Umgebung, wenn es Mai ist! Da erstreckt sich nach der Mittagseite des Schlosses, jenseits der Tortürme und Gräfte, weit, weit eine Wiesenfläche, gerändert von einem Wald, in dessen zartes Grün sich das durchscheinende Rosa junger Blutbuchen mischt. Hier und dort sind Baumgruppen auf die Fläche verstreut. Man muß sich das Ganze von edlen Pferden beweidet denken, an denen es einstmals dem herzoglichen Besitzer nicht mangelte. Diese Weiden erscheinen daher wie eine leere Szenerie, zu der die Natur noch immer und unermüdlich ihre zarte, zauberhafte Maienkulisse stellt – Waldesgrün und Blutbuchen. Auch die dichten Alleen, die sich vom Schloß nach allen Seiten durch das Laubdach eines Parkes von fürstlicher Größe tunneln, sind immer wieder von Blutbuchen bestanden.

Durch diese Alleen ziehen heute Menschen aus dem Ruhrgebiet, Menschen, die mit der Natur nicht mehr eng genug zusammenleben und sich vor dem Schweigen der Wälder aus Verlegenheit laut gebärden. Aber es wandern auch junge Menschen hindurch, vor allem Verliebte mit ihrer Aura von Zuneigung und Schweigen. Es ging ein junges Paar vor mir her – sie zartgliedrig-fein, während er sie wie eine Beute erfaßt hielt und nicht gewillt schien, seine Begleiterin loszugeben, indessen sie zärtlich den dunklen Haarschopf an seiner Schläfe rieb. So schritten sie durch die langen Alleen hin, ein roter Tupfen neben einem dunklen Gewand, im grün-goldenen Licht der Ferne verschwimmend . . .

Von all den kleinen Schlössern aber, die voll Stille und Heimlichkeit sind und zu Hunderten im Lande liegen, lobe ich mir Burg Vischering am Rande von Lüdinghausen, das man durch eine von Kastanien gesäumte Zufahrtsstraße angeht. Rechterhand liegt eine schlanke Kapelle unter den Bäumen; am alten Mühlchen hört man bereits des Wassers Rauschen, das von links durch ein Gehege träumender Bäume herangeleitet, dunkel und unergründlich, um Teiche und Gräben zu füllen. Es folgen Zugbrücke und Vorburg; dann steht man inmitten einer verzauberten Welt aus Stein, die sich über den Teichen erhebt, einem kleinen Gewese auf Holzrosten erbaut wie Amsterdam oder Venedig. Freilich merkt man von diesen Zurüstungen nichts. Allenthalben steigen die Quadern der Sockel unmittelbar aus dem grünen Schoß der Tiefe, während der Widerschein des in der Sonne spielenden Wassers das Dunkel unter den vorkragenden Dächern mit Lichtern überhuscht. Das Herz der Anlage, die schon seit siebenhundert Jahren der gleichen Familie gehört, bildet der Rundbau des Wohnschlosses. Schwer und doch nicht schwerfällig, freundlich gemacht durch einigen architektonischen Zierat, hebt er sich aus dem Wasser, wie er vor einigen Jahrhunderten nach einem großen Brande erstand. Man rechnet ihn seiner Erbauungszeit und einiger Architekturformen wegen zur Renaissance, aber es scheint noch heute, als nisteten die Geister uralter gotischer Vergangenheit in dem kleinen Binnenhof, der fast ganz mit einem Trakt hoher Gebäude umschlossen ist. Nichts ist gefällig an diesem Hof, nichts für romantisches Empfinden hergerichtet, und doch bildet das Gewölbe des Eingangs, bilden die kleine Treppe, der hochstrebende Turm, die kleinen Innenhoffenster eine intime, in sich beruhende Welt voller Beharrenskraft. Wenn auch angenagt von den Jahrhunderten, sie ist steinern und fest, erfüllt von Abwehrbereitschaft.

Die Renaissance-Erker sind das einzige, das sich Schloß Vischering als Schmuck erlaubt. Schließlich, der Name Schloß verpflichtet. Sie hängen über das Wasser hinaus und bieten Platz zum behaglichen Sitzen. Diese Bescheidung und Schlichtheit im Schmuck ist fast das Rührendste. Nichts von Repräsentation. Man wollte sich nicht herausstreichen; man war sich genug. Liest man in den Beschreibungen der Annette von Droste-Hülshoff in ›Bei uns zu Lande auf dem Lande‹ die nach den Verhältnissen auf Schloß Hülshoff gezeichneten Milieuschilderungen, weiß man, wie es in diesen Adelsburgen herging und hergeht. Es ist ein ähnlicher Lebensstil, wie man ihn auf großen Gütern pflegt – gewiß, ein wenig urbaner, wenn man, gleich den Grafen von Droste-Vischering auf Vischering, seit Jahrhunderten zur ersten Schicht im Lande gehörte. Aber man muß sich doch alles ganz einfach denken. Luxus war in diesem Leben nicht vorgesehen. Man wollte nicht mehr scheinen als man war. Man hatte es nicht nötig.

Heute scheint es freilich, daß Vischering mehr Zärtlichkeit besitzt, als der Bau selbst zugeben möchte. Sehr westfälisch! Was tut es schon, daß er eine vernarbte Haut, ein gegerbtes Fell besitzt? Steine altern nicht, ihr Alter heißt Dauer. Diese Dauer ist es, die Vischering so schön macht. Sein bescheiden-selbstgenügsames Verweilen im märchendunklen Teich gleicht dem des Knaben Narziß, dem es genug war, sich im Spiegelbild anzuschauen.

Es ist wahr, dies wäre der Platz von Burgsteinfurt zu reden, dem Schloß der Fürsten von Bentheim und Steinfurt – nicht so intim, sondern etwas großzügiger, auch nicht direkt, gleich dem Undinenschloß Vischering, aus dem Wasser steigend, sondern auf eine grüne Insel gebaut. Aber auch rund oder oval und wenigstens im Halbkreis der ganzen Schloßanlage mit einem schmalbrüstigen Trakt von Wohngebäuden umzogen; darunter gemischt ein halbrundes Kirchlein mit einem krumm verzogenen, angekleisterten Seitenschiffchen. Zum Entzükken! Im Burghof steht der große Turm, stehen die großen Bäume, behütet von einer Zinnenmauer. Der Wirtschaftshof trägt in seiner Mitte einen barocken Brunnenbaldachin; der Straße zu schützt er sich durch eine rundlich angelegte Vorburg aus altem Fachwerk, das wohl kaum viele Stürme abgewehrt hätte. Aber es vollendet, beschließt die kurvige Geometrie dieses Wasserschlosses in den Aateichen, auf denen im Herbst die Blätter und während des ganzen Jahres die Schwäne schwimmen. Fernhin in den Teichen des Bagnos haben die Wildenten übrigens noch Junge, flaumleichte, kleine Federbällchen, so groß wie ein Kinderfäustchen, die mit behender Eile über das Wasser zu schlüpfen verstehen. Zarte Wildenten-Küken im rauhen Herbst!

Das Bagno? Was für ein Bagno?

Das Bagno ist vielleicht das Schönste in Burgsteinfurt. Im Süden des Schlosses verbreitert sich die Aa, schweift ins Grüne hinaus, eben ins Bagno, einen ausgedehnten, seit Ende des 18. Jahrhunderts nach englischem Vorbild verwandelten Landschaftspark, in dem es einst viele Pavillons und Lusthäuschen gab, die heute verschwunden sind. Dieses Bagno nun, mit hohen Bäumen bewachsen, mit gewundenen Wasserläufen durchsetzt, mit breiten Teichen verziert, wie ein mittelalterlicher Schmuck mit fließendem, kurvigem Zellenschmelz – dieses Bagno ist voll eines kühlen, leuchtenden Zaubers. In das Blanke der stillen Wasserflächen, die ganz verträumt zwischen den Wäldern liegen, stürmt der Herbst, rudern die Enten, stieben die Blätter und klatschen, aus dem Schoß der Tiefe emporgeschnellt, vielpfündige Fische zurück. Immer aber rauscht der Wind in den Bäumen, unter denen es sehr große Buchen und mächtige, grad aufgeschossene Eichen gibt. Sie bilden mit ihrem bis auf den Boden herabhängenden Gezweig mächtige Blätterzelte des Schattens und der Stille.

Vielleicht ist darum der Zauber von Burgsteinfurt ebenso eindringlich wie der von Vischering. Vielleicht ist er noch größer; besonders dann, wenn im Winter über die zugefrorenen Teiche die Schlittschuhläufer ihre hastige

Spiralenspur ziehen. Dann fühlt man sich wie in ein altes holländisches Bild – von Averkamp etwa – versetzt.

Es gibt noch ein anderes unter diesen Wasserschlössern, das ich besonders ins Herz geschlossen habe. Westerwinkel, abseits der Straße gelegen, die von Münster nach Süden führt. Mit dem Auto darf man nicht hin; die sonntäglichen Großstädter halten scheu an zwei Pfosten ein, die etwas wie einen gewesenen Schlagbaum markieren. Der Friedensbezirk um das Schloß bleibt also gewahrt.

Westerwinkel trägt seinen Namen zu Recht. Es liegt wirklich in einem Winkel, einem ganz grünen. Der Wirtschaftshof ist sehr groß, sehr alt, fest auf die lange Front seiner Fundamente über dem Wasser gebaut. Ein Hauch von süßem Verfall ließ sich ahnen. Als ich zum ersten Mal kam, schoben die Kastanien der Allee, die alles umzieht, eben ihr erstes Grün ins Licht; es war hell durchsonnt, reines gefiltertes Lichtglück, wie man es nur in diesem sensiblen, grünen Lande erlebt. Die Burg, mit schwerem Torbau versehen, hob sich hinter einer zweiten, inneren Schutzwehr von Gräben; man konnte nicht hin. Das war gut – es gab an ihr keine Details zu rühmen. Sie lag da, niedrig, breit, schwer, ein großes graues Karree mit vier Ecktürmen. Auf diese spröde Distanz kam es an! Man hatte nie auf Zuschauer gerechnet. Gerade das macht das Anschauen wert. Westerwinkel ist der Inbegriff einer ländlichen Wohnburg, wie Vischering der einer runden Wehrburg. Das Grün von Westerwinkel, von der freudigen Schöpferlaune des Frühlings tausendfach paraphrasiert, verzaubert den grauen Bau. Zweimal im Jahr hat man die Wahl des Anschauens, im Mai und im Herbst, wenn die Blätter sich färben.

Seitab von der Zufahrt zum Schloßteil liegt sehr niedrig, auf eine Landzunge zwischen breite Teiche geschoben,

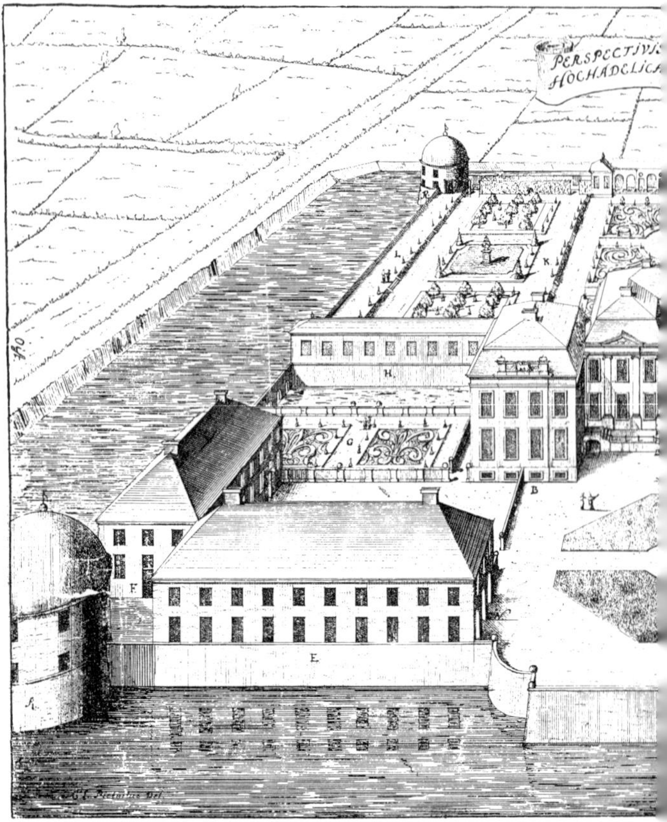

Schloß Nordkirche

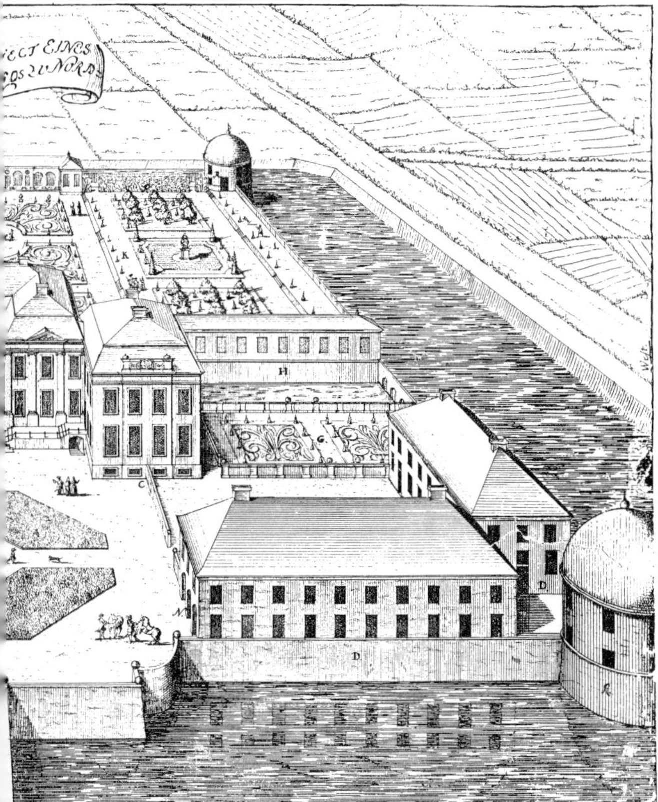

von G. L. Pictorius

etwas anderes, das noch schöner ist. Ein Bauernhaus für einen Rentmeister oder Verwalter; die Giebel sänftiglich abgewalmt, so daß alles Schroffe vermieden wird, liegt es auf seiner Kiesstreu im Grünen, die tief herabgezogenen Fenster nach holländischer Art aus Einzelscheiben zusammengesetzt und in leuchtendem Weiß gerandet. Vor dem Haus ein behaglicher Steintisch. So zu wohnen heißt eines Traumes Erfüllung erleben. Nichts stört die Ruhe, kein Laut außer Vogelgezwitscher. Die Welt steht still.

Von ähnlichen Burgen ist Westfalen voll. Man kann im Münsterland allerorts darauf treffen, ob sie mächtig wie Gemen sind oder großartig wie Raesfeld, das vielleicht von allen Wasserschlössern das schönste ist – eine ganze Stadt der Poesie mit einem barocken Kirchlein –, ob sie klein sind wie das hausartige Senden oder seigneural gleich Darfeld mit den Arkaden des Binnenhofes, die ein wenig Süden in diese Landschaft der Wasser, Wälder und Wiesen zaubern wollen! In Darfeld wird deutlich, wie mächtig, weitläufig, fürstlich man zu bauen verstand, wenn es auch nur für ein Grafengeschlecht errichtet wurde. Aber wer wollte daran zweifeln, daß diese so unauffällig lebenden Adelsfamilien Westfalens anderwärts Kronen getragen hätten?

Die meisten Wasserburgen nennen sich ›Haus‹, nicht etwa Schloß. Das hat seinen tiefen Sinn. Sie wollen nicht, daß man von ihnen Notiz nimmt. Viele verbergen sich so tief zwischen den Wipfeln ihrer Parks, daß man sie kaum zu ahnen vermag. Das ist eigentlich das Schönste an ihnen, man ist in diesem Lande noch nicht im ästhetischen Betrachten angelangt, lebt noch nicht in historischer Rückschau. Nichts ist vorbei.

In der Tat, man muß diese Schlösser im ersten lichten

Grün eines Maitages besuchen, oder im Farbenrausche des Herbstwaldes. Besser noch, man besucht sie an einem Regentag, wenn es von allen Zweigen tropft und die Spiegel der Gräfte ansteigen. Dann sind die Schlösser, was sie während langer Jahrhunderte waren, allein und schweigsam, Dichtungen aus altem Stein und jungem Laubwerk, in deren Versen die Nachtigall schluchzt.

DIE HAUPTSTADT UNTER DEM KRUMMSTAB

Träumendes Wasser, Laubwerk, die Nachtigall, zuweilen wohl auch der Mond, viertel, halb oder ganz gerundet, der auf sein Widerbild in Fluß oder Teich hinabsah – bis vor die Tore von Münster, nein, bis ins Herz der Stadt feierte der westfälische Mai mit solchem Requisit seinen Einzug. Zugegeben, etwas herkömmlich; aber die Aufführung blieb voll Zauber. Mondesfrieden und Laubesschatten hielten sich gar über den ganzen Sommer, während am Rande der Stadt, in Handorf draußen oder nach Wolbeck zu, die Boote im Abend über die Werse glitten, einen von diesen sanften münsterländischen Flüssen, die sich mit dichtem Ufergebüsch gegen die Welt abschirmen. In Bootshäusern leuchtete längst warmer Lichtschein, der Fluß war ganz dunkel, aber immer noch glitten die Boote durch Schweigen und Finsternis; nur das Eintauchen von Paddel und Ruder oder der Fall der Tropfen verrieten ihr Herannahen oder Davonziehen. – Traumeswege, die ich in dieser Stadt während eines Frühlings und Sommers nahm! Um des Jahres Anstieg und Höhepunkt zu begehen, zog ich beim Flug der Johanniskäfer über die Wälle von Münster; der Mond sah durchs Gespinst des Astwerkes, und ich spürte, wie mir die Stadt ans Herz wuchs – ihr Schweigen, ihre Anmut, ihre noble Zurückhaltung, ihre Gelassenheit. Im Gesträuch raschelte ein Tier, einige Menschen kreuzten stumm meinen Weg. Erst um Mitternacht stieß ich in die Straßen der Innenstadt vor, wo Häuserfassaden, Asphaltbahnen, Plätze schweigsam im Lichte lagen. Es ist meine Leidenschaft, auf abgeräumten Bühnen zu stehen. Da heben die Dinge zu sprechen an; Kulisse und Requisit sind miteins Hauptakteure. – Die Aufführung, die es zu sehen gab, war keine Staatsaktion, sondern, wie ich es liebe, bürgerliches Schauspiel.

Münster ist eine Hauptstadt ohne Triumphbögen. Ich weiß nicht, ob jemals ein siegreiches Heer der münsterischen Landesherren und Bischöfe in die Stadt eingezogen ist. Wenn es geschah, hat Münster das sehr gründlich vergessen. Es ist die zivilste Stadt, die ich kenne, wenigstens in Deutschland, und es ist eine Stadt ohne falschen Ehrgeiz. Wenn alljährlich zu Weihnachten der kommerzielle Karneval in den Städten Deutschlands beginnt, wenn sich die Straßen mit Operettendekorationen aus Tannengrün und elektrischen Lichterschnüren schmükken, bleibt es in Münster ganz still. Man erlaubt sich einige Adventskränze, das ist alles. Natürlich liegt es daran, daß Münster eine Bischofsstadt ist. Aber man lebt auch ohne falsche Ansprüche. In dieser Hinsicht muß Münster als ganz erstaunlich gelten.

Als ich in der Universitätsbibliothek den Spuren der Fürstin Gallitzin nachging und bis zu dem Nachlaß eines Mannes vorgedrungen war, der eine Rolle im Geistesleben seiner Epoche gespielt, mit Herder und Klopstock korrespondiert hatte und später an der Berliner Universität einen Lehrstuhl einnahm, sagte mir einer der Gelehrten, die hier über die Erbschaft der Vergangenheit wachen: »Ach, man macht zuviel Wesens davon.«

Dieses noble Maßhalten abhold jeder Sensation bleibt kennzeichnend für dieses Land.

Das westfälische Wesen offenbart in Münster seine reifste Ausprägung. Es ist nicht derb, wie zuweilen auf dem Lande, sondern eben urban und sensibel; es gibt sich umgänglich und zuvorkommend.

Zu dem historischen Teil der Stadt, zu dem nicht nur die Kirchen und Bürgerhäuser, sondern auch viele Adelshöfe gehören, die fast alle untergegangen sind – zu diesem historischen Teil zählen die Bauten Schlauns, der Münster während eines Menschenalters von 1729 an ganz bestimmte Akzente aufgesetzt hat. Was davon ist übriggeblieben?

Nichts wurde bei der Zerstörung Münsters so schwer getroffen wie das Lebenswerk dieses Mannes, dessen Clemenskirche, einst der bedeutsamste Zentralbau des Spätbarocks in Norddeutschland, erst langsam wieder aus dem Schutt ersteht; ebenso wie der großartige Erbdrostenhof, der unter gewandter Ausnutzung eines Eckgeländes 1754-57 erwuchs.

In den letzten Jahren seines Lebens hat Schlaun von 1767 an für den Fürstbischof Maximilian Friedrich von Königseck-Rottenfels im Westen der Stadt ein Hauptwerk des deutschen Spätbarock geschaffen, das fürstbischöfliche Schloß, das einmal inmitten prachtvoller Anlagen gelegen war. Es ist jetzt Universität. Aber man ahnt noch heute, wie alles gemeint war, vor allem angesichts der königlich freien Lage unweit des neuen Aasees vor dem botanischen Garten, hinter einem System großzügiger Plätze.

Das Schloß entstand, als das Rokoko anderwärts schon in den Klassizismus überging. Es ist eine letzte Blüte, eine sehr noble Architektur mit Sandsteinverblendungen zwischen den Ziegelschichten und einem leicht vortretenden Mittelbau, der durch plastischen Zierat besonders hervorgehoben ist.

Nach 1802, als Münster säkularisiert worden und Preußen als Entschädigung für seine linksrheinischen Besitzungen zugefallen war, saß in dem einen Schloßflügel der Freiherr vom Stein, von der preußischen Regierung damit beauftragt, die säkularisierten Fürstbistümer Münster und Paderborn zu organisieren; er mochte immerhin hierher gehören. Im anderen Flügel hauste der preußische Militärgouverneur, der General von Blücher. Das bezeichnet einen Zustand, der das ganze 19. Jahrhundert anhielt – die preußische Vormundschaft.

Was Münster darüber dachte, drückt sich am besten in dem geistreichen Spaß aus, den sich Münsters Original leistete, der geistliche, geistvoll-drastische Zoologie-Professor Hermann Landois, der kurz nach der letzten Jahrhundertwende starb, ein Schriftsteller, Gelehrter, Anreger und Förderer des Plattdeutschen, ein Genie auf seine Weise. Landois, der Begründer des münsterischen Zoos, sah das Treiben der feudalen Kürassiere, die in Münster stationiert waren und sich großspurig gebärdeten, mit herzlichem Mißvergnügen. Er kam auf die Idee, seinen Namen ›L'ane dois‹, zu deutsch ›Der Esel muß‹ zu schreiben, was als Anspielung auf die Dienstpflicht der Kürassiere zu verstehen war. Plattdeutsch geschrieben nahm sich das freilich viel eleganter aus. Dabei kam auch die beabsichtigte Nobilität des Namens zur Geltung, denn da hieß es ›de Iselmott‹.

Münster und das Münsterland haben von Preußen allerdings auch Gutes erfahren, vornehmlich durch den aus dem Lande stammenden, berühmten Oberpräsidenten von Vincke, der seit 1815 Westfalen verwaltete und gemütlich im Blaukittel durchs Land zog, um nach dem Rechten zu sehen.

Für das klerikale Münster war es am schwersten, sich mit gewissen, von Preußen geförderten, liberalen Einflüssen abzufinden. Vor der Säkularisierung zur Zeit der Fürstbischöfe hatte man es nicht nötig gehabt Weltanschauungen zu dulden, die nicht zum Wesen der geistlichen Welt gehörten. Man war eigenes Territorium mit einem Niederstift in Oldenburg und einem Hochstift, eben dem Raum um Münster, in dem das Wort des Fürstbischofs als Gesetz galt.

Wenn der Fürstbischof an ein Fenster des Schlosses trat und zu der Stadt hinüberblickte, lag Münster hingebreitet vor ihm. Einen besseren Überblick konnte er sich nicht wünschen. Die Achse der Zufahrt führte genau auf den Dom, dieses Herz der Stadt; er entstand um 1240 in der heutigen Gestalt und zwar, in einem Rückgriff auf ottonische Fundamente, als Basilika mit einem Westwerk. Westfalens größte Kirche ist im Lauf der Jahrhunderte zu einer wahren Fundgrube westfälischer Kunst mit ihren Meisternamen wie Gröninger, Pictorius oder Brabender, aber auch jener mittelalterlichen Plastik des Paradieses- oder Südeinganges geworden, den man im 16. Jahrhundert zum zweischiffigen Hallenbau von heute umgebaut hat. Diese Skulpturen stehen den großen Bildwerken der staufischen Epoche nicht sonderlich nach. Doch sind es nicht die Apostelbilder, die hier eine künstlerische Tat bedeuten, sondern eine zweite Gruppe von Bildwerken, die Bischof Gerhard von der Mark gestiftet hat. Sie stellen an der Ostwand den Dietrich von Isenburg und den hl. Laurentius, an der Westwand den hl. Theodor und die hl. Magdalena dar. Mit diesen vier Gestalten erreicht die westfälische Bildhauerei den künstlerischen Anschluß an ein Zeitalter, in dem die Stifterfiguren von Naumburg und die Kathedralplastiken in Chartres und Reims entstanden sind.

EINZUG DES NIEDERLÄNDISCHEN GESANDTEN ZUR FRIEDENSVERHANDLUNG IN MÜNSTER
am 1. 9. 1647

Ausschnitt aus einem Gemälde von
Gerrit de Haan und Gerard Terborch, 1648
Rathaus in Münster

Die Bildwerke sind zugleich als historische Dokumente interessant; sie sollten die Ehrenrettung jenes Dietrich von Isenburg sein, der in die Untat Friedrichs von Isenburg verwickelt war. 1225 hatte Friedrich seinen Onkel, den Kölner Erzbischof Engelbert I., der seit 1220 zugleich Reichsverweser und Vormund Heinrichs, Kaiser Friedrichs II. Sohn war, am 7. November bei Gevelsberg ermordet. Angeblich, weil er ihm seine Herrschaft vorenthalten hatte, in Wirklichkeit, weil die politische Machtballung des Kölner Erzstiftes die Stellung des westfälischen Adels empfindlich einschränkte.

Zu Lebzeiten hat sich Dietrich von Isenburg nicht mehr gegen die erhobenen Vorwürfe rechtfertigen können; sein geistlicher Neffe, Bischof Gerhard von der Mark, tat es, indem er die Figuren im münsterischen Paradies aufstellen ließ, was einer Rehabilitierung gleich kam.

Unweit vom Dom nach Osten liegt Münsters Lambertikirche, deren hohes Innere den Hallentyp der westfälischen Kirche in einer letzten Ausformung wiedergibt; hier ist ein äußerstes Maß an Durchsichtigkeit erreicht. – Mich störte das triste, provisorische Grau der Fenster. In einer Ecke der Kirche aber sah ich, was mir für die westfälische Frömmigkeit bezeichnend schien. Ganze Lichterbeete von Kerzen brannten dort vor dem Bild des hl. Judas Thaddäus. Tafeln hingen zur Seite, ganz mit kleinen Schildern bedeckt, auf denen »Dank für Hilfe« stand, gedruckt oder graviert oder wohl auch in der zitterigen Schrägschrift einer Greisin ...

Unweit des Domes nach Nordwesten hat man die gotische Überwasserkirche, zu der man von der Domfreiheit durch ein Sträßchen hinabgeht, das schießende Wasser der Aa überquert, dann einen schönen Platz, an dem ein hübscher Bauwinkel für Kleriker entstanden ist. Die Überwasserkirche offenbart am deutlichsten die Wandlung, die der Typus der Hallenkirche an der Wende vom 13. zum 14. Jahrhundert durchgemacht hat. Es ist ein Raum voll schönen Maßes. Von ihrem Portal haben die Wiedertäufer die Plastiken gerissen, um sie bei ihren Befestigungsarbeiten als Bausteine zu verwenden. 1898 fand man sie bei Grabungen wieder und führte sie im Triumph an ihren neuen Standort im Landesmuseum. Sie gehören zu den bedeutendsten Bildwerken um 1350, gewiß in mancher Beziehung der Plastik des Kölner Domchores verwandt, aber einfacher und zugleich mächtiger – Zeugnisse von der geistigen Entdeckung und Anverwandlung der Erde.

Die Herzpunkte Münsters bleiben hingegen der Domplatz, auf dem sich heute die Autos stauen, und der Prinzipalmarkt. Unter Münsters Kolonnaden zu flanieren, den ›Bogen‹, die sich um Münsters ›gute Stube‹, den Prinzipalmarkt, ziehen, bedeutet einen der schönsten Stadtspaziergänge zu erleben, die man nördlich der Alpen tun kann. Natürlich einen Einkaufs- und Schaufensterspaziergang, wie sich das für einen Stadtbummel gehört. Hier unter den Kolonnaden des Prinzipalmarktes und in den angrenzenden Straßenzügen, vor allem der für den Verkehr gesperrten Salzstraße, liegen Münsters schönste Geschäfte. Einige Schritte weiter folgt das Theater, ein heftig umstrittener Bau, der zum Kühnsten gehört, das neue Architektur in Deutschland gebaut hat. Dieser überraschende Modernismus ist für Münster ebenso bezeichnend – neben einem unverbrüchlichen Beharren in der Tradition liebt man den kühnen Zugriff ins Neue.

Abends kann man es erleben, daß Domplatz und Prinzipalmarkt ganz frei vom Verkehr sind, frei von Autos. Dann werfen die Leuchten des Prinzipalmarktes ihren Schein hoch auf die Fassaden der Giebelhäuser und das edle Rathaus, das seinesgleichen nicht hat. Es ist freilich aus Trümmern und Bruchstücken wieder aufgebaut worden. Im Innern, wo sich im geretteten, getäfelten Renaissance-Saal zeitgenössische Porträts der Gesandten finden, die hier 1648 den Frieden zwischen Holland und Spanien geschlossen haben – im neu hergerichteten Innern war des wiederherstellenden Baumeisters Hand allerdings nicht sonderlich glücklich. Das Rathaus, um 1335 errichtet, steht genau vor dem östlichen Zugang zum Domplatz, von dem es zu allen wichtigen Punkten der Stadt eigentlich nur ein paar Schritte sind. – Es ist ein Platz, auf dessen gewölbter Mitte eines der Denkmale oder einer der Brunnen stehen sollte, mit denen man sonst so freigebig ist, um dem weiten Raum, der sich hier erstreckt, Spannung zu geben. Denn dieser Platz, den der Dom mit so gelassener Breite und Würde beschließt, durch das gotische Filigran seines Paradieses geschmückt wie der Priester mit dem Spitzenbesatz seines Chorhemdes – dieser Platz hätte eine solche Auszeichnung verdient. Es ist auch in anderer Beziehung ein Platz von Bedeutung. Er hat Vergangenheit. Er bezeichnet den Bereich der ältesten Domsiedlung Münsters, der Domimmunität; auf ihm stand die alte Gerichtslinde. Der Platz besitzt sogar eine tragische Note, denn er war einer der Haupt-Schauplätze, an denen sich die makabren Szenen des ›Neuen Jerusalems‹ zutrugen, in das die Wiedertäufer 1534-35 die Kapitale des frommen Stiftes Münster verwandelt hatten.

CHIMÄREN

Betrachtet man jene Epoche unsäglicher Verwirrung, verwundert vor allem, daß dergleichen unter einem Menschenschlag geschah, der heute so gelassen, überlegt und zutiefst vom Katholizismus überzeugt lebt, so darf man eben nicht vergessen, daß die blutige Epoche der Wiedertäufer in ein Zeitalter der Gärung fiel und daß Münster damals im Mittelpunkt sektiererischer Bestrebungen lag. Es haben sich viele Faktoren vereinigt, um die wahnwitzige Epoche zu beschwören, an deren Ende Münster einer einzigen Gruft glich und voll lag mit den Leichen der Erschlagenen.

Daß man erst den ›wahrhaft gläubigen‹, den auf Gebet, Bibelglauben und eine Art vermeintlichen Urchristentums eingeschworenen, erwachsenen Menschen taufen dürfe und nicht schon die Kinder, ist damals die verbreitete Überzeugung sektiererischer Gruppen in der Schweiz, in Mähren, Holland und endlich auch in Deutschland gewesen; es ist noch heute die Ansicht der Mennoniten. Eine solche Sektengruppe, nicht nur durch Zuzug von auswärts verstärkt, sondern auch zum Handeln veranlaßt, hat in Münster die Macht über die Kleinbürgerschaft gewonnen und den unentschiedenen Bischof, der kaum wußte, worauf es ankam und nicht einmal in seiner Kapitale residierte, sowie den schwankenden, längst lutherischen Rat gleicherweise an die Wand gespielt. Was sich dann unter Anführung holländischer Schwarmgeister zutrug, gehört zu den makaberen Menschheitsbegebnissen; es glitt unversehens aus der sonst geübten täuferischen Gewaltlosigkeit in eine revolutionäre Auflehnung gegen jede weltliche Ordnung hinüber, bis sich die ursprünglichen Motive samt und sonders in Phrase und Vorwand verwandelt hatten. – Allein nicht das, nicht dieser geschichtliche Vorgang war es, der mich beschäftigte, sondern was sich menschlich zugetragen hat.

Das ist es doch, es stehen Schwarmgeister auf, deren Worte ins Herz treffen, Propheten, die alles wissen, was die anderen zu ihrer Seele Heil und ihrer Leiber Wohlfahrt bedürfen. Auf ihren Fahnen stehen lautere Absichten, in ihren Augen lodern die Flammen fanatischen Wollens. Ihr Schwung, ihre Begeisterung ergreifen die Jungen, ihre Zuversicht die Alten, und schon stürmt, stürzt, taumelt der Unheilszug unaufhaltsam in den Untergang.

Sicher ist, daß den besonnenen Elementen der Stadt die Führung bereits entglitten war, als sich die entscheidenden Geschehnisse zutrugen. Neben dem gefährlichen, durchaus intelligenten, zu jedem Übergriff bereiten Pfarrer Rothmann tauchte ein Heinrich Rott auf, ehemals Karmeliter zu Haarlem. Wo er sich zeigte, brannte alsbald der Aufruhr. Selbst als es noch einmal zu einem Friedensschlusse der Stadt mit ihrem Bischof Franz von Waldeck kam, hätten Bischof und Rat einsehen müssen, daß ein Paktieren den Aufrührern nur Vorschub leistete und die Ereignisse vorantrieb. Denn als Franz von Waldeck am 4. Mai 1533 noch einmal in seine Stadt zog, im bischöflichen Hof Chorrock und Chormantel anlegte und sich in den Dom begab, um im Kapitelsaal dem Domkapitel den Bischofseid abzulegen, hielten die Bürger – offiziell evangelisch, innerlich hingegen längst täuferisch gesonnen – voll Argwohn gegen den katholischen Landesherrn die Plätze und Straßen besetzt. Auch spannten sie Ketten gegen einen Überfall durch bischöfliche Reiter quer über die Straßen. Es ging damals alles gut, und vielleicht schien es dem Bischof, auch weiterhin würde sich die erregte Stimmung durch Verhandeln und Nachgeben zum Guten wenden.

Vielleicht wäre das wirklich geschehen, hätte sich Rothmann nicht zum Propheten der Buße gemacht. Genau das war es, auf das die Stunde wartete! Kaum drang die Nachricht ins weite Land, in Münster predige ein Berufener Enthaltsamkeit, Buße, Demut und das nahe Ende der Welt, dessen Strafgericht niemand entgehen würde, es seien denn die Auserwählten des Herrn, worauf die Bewahrten tausend Jahre lang ein glückseliges Leben führen sollten, ohne Gesetz, ohne Obrigkeit, ohne Ehe, doch mit Kindern, die freilich nicht aus fleischlicher Lust gezeugt wären, zudem werde alles allen gemeinsam gehören und an nichts Mangel herrschen – kaum also war der Ruf von solchen Gedanken in die Ferne gedrungen, als sich schon gefährliche Sendboten einstellten, Holländer und Friesen, die ihre Heimat täuferischer Gesinnung wegen hatten verlassen müssen. Unter ihnen befand sich ein Jan Bockelson aus Leiden, der diesmal bis zum 25. Juli 1533 blieb.

Er sollte wiederkehren. Als er wiederkam, hatte der täuferische Geist in Münster die Oberhand gewonnen, geführt von dem fatalen Rothmann und einem anderen, der eigentlich Kaufmann war, aber schon mehrmals unliebsam von sich reden gemacht hatte. Er hieß Knipperdollinck und besaß eines der schönsten Häuser der Stadt.

Am 5. Januar 1534 erschienen zwei Abgesandte des täuferischen Propheten Jan Matthys aus Haarlem in Münster. Sie erteilten an wenige Auserwählte, darunter Rothmann, die Taufe und zogen weiter.

Der Boden war längst bereit, jetzt auch das Samenkorn gesät – die Saat konnte aufgehen!

Schon nach acht Tagen zählte man eintausendvierhundert Wiedergetaufte. Darunter waren vor allem Frauen – Bürgerfrauen, die sich ihres Geschmeides entäußerten, um es dem Prediger zu geben, und unverehelichte Frauen, die aus dem Stift Überwasser und dem Ägidiikloster zuströmten. Was nützte es, wenn noch einmal der Bischof eingriff? Gleichzeitig mit der bischöflichen Verordnung, die Rothmann und anderen den öffentlichen Schutz entzog, sie also den Häschern freigab, erschienen abermals zwei Gesandte aus Haarlem.

Abconterfehung der Stat Mün

¶ Ein verzeychnung der Stat Münſter mit all jrer gelegenheit/mauren/thüre
zinnen/walen/ſchrancken/paſteyen/vnnd geweren/ waſſergreben. Auch wie d
von jrem Biſchoff am Freytage vor Pfingſten/des M.D.xxxiiij. Jars berenn

Die Belageru

t jrer schweren belegerung.

zu vbergeben/ vnd nachmals an Sant Egidien abent an fünff orten an gelauffen/ vnd hefftig gestürmbt worden. Alda jr seer vil vom Adel sambt anderm kriegs volck auff beiden theylen erlegen seind/ wie etlich sagen/ bey drey tausenden/ Gott

ıster, 1534–35

Einer von ihnen kannte die Stadt bereits. Es war Jan Bockelson, genannt Jan van Leyden, ganze fünfundzwanzig Jahre alt, ein ausgebildeter Schneider, vertraut mit der Bibel und den Schriften Thomas Münzers, der als Angehöriger eines literarisch-dramatischen Vereines in seiner niederländischen Heimat gelernt hatte, die eigene Person richtig in Szene zu setzen.

Nur zu bald sollte dieser Mensch vom Blutgeruch der Geschichte umwittert sein, ein »aus Vorzügen und Lastern gemischtes Monstrum«, wie Kerssenbrock ihn genannt hat, ein Mensch voller Lebensgier und Herrschsucht, der über ein gefälliges Äußeres, bestechendes Wesen, Willenskraft und gute Geistesgaben verfügte, freilich auch von ungehemmter Sinnlichkeit getrieben war und kaum sittliche Bedenken kannte. Er erscheint uns heute gerade ob seiner verführerischen Kraft als der Typus des politischen Verbrechers. Seine Verzückungen hat man aus seiner epileptischen Anlage erklären wollen. Aber waren sie überhaupt echt?

Das Gemälde des Hermann tom Ring, das uns Jan van Leyden in seiner Glanzzeit zeigt, offenbart uns die Sinnlichkeit überzeugend, während Aldegrevers Stich bei aller Individualisierung doch auf Repräsentation bedacht ist und wenig vom Wesen des Menschen verrät.

Jan van Leyden besaß Beredsamkeit, und er war mutig. Schnell fand er Zutritt zu Knipperdollincks Haus, dessen Tochter er später geheiratet hat. Aber es stellte sich auch der eigentliche täuferische Prophet, Jan Matthys, ein, da die burgundische Regierung der Königin-Statthalterin Maria in den Niederlanden neuerdings scharf gegen die Täufer durchgriff.

Auch Jan Matthys zog also nach Münster – »ein groet lang man und hadde einen groten schwarten Bart« –, eine düstere, gewiß überzeugte, von Endzeitglauben erfüllte, kommunistischen Gedankengängen verhaftete Fanatikergestalt. Neben Jan van Leyden und Matthys wirken ihre münsterischen Handlanger, Knipperdollinck und Rothmann, nur wie Scharlatane von blassen Konturen.

Zweimal in wenigen Tagen versuchten sich die Täufer jetzt des Stadtregimentes zu bemächtigen. Beide Anschläge mißlangen. Nachts wurden die geängstigten Bürger durch Flintenschüsse aus dem Bett geweckt. Dann hielten die Täufer auf einem Platz der Stadt Versammlung ab, da über einen von ihnen der Geist der Verzükkung gekommen war. Oder Knipperdollinck und Jan van Leyden liefen barhäuptig durch die Straßen, die Augen zum Himmel verdreht, und riefen: »Betert U! Betert U! Buße, Buße, Buße! Wehe, wehe, wehe! Tut Buße und bekehret euch, damit ihr nicht die Rache des himmlischen Vaters über euch reizt!« Bald wurde der Geist des Halluzinierens allgemein. Ein sechzehnjähriges Mädchen hielt vor zahlreichem Volk eine verzückte Ansprache. Besonnene, die sahen, daß sich der täuferische Geist vor allem der Frauen bemächtigte und darin Sturmzeichen witterten, verließen bereits die Stadt. Gegen Ende des Februar fand eine Wahl statt. Sie brachte den Täufern einen vollkommenen Sieg, der Knipperdollinck zu einem der beiden Bürgermeister machte. Was folgte, waren Szenen des Schreckens – die Plünderung der Kirchen und Klöster begann. Namentlich der Dom fiel der Zerstörungswut rüder Gesellen zum Opfer. Die Altäre sanken in Trümmer, die Orgel, die Bildwerke wurden vernichtet, die Bronzeplatten von den Gräbern gerissen, die Glasfenster eingeworfen und die kostbare alte Bibliothek des Domes mit ihrer Manuskriptensammlung zerstört. Nur die nackten Mauern des Gotteshauses blieben stehen; im Innern herrschten die Greuel der Verwüstung.

Nunmehr kam Jan Matthys, der düstere Prophet, auf

den Gedanken, man müsse alle umbringen, die sich der zweiten Taufe zu entziehen suchten. Allein Knipperdollinck riet zur Ausweisung und fand vor der Gemeinde Gehör. Am folgenden Tag wußte der Prophet die erlittene Schlappe wettzumachen. Er warf sich nach Täuferart theatralisch zu Boden, betete lange und versunken. Dann erhob er sich, gleichsam aus tiefem Schlaf erwachend, und verkündete, es sei des himmlischen Vaters Wille, alle, die sich nicht wiedertaufen lassen wollten, aus der Stadt zu jagen. So ist es geschehen. Die leer gewordenen Häuser und Klöster dienten als Wohnung fremder Täufer, die zahlreich in das ›Neue Jerusalem‹ zogen. Freilich gab es auch Widersprüche gegen dieses Machtregiment, besonders als die Verordnung erging, der persönliche Besitz an Wertgegenständen sei abzuliefern. Der Schmied Hubert Rüscher stand auf, schalt den Matthys einen verlogenen, abgeschmackten Kerl, der sich frecherweise einen Propheten nenne. Matthys versammelte seine Herde auf dem Domplatz, zieh Rüscher der Gottlosigkeit und verlangte seine Austilgung aus der Gemeinde der frommen Israeliten, weil er den von Gott gesandten Propheten geschmäht habe. Vergeblich forderten einige ein ordentliches Prozeßverfahren. Jan van Leyden stieß dem Unglücklichen zweimal die Hellebarde in den Leib, und Jan Matthys schoß ihm eine Flintenladung in den Rücken. Die Menge aber sang, während der Schmied verschied, Lieder zur Ehre Gottes. Seither wagte niemand mehr gegen den Schrecken aufzustehen.

Um diese Zeit konnte man von den Wällen der Stadt Fußtruppen und Reitergeschwader erspähen, die sich langsam näherten, anhielten und sich in Kätnerhäusern, Waldstücken oder Erdmulden einrichteten. Münsters Belagerung begann. Sie sollte endlose Monate dauern, bis alles in Schrecken versunken war.

Freilich muß zugestanden sein, daß die Belagerten in der Stadt eifrig darangingen, die Befestigungen zu verstärken, mit Vorliebe allerdings mittels Stein- und Bronzeplatten aus den Kirchen oder kostbaren Bildwerken. Zudem zögerte man im bischöflichen Lager – man war besorgt, es würden noch andere Gemeinwesen dem Vorbilde Münsters folgen und der Stadt zu Hilfe kommen. An wilden Gesellen fehlte es nirgends, und in der Zeit lag viel Zündstoff gehäuft. Doch gelang es anderwärts überall der Täufer Herr zu werden. Sodann trug es sich zu, daß Jan Matthys in eine seltsame Selbsttäuschung über die ihm zugefallene Prophetenrolle verfiel. Wie Simson gedachte er allein den Feind vor der Stadt zu züchtigen. Wirklich schritt er mit wenigen Auserwählten vor das Tor, während die Bürger atemlos auf den Mauern standen um zu sehen, wie sich die Prophetie erfüllen würde. Was sich begab, war höchst ernüchternd – die bischöfliche Soldateska schlug den Propheten in einem heftigen Gefecht nach allen Regeln der Kunst, verwundete ihn selber tödlich und hieb seinen Leichnam in Stücke.

Sein Erbe trat Jan van Leyden an. Geschickt wußte er die Betroffenheit des Volkes in Zuversicht zu verwandeln, indem er verkündete, Matthys wäre der Sieg zuteil geworden, hätte er sich nicht überheblich auf eigene Kraft, sondern auf die Hilfe Gottes verlassen. Um dieses Hochmutes willen habe der Herr ihn den Feinden preisgegeben. Schon vor acht Tagen sei ihm, dem Jan Bockelson, vom himmlischen Vater der Tod des Propheten verkündet und der Befehl gegeben worden, die verlassene Witwe, die schöne Divara, zu heiraten. Knipperdollinck könne dies bezeugen; Knipperdollinck habe sofort davon Bescheid erhalten. – Knipperdollinck bezeugte gehorsam.

Es scheint, als habe sich erst in diesem Augenblick die

Chimäre in ein Greuel verwandelt. Der Umsturz der alten Verfassung war Jan van Leydens nächstes Ziel. Erneut wurde man nachts aufgeschreckt. Bockelson lief durch die Straßen und rief zur Buße: »Das Gericht ist nahe, oh, bekehret euch!« Nunmehr stellte er sich stumm, gab schriftlich zu verstehen, erst am dritten Tag werde er reden. Dann endlich gab er seine Offenbarung preis, eine neue, nicht von Menschen erdachte, sondern von Gott gewollte Staatsverfassung solle im ›Neuen Jerusalem‹ eingeführt werden. Er ernannte zwölf ergebene Männer, bestimmt, fortan als die Ältesten der zwölf Stämme Israels das Volk zu regieren.

Knipperdollinck war nicht unter ihnen. Er wurde zum Schwertführer, zum Scharfrichter erhoben und ließ sich in Zukunft stets inmitten von vier Trabanten sehen.

Es war die Aufrichtung eines theokratischen Regimentes. Die Heilige Schrift wurde zum Maßstab aller Handlungen bestimmt. Es folgten Anweisungen über den Wachdienst, über Gerichtssitzungen, über gemeinsame Mahlzeiten bis hin zur Verteilung von Werksarbeiten. Nicht lange darauf verfügte er ein neues Gesetz, das bei vielen arge Zweifel auslöste. Mag es denn sein, daß ein vom Belagerungsheer übergelaufener Kriegsmann, der im Hause Knipperdollincks in der neuen Lehre unterwiesen wurde, das ehebrecherische Treiben van Leydens gewahrte, sein Erstaunen kundgab und daß dies die Aktion auslöste – jedenfalls versuchte Bockelson nunmehr seinen Ausschweifungen ein Mäntelchen der Rechtlichkeit umzuhängen. Dem Beispiel Abrahams und Jakobs folgend, verkündete er, sollten die Männer fortan mehrere Frauen nehmen dürfen. Die Gesetze über die Ehe selbst wurden nicht angetastet, Ehebruch weiter mit Tod geahndet.

Drei Tage lang verfocht man die beunruhigende Lehre

in öffentlichen Predigten vor dem Volk. Sogleich erstanden der Sache Gegner. Der Schmied Heinrich Mollenbeck sammelte zweihundert Getreue und setzte die meisten Prädikanten nebst Knipperdollinck kurzerhand gefangen; doch zögerte er zu lange, er wurde vom Gegenangriff getroffen, mußte sich schließlich im Rathaus ergeben und ist samt seinen Anhängern umgebracht worden. Die Verwirrung stieg auf den Höhepunkt. Selbst Mädchen, die noch in den Kinderschuhen steckten, wurden Opfer der neuen Verordnung; es bestand ein erst später aufgehobenes Gesetz, daß jede junge Frau heiraten mußte. Das Kloster Rosenthal füllte sich mit Gefangenen, weiblichen Insassen, die den Gehorsam verweigerten.

Es war die Zeit, in welcher ein neuer, aus Warendorf stammender Prophet hervortrat, Dusentschur geheißen. Er tat kund, ihm sei die Offenbarung geworden, der heiligmäßige Mann und Prophet Gottes, Jan van Leyden sollte als König über den ganzen Erdkreis herrschen. Seither regierte der Schneider aus Haarlem wenigstens als König über das neue Sion. In erlauchter Pracht schritt er einher, thronte er mit der Kaiser- oder Königskrone behäuptet, die von Dusentschurs kunstgeübten Händen geformt war, das Zepter in Händen, den Reichsapfel an einer Kette vor der Brust tragend, über dem Volke. In goldener Scheide hing das Schwert, goldene Sporen schmückten seine Stiefel, eine Menge goldener, mit Edelsteinen besetzter Ringe zierte seine Hände, während ein prachtvolles Gewand sich um seine Glieder bauschte.

Dreimal wöchentlich hielt der König auf dem Marktplatz Gericht, wo ihm neuerdings ein Thron erbaut war, umgeben von seinem Hofstaat. Fünfzehn Frauen zählten zu seinem Harem, deren vornehmste, die Witwe des Propheten Matthys, Divara, geblieben war. Eine schöne Person, mittelgroß, ziemlich stark, mit funkelnden Augen und ›heldenmäßigem Gang‹. Das Gebaren des Königs und seines Hofstaates, der Prunk und Pomp fielen um so mehr auf, als die Bürger durch scharfe Verordnungen gehalten waren, einfache Kleider zu tragen. Knipperdollinck wirkte im neuen Königreich als Statthalter, Heinrich Krechting, ein korpulenter Mann, als Kanzler.

Gewiß hielt sich das Regiment nur durch Terror, hingegen ist nicht zu leugnen, daß man tapfer war. Die Wiedertäufer wehrten die Belagerung nicht nur ab, sie hielten die Belagerer ihrerseits ständig in Atem.

1534, am Dienstag vor Pfingsten, versuchten die bischöflichen Truppen einen großen Sturm. Er blieb kläglich stecken. Längst war die Lage des Bischofs drückend geworden. Die Landsknechte verloren die Lust an der schwierigen, mit unzureichenden Mitteln durchgeführten Belagerung. Es kam hier und dort zu Meutereien, die man mit Solderhöhungen beschwichtigte. Alles drängte auf eine Entscheidung. Noch einmal versuchte man mit dem Versprechen einer allgemeinen Amnestie die Übergabe der Stadt zu erzwingen. Vergeblich. Am 28. August des Jahres setzten die bischöflichen Truppen zu einem neuen Sturm an sechs Stellen an. Die Belagerten, einschließlich der Frauen, Greise und Kinder, wehrten sich mit dem Mut der Verzweiflung. Nirgends gelang den Anstürmenden der geringste Erfolg; nicht weniger als achtundvierzig ihrer Hauptleute sollen an diesem Tage gefallen sein.

Allerdings, auch der Stadt ging es nicht gut. Den König schienen Zweifel an seiner Sendung zu überkommen. Nirgendwo wollte die Sache der Täufer im Lande Fortschritte machen. Er beschloß, Sendboten in die Welt zu schicken. Ein öffentliches Abendmahl auf dem Berg Sion, dem Domplatz, ging der Aussendung der Apostel voraus. Alles in allem zählte man siebentausendfünfhundert

Teilnehmer dieses Festes, bei dem der König das Gericht von gekochtem Fleisch, gelben Rüben, Schinken und Braten vorlegte. Nach der Tafel gab er das Weißbrot, die Königin den Wein aus. Unterdessen sang man, wie es bei solchen Veranstaltungen üblich war, fromme Lieder. – Freilich, es gab einen peinlichen Zwischenfall. Der König hatte einen ihm fremden Landsknecht unter den Gästen bemerkt. »Freund, wie bist du hierher gekommen und hast kein hochzeitliches Kleid an?« fragte er. Die Antwort genügte ihm nicht. Kurzerhand zog er sein Schwert und hieb dem Fremden den Kopf ab. Danach vergnügte er sich weiter und tanzte bis in die tiefe Nacht.

Die Aussendung der siebenundzwanzig Apostel, die Münster damals mit soviel Hoffnungen verließen, um für die Sache der Täufer zu werben, hat nichts gefruchtet. Man erkannte im gegnerischen Lager schnell die Gefahr und fing sie ab. Vor Warendorf, das Miene machte sich Münster anzuschließen, erschien der Bischof persönlich, und die Stadt beugte sich. In Coesfeld, Osnabrück, von denen Münster am ehesten Hilfe erhoffen durfte, hatten die Sendlinge auf dem Richtplatz geendet. Größerer Widerhall schien einem Schreiben Rothmanns in den Niederlanden beschieden. Die Nachrichten von dort lauteten in der Tat so günstig, daß Jan van Leyden prophezeite, kommende Ostern werde Hilfe erscheinen.

Allein die Bemühungen niederländischer und friesischer Täufer, die sich in Holland zusammenrotteten, wurden durch kaiserliche Truppen niedergeschlagen. Unterdessen schleppte sich die Belagerung Münsters noch immer mit ungenügenden Mitteln hin, bis auf dem Kreistag des oberrheinischen und des westfälischen Kreises vom 13. Dezember 1534 in Koblenz durchgreifende Hilfe mit genügenden Truppen und Geldmitteln beschlossen wurde. Auch bewilligte der Reichtsag von Worms im

April folgenden Jahres größere Subsidien für den Bischof. – Das Schicksal hatte gegen die Wiedertäufer entschieden.

Die furchtbare Zeit des Darbens begann, die dem Untergang vorausging. Der Belagerungsring schloß sich enger um die Stadt. Der Mangel an Nahrungsmitteln wuchs. Kaum ließ sich das Murren des Volkes länger durch neue Verheißungen übertönen. Was nützte es, daß Jan Bockelson die bisherigen Befehlshaber ablöste und durch zwölf ergebene ›Herzöge‹ ersetzte, unter die er nach dem Endsieg Nordwestdeutschland aufzuteilen gedachte. Freilich, der Hofstaat lebte noch gut. Um jedoch dem Drängen des verelendeten Volkes nachzugeben, gestattete man den Kranken, Frauen und Kindern aus der Stadt zu ziehen. Sie wurden von den Belagerern zurückgewiesen und irrten lange zwischen den Linien hin und her, bis man sie auf bischöflicher Seite gefangennehmen mußte und Gericht über sie hielt. Wer für schuldig befunden wurde, verfiel dem Henker; die übrigen brachte man im Lande unter.

Die Lage innerhalb der Stadt war jetzt nur noch durch Terror zu meistern; allgemeines Elend und Hungersnot herrschten. Allein am 3. Juni 1535 fanden zweiundfünfzig Hinrichtungen statt. Der Elisabeth Wandscherer, einer von seinen Frauen, die gebeten hatte, aus der Stadt fliehen zu dürfen, hieb der König auf dem Markt eigenhändig den Kopf ab, während die übrigen Frauen des Harems dazu sangen »Allein Gott in der Höh sei Ehr«.

Dann ereignete es sich, daß zwei Flüchtlinge aus der Stadt, ein Bürger und ein Landsknecht, Gehör bei den Belagerern fanden. Sie stellten ihre Kenntnis der Befestigungsanlagen zur Verfügung. Ein sorgfältiger Plan wurde geschmiedet. Am 25. Juni des Jahres erkletterte bei Dunkelheit, Sturm und Gewitter eine kleine Schar mutiger Landsknechte unter Führung der Überläufer den Wall nahe dem Kreuztor. Die schlafenden Wachen, die sich in dieser Nacht keines Überfalles gewärtigt hatten, wurden niedergemacht. Es glückte, das Kreuztor zu öffnen und die Zugbrücke niederzulassen, über die nun die Sturmkolonne, vierhundert Mann stark, in geschlossenen Reihen einrückte. Allerdings wäre der Plan um ein Haar zunichte geworden. Vom Siegestaumel fortgerissen, versäumte man Verbindung mit dem Hauptkorps zu halten. Als das Gros heranrückte, fand es das Tor erneut verbarrikadiert und die Belagerten auf der Hut. Unterdessen waren die Eindringlinge in der Stadt auf tapferste Gegenwehr gestoßen und kamen in arge Bedrängnis. Doch konnten sie die Verhandlung über eine Aufforderung sich zu ergeben hinziehen, bis der Fähnrich Johann von Twickel mit der zusammengerollten Fahne an die Mauer geeilt war und die Draußengebliebenen von der Größe der Gefahr unterrichtet hatte. Schleunigst wurden alle Truppen alarmiert, das Jüdefelder Tor gestürmt, und ein Strom von Truppen ergoß sich in die Stadt. Noch kämpfte man verzweifelt um den Markt, der schwer verbarrikadiert war, bis der Sieger freien Abzug gewährte.

Zweihundert Mann, die letzten sionitischen Streiter, legten darauf die Waffen nieder und wurden aus der Stadt geführt. Unterdessen suchten die erbitterten Landsknechte die Häuser ab und richteten ein grauenvolles Blutbad an. Den König fing man in einer Bastion am Ägidiitor, wohin er sich geflüchtet hatte. Auch Knipperdollinck und Krechting, der Kanzler, wurden gefangen. Die übrigen kamen um.

Am 28. Juni zog der Bischof in die leichenerfüllte Stadt, um sie schon nach wenigen Tagen wieder zu verlassen. Ein strenges Strafgericht brach herein, das auch die Frauen nicht schonte.

Damals kam es zu einer Szene, die zeigt, wie tief das Sendungsbewußtsein in den Täufern wurzelte. Der gefangene Jan Bockelson wurde von dem siegreichen Bischof von Münster gefragt: »Seid Ihr ein König?«

Bockelson fragte zurück: »Seid Ihr ein Bischof?«

Es war eine Antwort, die ob ihrer Festigkeit betroffen machen konnte. Auch gab es lange Disputationen während der Gefangenschaft, die der Hinrichtung voraufging, zu denen man Jan van Leyden aus dem Gefängnis holte und mit gewichtigen Theologen konfrontierte. Er hatte in diesen letzten Lebenstagen noch große Stunden. Seine Meinung vertrat er bis zum äußersten. Als der Tag des Gerichtes kam, äußerte er nicht ein Wort des Schmerzes. Auch die Gefährtin seiner Üppigkeit, Divara, starb lieber, als daß sie abgeschworen hätte ...

Man hatte sie lange im Lande herumgezeigt. Endlich, am 22. Januar 1536, wurden sie auf dem münsterischen Marktplatz unter den Augen des Bischofs und einer schaulustigen Menge mit glühenden Zangen gezwickt, ihnen darauf die Zungen ausgerissen und endlich der Dolch ins Herz gestoßen: Jan van Leyden, Knipperdollinck und Krechting. Ihre Leichname stellte man zum abschreckenden Beispiel in eisernen Käfigen oben am Lambertiturm aus.

So endete Münsters tragische, verwirrte Epoche, als die Kleinbürgerschaft und Handwerker der Verführung einiger Demagogen und Wirrköpfe erlagen. Es war eine Epoche voll Hybris und Schrecken, wie immer, wenn sich Schwarmgeisterei und Macht paaren. Nach dem Beschluß des Wormser Reichstages vom 1. November 1535 ist Münster, das zuvor fast ausschließlich lutherisch gewesen war, wieder dem Katholizismus zugeführt worden.

Ist man gereift genug, die fürchterlichen Exzesse der Wiedertäufer nicht als Hypothek für den westfälischen Charakter, sondern als eine tragische Episode zu werten, wird man in diesem Abschnitt münsterischer Vergangenheit nicht nur das Versagen erblicken, sondern auch das Phantastische und die Chimäre, wie man sie sonst kaum in diesem eher nüchternen Land erwartet. Die Szenerie ist ungefähr die gleiche gewesen wie heute. Den münsterischen Prinzipalmarkt, diese wohl ausgewogenen Häuserfronten, diesen Rhythmus der Giebel, die sich beiderseits und gegenüber des schönen Rathauses hinziehen, hat es schon damals gegeben. Die einzige Zeit, die ihren Bestand gefährdete und dezimierte, ist der letzte Krieg gewesen, in dem Münsters Architektur entsetzliche Einbußen erlitt. Die niedergewalzten Häuser des Prinzipalmarktes baute man wieder auf – nicht in genauer Nachbildung des Historischen, aber in einem Nachklang. Man darf das billigen.

Da ich der Auffassung bin, daß alle Völker und Landschaften ihre Epoche der Gärung durchleben müssen und daß es von Adel zeugt, den trüben Lebenssatz vor möglichst langer Zeit abgestoßen zu haben, vermag ich in jener verworrenen Zeit Münsters nur ein faszinierendes Dokument von des Menschen Gefährdung zu sehen.

Kommt es auf Gestalten an, die das Wesen der Stadt wirklich verkörpern, man müßte auf die Kirchenfürsten verweisen – es genügen zwei, die der gleichen Familie entstammen: Christoph Bernhard von Galen, der ›Kanonenbischof‹, der 1650 zum münsterischen Bischof gewählt wurde – Johann Mauritz Gröninger, einer aus der berühmten Bildhauerfamilie, hat ihm im Dom ein Grabdenkmal gesetzt –, und die erlauchte Gestalt des Clemens August von Galen, der in einer Zeit der Diktatur und des Terrors aufstand und das Recht des Einzelmenschen auf Freiheit und Leben verfocht. 1946 ist er, eben Kardinal geworden, gestorben. Aber es kennt ihn ohnehin jeder.

FAMILIA SACRA

In der Zeit, da die Genies wohlfeil waren, gegen Ausgang des 18. Jahrhunderts also, besaß auch Münster einen jener Kreise, in denen das geistige Anliegen der Epoche debattiert wurde. Er gruppierte sich um den Minister Franz von Fürstenberg und eine anmutig-schwärmerische Frauengestalt, der noch in den Jahren des Alterns Schönheit beschieden war – die 1748 geborene Gräfin Amalie von Schmettau, Tochter eines preußischen Feldmarschalls und Gattin des Fürsten Gallitzin, des russischen Gesandten in den Niederlanden. Sie hatte sich in gütlichem Einvernehmen von ihrem Mann getrennt und Münster 1779 auf der Durchreise zum Genfer See, wo ihre Kinder erzogen werden sollten, besucht. Hier erhielt sie Kenntnis von Unterrichtsmethoden, die der fromme Bernhard Overberg eingeführt hatte. Sie gefielen ihr so, daß sie nicht nach Genf ging, sondern blieb. Ein Freundschaftsbund mit Fürstenberg schloß sich an, währte bis zu ihrem Tode.

Diese leidenschaftliche, neben ihren philosophischen und religiösen Interessen ganz der Erziehung ihrer Kinder lebende Frau, die auch noch die Söhne des Grafen Droste-Vischering aufnahm, deren einer es später bis zum Erzbischof von Köln bringen sollte –, diese preußische Gräfin, leidenschaftlich als Frau wie als Mutter, hat fortan während des Winters regelmäßig in Münster geweilt, wo sie ein Haus auf der ›Grünen Stiege‹ bewohnte. Sommers lebte sie in Angelmodde, einem Dorf vor den

Toren der Stadt; hier hatte sie einige Zimmer auf dem Pächterhof des Grafen Merveldt gemietet. Geistig ging sie den Weg vieler Gebildeter ihrer Epoche. Ungenügen am mechanistischen Weltbild der Aufklärung trieb sie zu dem großen Anreger Diderot; darauf lernte sie in den Niederlanden den Neuplatonismus von Hemsterhuys kennen, bis sie von den Schriften Johann Georg Hamanns, des ›Magus des Nordens‹, der das Irrationale des Daseins proklamierte, inspiriert wurde, die Unruhe ihrer Seele der Fürsorge der Religion anheim zu stellen. Amalie von Gallitzin wurde die bedeutendste Verfechterin der katholischen Kirche in Deutschland zu ihrer Zeit. 1787 folgte Hamann einer Einladung, von Königsberg nach Münster umzusiedeln. Krank, vielleicht auch von der äußeren Erfolglosigkeit seines Lebens bedrückt, hat er nur noch ein Jahr gelebt und ist in Münster gestorben. Im Garten der Fürstin wurde er zunächst begraben. Um sie scharte sich damals ein Kreis bedeutender Männer, und ein geistiges Leben entwickelte sich, wie es Münster noch nie erlebt hatte. Die geselligen Abende, im Garten oder Salon verbracht, waren meist lehrhafter Art, indem man ein religiöses oder wissenschaftliches Thema zur Diskussion stellte.

Der Maler Theobald von Oër hat 1864 diese Gruppe von Menschen nachträglich zu einer Art Historienbild vor romantischer Laubstaffage vereinigt: von Fürstenberg, Amalie von Gallitzin nebst Sohn und Tochter, das Ehepaar Stolberg mit Kindern und Erzieher, die Söhne Vischering, einige Gelehrte, Gutsbesitzer, Geistliche. Franz von Fürstenberg vertrat in diesem Zirkel die Welterfahrung, Clemens Droste-Vischering, der spätere Erzbischof, pflegte lange und tief nachzugrübeln, Professor Kistenmaker wußte die Meinung der alten Autoren zu zitieren, ein anderer die der neuen, während der fromme Over-

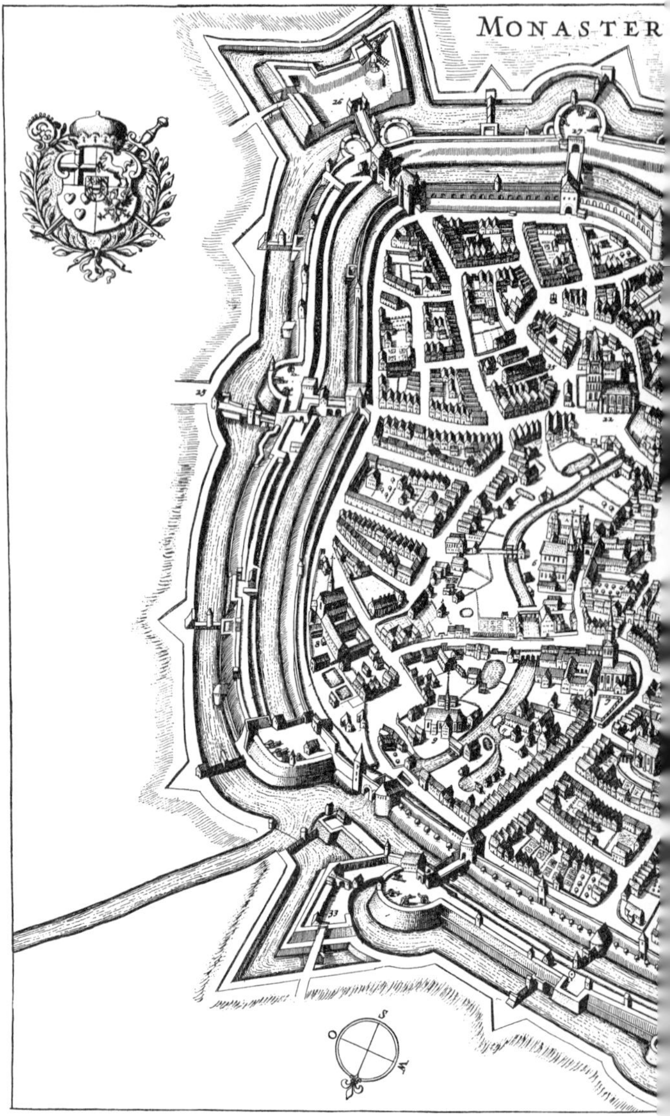
MONASTER

Münster.
1. Der Thumb.
2. S. Iacobs Pfarr.
3. S. Nicolai.
4. S. Michaeli.
5. S. Margaretha.
6. Iesuiter Collegium.
7. S. Egydy Pfarr.
8. Das Frater hauß.
9. S. Georgy.
10. Hospital.
11. S. Ludgeri.
12. Clarißen Closter.
13. Ringen Closter.
14. Niesing Closter.
15. S. Servaty.
16. S. Lamberti Pfarr.
17. S. Martini Pfarr.
18. Minoriten Closter.
19. S. Iohannis.
20. Barfüßer Closter.
21. Capuciner Closter.
22. Unser lieb Frawen kirch.
23. Rosenthal Closter.
24. Reine Closter.
25. Unser Frawen port.
26. Iudenfelder port.
27. Creutz port.
28. Nienbrucken port.
29. Hoxter port.
30. Maurity port.
31. Servaty port.
32. Ludgeri port.
33. Ægydy port.
34. Der Marckt.
35. Hofringen Closter.
36. Statt Keller.
Amstelodami apud I. Cóvens et C. Mortier.

berg in schwierigen Zweifelsfragen mit einfachen Hinweisen eine Klärung zu geben verstand. Fehlte für ein Gebiet der Fachkundige, hatte man die Bibliotheken Fürstenbergs oder der Fürstin zur Hand, die sogar Hamann, den Bücherfreund, entzückt hatten. Es war etwas für die Zeit höcht Ungewöhnliches an diesem Kreis. Man plauderte nicht, man hielt das Debattieren für eine bessere Form der Wahrheitsfindung. Eine Akademie im Kleinen war entstanden. Hernach, als man diesen Kreis bereits ein wenig spöttisch die ›familia sacra‹ nannte, und die Fürstin einem mystischen, verzückten Nachleben von Heiligengestalten der nachreformatorischen Zeit anhing, sollte der Freiherr vom Stein Amalie von Gallitzin nicht nur äußerst stolz, sondern auch bigott nennen; aber sein Urteil ist immer schroff gewesen. Vor allem trugen es ihr die preußischen Kreise nach, daß sie den Grafen Friedrich Leopold zu Stolberg, eine der markantesten Gestalten des ehemaligen Göttinger Hainbundes, 1800 zum Übertritt zum Katholizismus bewegt hatte.

1785 war auch Goethe in Kontakt mit dem Kreis gekommen, als die Fürstin in Begleitung einiger Getreuer von Hofgeismar aus, wo man wie öfters zur Kur weilte, einen Ausflug nach Jena und Weimar unternahm. – Man suchte die Größen des Zeitalters auf. Freilich ohne sonderliche Sympathien für den eitlen Wieland zu gewinnen. Herder war kränklich, auch schien ihn die Fürstin nicht zu mögen. Mit Herders Frau Karoline kam sie um so besser zurecht. Auch mit Goethe, der sich mit Fürstenberg und dem begleitenden Hemsterhuys sofort verstand, gab es anfängliche Schwierigkeiten. Die Fürstin fand ihn vornehm und von zurückhaltender Kälte, er sie seinerseits unweiblich. An beiden Urteilen mag ein Gran Wahrheit gewesen sein. Später verstand man sich ausgezeichnet. Schon wenige Tage nach ihrer Abreise bot Goethe der Fürstin die Korrespondenz an. Einen Winter lang kämpfte sie mit sich, ob sie annehmen sollte, und versagte sich am Ende doch. Aber man sandte sich von Zeit zu Zeit Botschaften zu, Grüße, Zeichnungen, Bücher.

Dann trug es sich zu, daß Goethe 1792, am 1. Dezember abends, von der Campagne in Frankreich heimkehrend, durch Münster kam. Die Nacht verbrachte er im überfüllten Gasthaus auf einem Stuhl. Vom 2. bis 5. Dezember kehrte er im halb klösterlichen Haushalt der Fürstin ein. Man sprach über Hamann, der draußen im Garten den ewigen Schlaf schlief, über den inzwischen gleichfalls verstorbenen Hemsterhuys oder über die schöne Sammlung antiker, geschnittener Steine, welche der Haager Philosoph der Fürstin vermacht hatte. Man geriet auch ein wenig aneinander, als Goethe die Behauptung aufstellte, reines Christentum und wahre bildende Kunst blieben immer Gegensätze. – Sie sei, gestand ihm die Fürstin ein, vor ihm gewarnt; er, Goethe, der eben mit soviel Wärme von den religiösen Festen der Italiener gesprochen habe, pflege sich nur fromm zu stellen. Seine Antwort befriedigte sie. Er sei fromm am rechten Ort, vor allem vermöge er es, des anderen Überzeugung zu achten. – Es war die Basis, auf der sie miteinander auskamen.

Am Tage des Abschieds hat Amalie von Gallitzin dem Dichter ein Stück Weges das Geleit gegeben. Sehr überraschend schenkte sie ihm plötzlich die von Hemsterhuys ererbte Gemmensammlung; sie drängte sie ihm förmlich auf, als Goethe abwehrte – Jahre nach der Fürstin Tod ist sie von Weimar aus nach Münster zurückgesandt worden, später in den Besitz des holländischen Königshauses gelangt. – Wo nicht hier, hoffe sie ihn ›dort‹ wiederzusehen, gab die Fürstin dem Dichter zum Abschied mit. Sie sahen sich nicht mehr. Goethe schrieb später in seiner ein wenig gespreizten Weise: »Diese herrliche Seele hat uns durch ihre Gegenwart in mancherlei Gutem geweckt und gestärkt«, und Schlosser berichtet, der Schwager habe ihm mitgeteilt: »Mich interessiert alles, was an diese seltene Frau und an ihre Freunde erinnert.« Ihre Begegnung war gewiß eine Sternstunde; der Dichter der Klassik und die leidenschaftliche Glaubensverfechterin begegneten sich, tauschten sich aus, erkannten ihre Verschiedenheiten und neigten sich voreinander. 1806 ist Amalie von Gallitzin in Münster einen friedlichen Tod gestorben.

Sie ruht an der Mauer eines alten Dorfkirchleins, dessen Turm man auf dem Bilde des Theobald von Oër gewahren kann. Es ist das von Angelmodde vor den Toren Münsters, wo die Fürstin sich sommers aufhielt. Tief in den grünen Grund der Wiesen geschnitten, träumt die Angel um das Dorf und alles atmet den gleichen sommerlichen Frieden wie zu Lebzeiten der Fürstin dort unter dem Beet von Immergrün an der Kirchenmauer.

DER MENTOR

Es hat ein Mensch zu diesem Kreis gehört, dem es beschieden war, die junge Annette von Droste-Hülshoff auf den mühseligen Saumpfad ihrer Berufung zu geleiten. Jenen Weg, an dessen Rand die Skrupel wuchsen, aber auch die Lebenshoffnungen, die der Vorüberschreitenden zuflüsterten »Komm mit!«, während sie, die Kleine, Zierliche, verwirrt die schöne Stirn und die großen, graublauen Augen senkte. Allein, der Mentor, dem sie sich anvertraut hatte, hielt ihre Hand ganz fest. Er führte sie durch alles, was einem jungen, schöpferischen Gemüt in seiner Ungeduld widerfahren konnte. Er kannte die leere Berauschung am Klang der Worte, die leichtfertigen Verstöße gegen die strenge Form des Verses, des kontrollierenden Ohres Ungewecktheit und Taubheit, und er wußte um die Fragwürdigkeit ungezügelter Entladungen des Gefühles – vor allem um dies, um das maßlose Aufwallen der Herzensempfindung. Dichtung und Entäußerung des Fühlens galten diesem Zeitalter ohnehin noch eines. Man hatte soeben gelernt, sich dem Schicksalswalten überirdischer Mächte durch ein leidenschaftliches Aufschwingen der Empfindung zu verschwistern. Was wissen wir noch von dieser schwärmerischen Kraft, mit der sich die einsamen, kranken, hoffenden, liebenden, leidenden Menschen jener Epoche – und waren das nicht alle? – über ihrer Wünsche Ohnmacht hinweghalfen, gerade an der Unerfüllbarkeit ihrer Erwartungen erstarkt – was wissen wir noch, wir Menschen im Jahrhundert der wahllosen Befriedigungen?

Der Mentor hieß Anton Matthias Sprickmann, gleich Goethe 1749 geboren, ein Jahr nach Goethe gestorben. Ein merkwürdiger Mann, noch im Alter das weiße Haar genialisch nach oben gebürstet. Der Kopf voll, die schweren Oberlider quer gefaltet über die ausdrucksvollen Augen gelegt. Sehr gefühlvoll die stumpfe, fast dickliche Nase, lächerlich klein der Mund. Ein auffälliges Antlitz! Etwas Prometheisches lebte in diesem strudelköpfigen, begabten Menschen, eine ewig stachelnde Unruhe; seine Jugend war voll von Herzensaffären. Später muteten sie töricht und unreif an. Daß es dergleichen noch gab, als er an dreißig zählte, lag wohl an seiner unglücklichen Heirat. Wie es nicht anders sein konnte, war dieser begeisterte, immer zu den Frauen hingezogene Mann an die Verkehrte geraten. Dies ist nur ein Widerspruch seines Lebens. Ein anderer: er träumte von der Freiheit großer, demokratischer Kontinente und lebte versteckt als Beamter in Münster. Wieder ein anderer: er verlor sein Herz an jedes beiläufige Dämchen und blieb doch in seiner

Amtstätigkeit als Regierungsrat oder Professor höchst besonnen. 1777 ging Sprickmann nach Wetzlar, delegiert vom münsterischen Minister von Fürstenberg, um einen Prozeß für den Bischof zu führen. Er betrieb ihn kühlen Herzens und gewann ihn durch kaltes Kalkül. In seinen Mußestunden hingegen erging er sich auf den Spuren Werthers. Oder er forschte Goethe nach, manchmal sogar an der Seite Lottes, die damals noch in Wetzlar weilte. Vielleicht, daß er auch hier der Versuchung nicht widerstehen konnte und ihr, dem Idealbild eines Zeitalters, auf seine getriebene Weise zu huldigen suchte?

Trotz des Lebenshungers und des Überschwanges seiner ungestümen Sinne hat er sich bescheiden gelernt. 1780 war das Schwarmleben nach manchen Erschütterungen vorbei. Sprickmann legte seiner Frau Generalbeichte ab, und er, der Freund Gottfried August Bürgers, den enge Bande mit Klopstock, Voß, Claudius, dem Göttinger Hainbund verbanden »entsagte sogar der Poesie«, die mit Gelegenheitsdichtungen begonnen hatte und dann in den allgemeinen Chorus der Geniezeit eingefallen war. Gedichte, großtönende Theaterstücke von wildem Pathos und gelegentlicher Sprachverhunzung, aber auch Erzählungen, die er im ›Deutschen Museum‹ erscheinen ließ, waren seiner Feder entsprungen. Es ist viel Werther-Begeisterung darin; kein Wunder, galt doch der leidenschaftliche Mensch für Sprickmann als idealer Gegenstand der Dichtung. Allein nur in schnellen Skizzen, kurz hingestrichenen Untermalungen zeigte er sich wirklich begabt.

Als Sprickmann zum Professor für deutsche Reichsgeschichte und Staats- wie Lehnsrecht avancierte, kommentierte er sein Amt mit der ihm eigenen Kauzigkeit in verächtlichen Ausdrücken. In Wirklichkeit war es ihm sehr ernst damit. Vielleicht hatte ihn nur uneingestandener Ehrgeiz zu seinen literarischen Versuchen bewegt. Durch seine von Fürstenberg und vielleicht auch Justus Möser angeregten öffentlichen Vorträge über die deutsche Geschichte, die er philosophischer zu fassen, künstlerischer zu gestalten dachte, wurde er schließlich bekannt. Immer ein Feind der Aufklärung, ist er am Ende in den Kreis der Fürstin Gallitzin gekommen; anfangs nur als ein aufschauender Gast, später, trotz längerer Pausen, als vertrautes Mitglied. Philosophie und Katholizismus zu vereinen, war sein Anliegen; eine Schrift über die ›Geistige Wiedergeburt‹ spricht sehr beredt davon. Erstaunlicher aber, Sprickmann ist später auch ein guter Preuße geworden.

Als er noch in Münster lebte, wohnte er der Droste-Hülshoffschen Stadtwohnung im ›Krummen Timpen‹ gegenüber. Die junge Annette, mit dreizehn Jahren wegen ihrer faszinierenden Darstellung bei einer Theateraufführung im adeligen Damenstift Hohenholte eine Zeitlang Stadtgespräch, was ihr einen wohlmeinenden, im Kern sogar richtigen, gleichwohl unerträglich pedantischen Brief des Grafen Friedrich Leopold zu Stolberg eintrug –, die junge Annette schloß sich eng dem Professor an. Sie sahen sich und sie schrieb ihm. Das war es, sie schrieb ihm! Erste Zeugnisse eines Genies – die etwas wirren, verwirrten Briefe der Jugendjahre. Sie schrieb ihm alles, was sie bewegte, schrieb ihm von der Überempfindlichkeit ihres Gemütes, ihrer Phantasie, schrieb ihm von ihrer literarischen Begabung, die sie nicht als eine Begnadung empfand, sondern, getreu ihrer adeligen Erziehung, als eine vielleicht lächerlich wirkende Marotte, ein »wunderliches, verrücktes Unglück«. Hier konnte Sprickmann segensreich wirken; er beruhigte, glättete, half weiter. Als er 1812 nach Schlesien ging, hatte Annette die Gewißheit empfangen, daß die Vorurteile des münsterländischen Adels nicht klüger als andere Borniertheiten waren, und daß sie schreiben durfte und sollte. Mit Tränen in den Augen dachte sie an ihn. Sie zählte damals fünfzehn Jahre.

IN HÜLSHOFF

Um jene Zeit – sie hat es mehr als dreißig Jahre später in einem Gedicht gestanden – versteckte sie eines ihrer frühesten Poeme unter den Dachsparren von Schloß Hülshoff, damit es einmal von den Enkeln aufgefunden würde. Sie konnte nicht wissen, daß sie keine Enkel besitzen sollte, daß sie vielmehr, einsam wie sie war, allein bleiben würde, dem von Schwermut gezeichneten »gequälten Geschlecht« zugehörig, den Menschen des zweiten Gesichtes, eine Gabe, die sie freilich nicht in der früher hierzulande häufigen Form der Vorwegschau kommenden Unheils, sondern in Gestalt ihrer überwachen Phantasie besaß. Aber es war gar nicht nötig, sich auf solche Weise des Gedenkens der Nachwelt zu versichern. Es ist keine Zeile von ihr vergessen worden.

Den 10. Januar 1797 kam Annette von Droste-Hülshoff in Haus Hülshoff zur Welt, einem Wasserschloß nahe Roxel bei Münster – vor der Zeit, woraus sich die zeitlebens gebliebene Schwäche ihres Körpers erklärt. Sie war das Kind eines träumerischen Vaters, dessen Liebe der Musik, seinen Sammelfreuden und dem ›liber mirabilis‹ galt, einem wunderlichen, von den Vorfahren ererbten Buch mit vortrefflichen Ratschlägen, sich mit fortune durchs Leben zu bringen. Zum Exempel gab es da Rezepte, sich unsichtbar zu machen, Quellen mit der Wünschelrute zu finden oder Hecktaler anzufertigen. Einer der Ahnen hatte dazu in urwüchsiger Sprache angemerkt: »Hab ich probirt, is mich aber nich geglückt.«

Die Droste-Hülshoffs waren eine sehr alte westfälische Familie, die sich schon im 11. Jahrhundert nachweisen läßt. Sie hießen ursprünglich von Deckenbrock, hatten früh das Drosten- oder Truchseßamt des münsterischen Domkapitels übernommen und nannten sich, als sie 1417 Schloß oder Haus Hülshoff erwarben, ›von Droste zu Hülshoff‹. Die Mutter entstammte der Paderbornischen Familie von Haxthausen – ein sehr entschiedener Mensch übrigens; noch im Alter übte sie eine recht eindeutige Patronanz über das Schaffen ihrer Tochter aus. In der Wesensart schlug Anna Elisabeth, genannt Annette, dem Vater nach, der einst münsterischer Rittmeister gewesen war und neben seinen liebenswürdigen Passionen gelegentlich zu »papierenem Blutvergießen«, Reden von Krieg und Kriegsgeschrei neigte, worin es die Tochter ihm gleich tat. Zudem besaß er einen Bruder, der als Komponist in Münster lebte. Annette hat das Bild ihres Vaters in dem Torso ›Bei uns zu Lande auf dem Lande‹ in all der ihm eigenen Hausväterlichkeit und Sensibilität gezeichnet. Er war ein sehr gutmütiger Mann; die Mutter muß in der Ehe unzweifelhaft der überlegene Teil gewesen sein.

In Hülshoff also ist sie geboren, einem der schönsten unter den Wasserschlössern des Münsterlandes, das eine kleine Schloßkirche besitzt und samt der Vorburg von Gräben und Teichen umzogen ist, auf denen die Enten schwimmen, zahme und wilde. Im 17. und 18. Jahrhundert ist dieses Schloß ausgebaut worden. Die Wohnburg läßt sich auf geschweifter Steinbrücke erreichen. Hier geht es eine Freitreppe hinan zur Diele mit ihren alten Donnerbüchsen, Pistolen, Pulverhörnern und Geweihen. Die Familienzimmer sind geräumig, fast saalartig, eine Mischung von Behaglichkeit und Großzügigkeit; aus ihren

Fenstern hat man einen friedvollen, beglückenden Blick über die Wasser, den Park in die Landschaft der Felder, Wiesen und Gehege.

Es gibt eine rührend unbeholfene Zeichnung aus dem Skizzenbuch der Jenny von Droste-Hülshoff, Annettes Schwester, die später den Freiherrn von Laßberg heiratete, einen zu seiner Zeit bekannten Sammler und Liebhaber alter Handschriften, der erst in der Schweiz, dann auf der Meersburg am Bodensee wohnte. Auf dieser Zeichnung ist das Weihnachtszimmer von Schloß Hülshoff dargestellt samt vier Kindern um den Tannenbaum, wohl den Geschwistern Annette, Jenny, Werner und Ferdinand. – Als ich zum ersten Mal nach Hülshoff kam, war Weihnachten gerade vorüber. Draußen fuhr der Sturm wütend durch die Kronen der Bäume. Drinnen im Saal brannte im mächtigen Kamin, über dem noch heute das Bild des kölnischen Kurfürsten und münsterischen Fürstbischofs Clemens August hängt, ein riesiges Feuer, genährt aus großen Buchenscheiten. Noch stand der Weihnachtsbaum, den man eben seiner Pracht entkleidete. Dahinter hing an einem Ehrenplatz der Wand das Bild der Dichterin von der Hand Johannes Spricks; sie selbst hat es als »zu schön« bezeichnet. Aber es gewährt sicherlich den Eindruck, der von ihr ausgegangen ist. Da lassen sich die große Stirn erkennen, die kurzsichtigen, blaugrauen Augen, die niemand vergaß, und das blonde Haar mitsamt dem sensitiven, ergreifenden, sehr westfälischen Gesicht, das eine Schau ins Ferne verrät, aber auch einen in sich zurückgewandten Geist, und nur eines nicht ist – nicht anspruchlich, sondern von verschwiegenem Verzicht.

In Hülshoff hat Annette ihre Kindheit verbracht, lesend, mit phantasievollen Dingen beschäftigt, indem sie Silhouetten schnitt oder aus Papierstückchen Bäume, Menschen, Häuser schnitzelte und zu ganzen Gemälden vereinigte. Oder sie tollte draußen herum, spielte, ritt – das Laufen lag ihr nicht sonderlich. Unterbrochen wurde diese Zeit von gelegentlichen Reisen ins Paderbörnsche zum Großvater, der von seiner zweiten Frau – Annette liebte diese Stiefgroßmutter heiß, von ihr stammt auch die Anregung zum ›Geistlichen Jahr‹ – unbeschreiblich viel Kinder hatte. Hülshoff war auch der Schauplatz ihres frühen geistigen Erwachens. Hier schrieb sie ihre ersten dichterischen Versuche nieder, hier vollendete sie nach langem, langem Keimen und schwerem Ringen schließlich im Herbst 1820 den ersten Teil des ›Geistlichen Jahres‹, dessen wesentliche Stücke in Driburg entstanden waren, dieses tiefdunklen Spiegels ihrer seelischen Erregung, ihrer religiösen Unruhe und ihres beängstigten Hoffens.

Draußen stand kalt und grau, von wenigen Flocken durchstiebt, der Januartag, unter dessen Windesatem die Kronen der Bäume ächzten. An der Vorburg zeigte sich das Reiterrelief des Hans Heinrich von Droste zu Hülshoff aus dem 16. Jahrhundert mit seinem Hündchen grau und trüb. Nichts lebte, nichts rührte sich außer der Gewalt des Windes. – Als ich wiederkehrte, war es Mai. Es blühte und keimte in der köstlichen Frische und Scheu des westfälischen Frühlings; über die Wälle der Vorburg zogen sich die dichten Gebüsche der Rhododendren, um sich im Wasser zu spiegeln, auf dem die Seerosen schwammen. Über Teiche und Gräfte glitten die Enten mit ihren wolligen Jungen. – Wieder ein anderes Mal war es Sommer, und ich kam, um etwas von dem eigentlichen Geheimnis des Daseins zu erfahren, das hier in Hülshoff begonnen hatte und in Rüschhaus die schweren, begnadeten Jahre der Reife durchlebte.

WEG NACH RÜSCHHAUS

Wo zu Lebzeiten der Annette von Droste-Hülshoff eines jener ›Pättken‹ verlief, welche des Münsterlandes geheimsten Zauber offenbaren – kleine, schmächtige Pfade, ausgetretene Fußspuren sozusagen, wie sie allenthalben durchs Land schnüren, vorbei an Koppel und Hag, an Acker und Graben, Bauernhof, Friedhof, Dorf bis in die Weite, wo sich Wolken, Bäume und Felder in die Arme sinken – dort also, wo jener Binnenpfad entlangbummelte, gibt es noch heute eine Verbindung zwischen Hülshoff und Rüschhaus, die erst ein Weg ist, darauf, nach rechts abbiegend, für kurze Zeit eine Straße und dann wieder ein Sträßchen zur Linken. Vermag man ein wenig hinter die irdischen Dinge zu sehen, erkennt man sofort die geheime Bestimmung: der Weg war ausersehen, die Hauptstationen im Leben der Dichterin zu verbinden, den guten Beginn und die schmerzliche, große Zeit der Reife, Hülshoff und Rüschhaus eben. Zugegeben, Annette von Droste-Hülshoff ging ungern weite Strecken zu Fuß; dennoch ist sie auf diesem Weg geschritten. Sehr lang währt er nicht, so ein Stündchen an lauter Bachufer- und Wiesenseligkeiten vorbei. Das hat sie geliebt!

Der Weg beginnt zwischen dem Teich von Hülshoff und einer Wiese, auf der sich ein junger Bulle im Sonnenschein räkelte und mit dem Schwanz genüßlich die Flanken schlug, als ich vorüberkam. Bis zum Walde führt er schnurgrade zwischen jungen Bäumen dahin, die alle, geschwätzig wie Pappeln nun einmal sind, ein munter plauschendes Köpfchen tragen. Man sieht, viel Besonderes hat es mit diesem Weg nicht auf sich. Allein, was er jetzt tut, muß als urwestfälisch gelten. Nun, da er seiner Herrschaft aus den Augen ist, wendet er sich schleunigst nach links. Ganz im Sinn dieses Landes, wo jeder

Pfad, jegliche Straße jedem Acker ausbiegt, wie es die Querköpfigkeit der Bauern grade gewollt hat!

Sommers ist dies ein Weg, wie ich wenig andere kenne. Beileibe nicht ansehnlich und, gottlob, schon gar nichts für den Fremdenverkehr! Aber die Vögel singen, die Insekten summen und in den Gräben duften ganz fein die Spiräen. Überhaupt blüht es, es blüht weiß, gelb, rosa, violett und blau in Farben des vollen Sommers. Frösche und Kröten hocken träg im Blätterschatten, bis es über sie kommt, einen jähen Sprung zu tun. Käfer laufen, Eidechsen gleiten davon, die letzten Tautropfen rollen vom Halm und aus dem Graben dünstet es. Ein Mikrokosmos jener Art, wie er bei der Droste eingefangen und zum Makrokosmos verwandelt ist. Es hat mich bei ihr immer ergriffen, wie sie dem scheinbar Nebensächlichen, das aber doch das Bleibende, Wiederkehrende ist, einem Knacken im Holz, des Blattes Fall, des Vogels Spuren im Schnee, Dauer verleiht. Es liegt ein Wille zur Korrektur irdischer Unvollkommenheiten darin, vor allem aber eine fast stürmische Hinneigung zur Welt der Erscheinungen und Wahrnehmungen. Zweifellos hat sie damit nicht obenhin nur Eindrücke vermitteln wollen. Was wäre das schon? Erfindungen von Augenreportern Pinsels und der Feder, Pseudogenialitäten, Flunkereien. Für ihr Zeitalter galt das noch nicht.

Es leuchtete mir ein, während ich diesen Weg schritt, welcher der ihre war. Dann kam die glatte Straße, und mein Fuß folgte ihr dreihundert Schritte nach rechts – übrigens war es eine sehr gleichgültige Straße. Nun zur Linken das Sträßchen. Das Herz ging mir auf. Verstreute Bauerngehöfte schliefen friedlich im Sommerdunst, kein Lüftchen regte sich, dennoch war es nicht heiß, und nackte, frohe Pferde tummelten sich auf den Koppeln zwischen den Wäldern. Ob sie bei meinem Herannahen gleich lautlos davongaloppierten, für das Auge war es ein berauschtes Poltern der Hufe. Westfalen ist das Land der glücklichen Pferde und der verträumten Kühe. Wer etwas für die Natur und ihre Geschöpfe übrig hat, findet hier viel, das ihn froh macht.

Durch Spalier stehende Spiräen kommt man also nach Rüschhaus. Genau genommen nicht ganz daher, wo früher der Weg ging. Aber was tut das? – Rüschhaus lag voller Erinnerung da, rot, geduckt, unauffällig zwischen lauter Grün, eine Zelle, Klause, bergende Hausung für die irdische Zeit. Man ahnte sogleich den genius loci.

IN RÜSCHHAUS

Rüschhaus. – Unglaubhaft, daß dergleichen überhaupt Gestalt zu besitzen vermag und greifbare Sinnenwahrheit ist: eines Landes Wesensmitte, etwas Gedachtes, Inkarnation von etwas Geistigem also, ein Nabel, durch den – geschärfte Ohren vernehmen es immer noch – der Zustrom mütterlichen Blutes aus dem Bereich der Begnadung anhält. In jedem Requisit, jeder Erinnerung wohnt hier das Numinose des Genius.

Ich liebe diesen Ort wie wenig andere. Nimmt man es nüchtern, ist die Szenerie ganz einfach. Inmitten einer kaum bewegten, von Baumgehege und Bachlauf durchschnittenen Landschaft ein Bauernhaus aus Backstein. Der Giebel abgewalmt; Stirn- und Hofseite tragen die Schnörkel des Rokoko. Der Stein, sehr edel, grau-rot in des Ziegelwerkes Patina, angeweht von Alter, hier und dort von Moos oliv überhaucht. Vom früher gestutzten Garten aus, in dem noch Puttos stehen, ist des Hauses Aussehen großzügig, ja elegant; ein Wappenschild findet sich über der Tür, das Fensterwerk ist klein gefeldert und weiß gestrichen. Johann Konrad Schlaun hat Rüschhaus

1745-49 für sich selber gebaut. Selbstverständlich war die Form des Bauernhauses mit seiner barocken Rüsche vor der Brust mehr als Vorwand. Die Verbindung mutet seltsam an und ist doch sehr glücklich gelungen. Ein Wassergraben umzieht das Anwesen. Wie sollte es hierzulande anders sein? Der Herrensitz muß sich mit schützendem Wasser bewehren, einmal um des burgartigen Charakters willen, aus Gründen der Nobilitierung also, zum andern, damit sommers die Libellen darüber flügeln können.

1826, als der Vater Droste-Hülshoff gestorben war, ist Annette mit ihrer Mutter nach Rüschhaus gezogen, das die Familie, als sei es geheime Voraussicht gewesen, vor kurzem erworben hatte. Den Gartensaal im Parterre ließ man, wie er gewesen war, um ihn, gleich Schlaun, sommers als Kapelle zu benutzen. Hinter dem Wandschrank verbirgt sich noch heute der herausklappbare Altar, den der große Architekt nach eigenen Entwürfen angelegt hat. Daneben befand sich Schlauns Schlafzimmer, das nun zum ›italienischen Gartenzimmer‹ wurde, ausgeschmückt mit handgemalten Tapeten, auf denen südliche Volksszenen, Pinien- und Zypressengruppen, Meeresbuchten, Segler und Berglande mit dem rauchenden Vesuv zu sehen sind.

Herzkammer des Hauses blieb die mächtige Küche, durch die man das Bauwerk betreten mußte, wollte man nicht durch den Garten gehen oder die Tennentür benutzen. Welch ein schöner Gedanke, daß jemand, der zu Besuch kam, das Herdfeuer und den geschnitzten Salzschrank passieren mußte, um solcherart gleichsam geläutert und gesegnet ins Innere zu gelangen. Die Küche ist ein mächtiger Raum mit einem Kamin nach alter Art, einem Rauchfang, der so umfangreich ist, daß man unter ihm mit Bänken und Stühlen hausen und sich wärmen kann, über sich den ›westfälischen Himmel‹ – das Dunkel der Esse, die gleichzeitig zum Räuchern dient. Hoch von der Küche Rückwand schaut ein kleines Innenfenster herab, ein Durchbruch, hinter dem das Zimmer Annettes liegt. Wie hat sie dieses Arbeitsgemach geliebt, wie ungelenk-stolz gezeichnet! Schauplatz ihrer Arbeit, ihrer Träume, ihrer Gespräche, der noch heute das alte Spinett birgt. – Meine Hand fuhr in wenigen Griffen über die Tastatur. Es war, als schnelle mit dem ersten harfenartigen Ton die Zeitenuhr um mehr als ein Jahrhundert zurück: Klang, den sie vernommen, der sie durchbebt – brauchte man nicht nur die Hand auszustrecken, um die Dichterin nahe zu fühlen?

Es steht hier vor allem das Sofa, möglicherweise unter ihres Lebens Requisiten das wichtigste, ein kastenförmiges, für die kleine Stube viel zu großes Möbel. Auf ihm hockte Annette gern mit untergeschlagenen Beinen und erzählte; Adele Schopenhauer hat sie so gezeichnet. Von den kleinen Fenstern aus schweift der Blick durch Baumwerk in die Felderweite; früher stand Wald hier, begrenzte den Ausblick. Aber das tut nichts. Alles scheint noch heute von der Dichterin zu träumen, die hier ihre Gesichte niederschrieb, ungestört davon, daß sich nebenan die alte Amme regte, der sie, die zu früh Geborene, das Leben verdankte. Auch ungestört davon, daß sich drunten in der Küche, unterhalb des Durchblickfensterchens, das Gesinde aufhielt. Sie war ein Nachtmensch; abends saß sie noch lange auf, wenn in der Spinnstube das Surren der Räder längst versiegt war; das Gesinde ging mit den Hühnern zu Bett. Dann glaubte man manchmal die Spinnräder in einer Halluzination fortsurren zu hören, so tief war die Stille, oder daß die Zeit unwirklich schien. Lebte man noch, war man bereits hindurch getaucht durch das Meer der Zeitlichkeit in die Ewigkeit? Die Welt schien leergestorben. Das Knistern im Holz brachte Erschrekken. Annettes Sinne lagen auf der Lauer wie Kinder, die nachts angstvoll den Geräuschen lauschen.

Überall, wo sie weilte, war die Droste von diesem tiefen Schweigen und der Besinnlichkeit langer Stunden umgeben. Sie haßte den Lärm und war sehr geräuschempfindlich. Ihr Ohr scheint besonders begabt gewesen, kaum vernehmliche Zwischentöne aufzufangen, von denen ihre Dichtungen erfüllt sind, dem Knacken der Dielen im Haus, dem Ticken des Wurmes, dem fernen Ruf des Kauzes. Aber auch ihr kurzsichtiges Auge, überaus scharf darin alles Nahe zu erfassen, vermochte einen solchen Zwischenbereich zu erspähen. Levin Schücking hat berichtet, daß sie ohne optische Hilfen Infusorien im Glase erkannte. Der Mikrokosmos schloß sich ihr auf; gleich vertraut war ihr die Welt des Dunkels und ihrer Geheimnisse durch Schlaflosigkeit, Überempfindlichkeit, häufiges Kranksein! – Welche Nuancen des Knisterns, Rieselns, Hauchens und Säuselns in ihren Gedichten, halb überwache Wahrnehmung, halb bereits Vision! Wie werden da Gehörseindrücke und Wahrnehmungen des Auges zu einem dichtmaschigen Netz aus Tönen und Licht verwoben.

Hier in ihrem Zimmerchen, das sie selbst ihr »Schnekkenhäuschen« nannte, offenbart es sich, aus welchen Regionen der Empfindung sie lebte, wie gering die äußeren Anlässe und Motive waren, deren ihre Seele bedurfte, um dennoch der größten Aufschwünge fähig zu sein. – In diesem Gemach hat sie ihre Freunde und Freundinnen empfangen, die an festliegenden Tagen von Münster herüberkamen, vor allem Schücking, »den Freund mit den Gespensteraugen«, wie Freiligrath ihn nannte.

Annette und Schücking hatten sich zum ersten Mal Sommer 1831 gesehen, als der schüchterne Gymnasiast sie in Rüschhaus besuchte. Er war damals siebzehn. Die Fürsorge für ihn erschien der Droste wie ein Vermächtnis seiner Mutter, der Katharina Sibylla Busch, einer von Annette in Ehren gehaltenen Dichterin, die mit dem Vater Schücking nicht sonderlich glücklich verheiratet gewesen war.

1838 trafen sich die beiden, die schon alternde Dichterin und der junge Mensch, in einem literarischen Zirkel zu Münster erneut. Annettes erste Gedichtsammlung war schon erschienen, hatte ihr aber bei Standesgenossen nur höhnische Ablehnung eingetragen. Schücking und sie besaßen gleiche Interessen, vornehmlich für Geschichtliches, ein wenig Heimattümelei spielte herein, aber auch das, was Goethe die dritte Welt nennt – jene, die zwischen Himmel und Erde liegt.

Allwöchentlich wanderte Schücking von Münster nach Rüschhaus. Dann saß sie, die Kurzsichtige, draußen im Garten auf der Steinbank und blickte dem Freunde, der auf der ›Sonnenallee‹ herankommen mußte, mit dem Fernrohr über den Wassergraben entgegen. Dann konnte es sein, daß sie mit dem Hammer der Mineralogen in der Hand auf ihn wartete und sie auf Erkundung zogen – irgend etwas Wesentliches, auf Erkenntnis Gerichtetes trieb sie stets. Um das schöne Beisammensein zu feiern, erwarb Annette bei einem Bauern wohl auch ein Gänseei und schlug es mit Zucker zu einer Creme, die man im Grünen verzehrte.

Betrachtet man die menschliche Bindung zwischen der Dichterin, die doch nur Lebenswärme begehrte, und dem durchaus etwas eitlen, keineswegs unbegabten, auf Karriere bedachten jungen Menschen, der ganze siebzehn Jahre jünger war – trotz manchen Erfolges nach eigenem

Eingeständnis ein Mann der Halbheiten – betrachtet man diese Beziehung, nimmt man Schückings ehrliche, bewundernde Neigung hinzu oder die glückliche Rolle des Inspirators, die er 1841 spielte, als ihm Annette eine Stelle als Bibliothekar beim Schwager Laßberg besorgt hatte – entstammt doch dem Beisammensein Annettes und Schückings auf der Meersburg jene Flut von Gedichten Annettes, die da losbrach wie das Eis der Flüsse im Frühling – erwägt man dies alles, mutet Schückings Rolle einschließlich des ›Verrates‹ von 1845 überaus folgerichtig an. Er schien in das Leben der Dichterin geschickt, damit sich der Schicksalsbogen in ihrem Dasein spannte.

Der ›Verrat‹, dem der lang vorbereitete, schlimme Bruch zwischen Schücking und Annette folgte, bestand darin, daß Schücking 1845 einen Roman ›Die Ritterbürtigen‹ erscheinen ließ, der beim westfälischen Adel stürmische Entrüstung auslöste. Niemand außer der Droste konnte die stofflichen Details an Schücking berichtet haben. Man nannte sie unumwunden eine ›Giftmischerin‹. Es war für Annette eine verzweifelte Zeit. Sie, die alle Disziplin und Entsagung geübt hatte, die ihr Familie und Stand auferlegten, zerbrach jetzt fast. – Erst später, von ihrer letzten Reise nach Meersburg, die sie todkrank und voller Ahnungen begann, um Rüschhaus nie wiederzusehen, hat sie in einem Brief das Elend dieses Spätsommers eingestanden.

Wie ihr die innere Stimme verhieß, ist sie in Meersburg gestorben – ein Blutsturz machte ihrem Leben ein Ende. Auf dem Friedhof der Stadt liegt sie begraben, eingewiegt von Sommerwolken und Himmelsatem.

Eine ergreifende Daguerreotypie zeigt, wie sie zur Zeit des endgültigen Bruches mit Schücking ausgesehen hat. Die Stirne gewölbt, das Gesicht schmal, den Mund von

Leiden gezeichnet und das ganze Antlitz, umfangen von vorzeitigem Altern, sehr westfälisch im Zuschnitt. Die Dichterin war klein und zierlich von Gestalt. Der Kopf wirkte groß. Jugendbilder besitzen eine fragile Anmut. Schlägt man die Seiten von ›Ledwina‹ auf, einem gefühlvollen Romantorso der jüngeren Jahre, in dem man einen Spiegel ihrer selbst erblicken darf, ahnt man, wie tief bereits damals das Erschauern in ihr saß, das Wissen um den Tod, der ihr zeitlebens nahe blieb. Sie war eine seltsame Mischung, für die man selbst in ihrer Familie, ungeachtet der Sensibilität des Vaters, kaum das rechte Verständnis besaß – die Mutter, diese großartige Frau ausgenommen, die trotz ihrer Hüterinnen-Rolle zeitlebens auch die Vertraute ihrer Tochter war. Die Dichterin fügte sich übrigens widerstandslos in der Mutter Vormundschaft. Sie entsprach einem landesüblichen Brauch, der noch heute nachwirkt – eine unverheiratete Tochter war keine vollgültige Frau, gehörte unter die Obhut von Geschwistern oder Eltern, eines Menschen jedenfalls, der durch Heirat des Lebens volle Weihe und Befugnis empfangen hatte.

Trotz Meersburg, wo Annette von Droste-Hülshoff so viele ihrer Dichtungen schrieb, wo sie von dem Honorar ihres Gedichtbandes so stolz das ›Fürstenhäuschen‹ erwarb, blieb Rüschhaus die Brunnenstube ihres Schaffens. Hier entstanden die ›Bilder aus Westfalen‹, vorzügliche Charakteristiken von Land und Leuten, die freilich – wie hätte es anders sein sollen – ein wenig vom aristokratischen, gutsherrschaftlichen Standpunkt aus gesehen waren. Annette huldigte keineswegs demokratischen Ideen. Es wird hier mit einem seltsam scharfen Blick beobachtet, und es wird in einer Diktion geschrieben, die dieses Stück Prosa zu einem der lebendigsten Kapitel deutscher Landschafts- und Menschenbeschreibung macht.

Aber es entstanden in Rüschhaus zugleich viele ihrer großen Gedichte. Sie arbeitete eilig und konzentriert, Blatt nach Blatt mit den kleinen, schwer lesbaren Runen ihrer Handschrift bedeckend, die sie später nur mit Mühe wieder entziffern konnte.

›SÜSSE RUH, SÜSSER TAUMEL IM GRAS‹

Es sind drei Charakterzüge im Schaffen der Dichterin zu beachten, in denen vieles von dem beschlossen liegt, was Westfalens Wesen ausmacht. Eine Sensibilität von hohen Graden; ein ausgeprägter Realitäten-Sinn, der die schwebenden Impressionen ihrer Gedichte verhinderte ins Stimmungshafte abzugleiten; ihre selbstverständliche Einordnung in die Bedingungen der Umwelt, ihr Wurzeln im Religiösen.

Schöpferische Einordnung, Ergebung! Hoch bezahlter Preis ihres Lebens. Nichts ist Auflehnung. Ihre Dichtung wächst auf anderem Grunde, beginnt mit dem Kleinsten, den Lichtbrechungen, Lichtreflexen im Wassertropfen, Schattierungen im dämmernden Moor oder einem Rascheln im Heidekraut – ihre Dichtung gründet sich auf die gesehene, erschaute, erlittene, hingenommene Welt. Geheimnisvolles Dunkel umhüllt ihre Verse gern. Aber es ist kein Akademieton, der Stimmung schaffen will, es ist der Lokalton des geheimnisvollen Zwischenreiches zwischen Hiesigem und Jenseitigem, in das ihre Sinne immer wieder hinübergleiten. Abends, nachts, selbst am hellen Tage überkommt es sie, und sie vermag durch sinnliche Anschauung in Kommunikation mit einer übersinnlichen Welt zu treten.

Sie schreibt ein einzigartiges Gedicht deutscher Sprache ›Im Grase‹, beginnt »Süße Ruh, süßer Taumel im Gras ...«

IM GRASE

Süße Ruh, süßer Taumel im Gras,
Von des Krautes Arome umhaucht,
Tiefe Flut, tief, tief trunkne Flut,
Wenn die Wolk am Azure verraucht,
Wenn aufs müde, schwimmende Haupt
Süßes Lachen gaukelt herab,
Liebe Stimme säuselt und träuft
Wie die Lindenblüt auf ein Grab…

Wenn im Busen die Toten dann,
Jede Leiche sich streckt und regt,
Leise, leise den Odem zieht,
Die geschloßne Wimper bewegt,
Tote Lieb, tote Lust, tote Zeit,
All die Schätze, im Schutt verwühlt,
Sich berühren mit schüchternem Klang
Gleich den Glöckchen, vom Winde umspielt.

Stunden, flüchtger ihr als der Kuß
Eines Strahls auf den trauernden See,
Als des ziehenden Vogels Lied,
Das mir nieder perlt aus der Höh,
Als des schillernden Käfers Blitz,
Wenn den Sonnenpfad er durcheilt,
Als der heiße Druck einer Hand,
Die zum letzten Male verweilt.

Dennoch, Himmel, immer mir nur
Dieses eine mir: für das Lied
Jedes freien Vogels im Blau
Eine Seele, die mit ihm zieht,
Nur für jeden kärglichen Strahl
Meinen farbig schillernden Saum,
Jeder warmen Hand meinen Druck,
Und für jedes Glück meinen Traum.

Nicht Alltrunkenheit ist es, die sie zu spiegeln versucht, sondern Löschung der Wirklichkeitsgrenzen in der Sinne Vibrieren – »wenn die Wolk am Azure verraucht«. Es folgt eine begnadete Strophe, in der die Überwindung der dem Ich gesetzten Schranken in einer einzigen großen Sprachgebärde gelingt: »Wenn im Busen die Toten dann, jede Leiche sich streckt und regt, leise, leise den Odem zieht, die geschlossene Wimper bewegt ...« Schattenbeschwörung bei Sonnenglast und der Insekten betäubendem Schrillen! Aber das bedeutet nicht ein Anheimgeben an Traum und Halluzination. Vielmehr, gesteigerte Wahrnehmung und gesteigerte Erinnerung vermählen sich hier. »Tote Lieb, tote Lust, tote Zeit, all die Schätze, im Schutt verwühlt, sich berühren mit schüchternem Klang...« Es fruchtet nichts, zu denken, zu wollen, zu verstehen, all die praktikablen Werkzeuge der Intelligenz nützen, helfen nicht zu der Verschwisterung, um die es zu tun ist; es kommt nicht auf Steigerung des Gefühles, nicht auf Pathos an. Der Dichterin Sprache bedarf keinerlei Aufwands, der bräuchliche Grenzen überstiege. Sie braucht nicht einmal das Vokabular unseres Gefühlslebens. – Ihr anschauendes, sich versenkendes, hingegebenes Ich ist es, dem der Weckruf aus dem jenseitigen Reich zuteil wird, jenes schauende Ich, dessen begnadete Sinne sich über die bloße Wahrnehmung auf- und hinausschwingen und plötzlich im Besitz der letzten Geheimnisse sind.

REGISTER

Autor und Verlag erfüllen hiermit die angenehme Pflicht, allen denen zu danken, die sich um das Zustandekommen dieses Buches verdient gemacht haben.

In erster Linie gilt dies für den Landschaftsverband Westfalen-Lippe, dessen Kulturpflege-Abteilung es vor allem zu verdanken ist, daß das Manuskript, für das viele Reisen nötig waren, in Ruhe und mit Sorgfalt beendet werden konnte.

Der Verlag dankt ferner für die Unterstützung bei der Beschaffung von Vorlagen für die Bebilderung des Bandes, dessen Wiedergaben ausschließlich unmittelbar nach den Originalen angefertigt wurden.

Herr Direktor Dr. Bechthold vom Ruhrland-Museum Essen, Herr Direktor Dr. Wilhelm Hansen vom Lippeschen Landesmuseum Detmold, Herr Direktor Dr. Rolf Fritz vom Museum für Kunst und Kulturgeschichte Dortmund und Herr Dr. Carl Bänfer, der Leiter des Graphischen Kabinetts des Landesmuseums für Kunst und Kulturgeschichte Münster, kamen dem Verlag hierbei in großzügigster Weise entgegen.

Weiterhin gebührt unser Dank Herrn Prof. Thümmler, dem Landeskonservator von Westfalen-Lippe, der Stadtverwaltung der Stadt Münster, die das Original des Bildes mit dem Einzug des holländischen Gesandten in Münster zum Friedenskongreß 1648 für die farbige Wiedergabe auf dem Schutzumschlag zur Verfügung stellte, und nicht zuletzt dem Vorsitzenden der Grabbe-Gesellschaft, Herrn Ernst Schnelle in Detmold, und Herrn Martin Kraß, Vorstandsmitglied des Westfälischen Kunstvereins in Münster.